普通高等学校公共管理类专业规划教材

苏州城市学院档案学一流本科专业经费资助

电子文件管理学教程

主　编　邵　华

编　委　张照余　余亚荣　毕建新
　　　　吴品才　许　兰　王　芹

苏州大学出版社
Soochow University Press

图书在版编目(CIP)数据

电子文件管理学教程/邵华主编. —苏州：苏州大学出版社，2023.12
普通高等学校公共管理类专业规划教材
ISBN 978-7-5672-4669-0

Ⅰ.①电… Ⅱ.①邵… Ⅲ.①电子档案-档案管理-高等学校-教材 Ⅳ.①G276

中国国家版本馆 CIP 数据核字(2024)第 014643 号

书　　名：	电子文件管理学教程
主　　编：	邵　华
责任编辑：	曹晓晴
装帧设计：	刘　俊
出版发行：	苏州大学出版社(Soochow University Press)
社　　址：	苏州市十梓街1号　邮编：215006
印　　装：	广东虎彩云印刷有限公司
网　　址：	www.sudapress.com
邮　　箱：	sdcbs@suda.edu.cn
邮购热线：	0512-67480030
销售热线：	0512-67481020
开　　本：	787 mm×1 092 mm　1/16　印张：16　字数：341千
版　　次：	2023年12月第1版
印　　次：	2023年12月第1次印刷
书　　号：	ISBN 978-7-5672-4669-0
定　　价：	58.00元

凡购本社图书发现印装错误，请与本社联系调换。服务热线：0512-67481020

前言
PREFACE

自计算机问世以来，以数字编码形式记录信息的方式和新型载体应运而生，由于需要依靠计算机来识读和处理，这种新型文件最初被称为"机读文件"（machine readable records）。随着计算机的应用由科学计算向数据处理转变，计算机开始渗透到人类生活的各个领域，机读文件的数量逐渐增多。

20世纪80年代，计算机技术与现代通信技术结合，计算机网络从实验环境走向社会，带来了社会生产与生活方式的全新变化。借助于计算机网络，信息处理与交流变得快捷、活跃，社会信息总量不断增加。

20世纪90年代以后，伴随着计算机、互联网的普及，办公自动化（OA）、计算机辅助设计（CAD）、计算机辅助制造（CAM）技术广泛应用，数字化办公从概念逐步成为现实。中国科学技术协会2007年度重点项目"电子文件管理机制研究"课题组的调查表明，2006年我国中央和国家机关及其直属企事业单位生成的电子文件数量占文件总数的72.7%；49%的受访单位生成的电子文件数量占文件总数的50%以上，14.3%的受访单位生成的文件全部为电子文件；48%的受访单位认为未来5年将会有50%以上的文件以电子文件的形式存在。

进入21世纪，由用户主导生成的内容互联网产品模式——Web 2.0出现，为Web带来了交互性，允许人们在网络上形成社区，改变了互联网单向传播信息的方式，基于用户的内容生产与交换平台——社交媒体逐渐增多。随着博客、微博、微信等新媒体的出现，尤其是智能手机的兴起、移动通信的不断发展，互联网变得更加便捷。其参与、公开、交流、对话、社区化和连通性的平台特性，以及参与主体的平民性、对话性、匿名性、社交性、涌现性等特点，使得数字身份成为个人的新维度，不仅产生了大量的电子文件，更为电子文件的传递与传播带来了发展机遇。

随着越来越多的信息上传到互联网上，一些大型互联网平台拥有了大量有价值的数据，社会信息资源越来越多地以电子文件的形式存在。Web 3.0带来的人工智能与大数据，推动人类进入大数据时代，数据成为与土地、劳动力、资本、技术等传统要素并列的生产要素。具有数据量大（Volume）、处理速度快（Velocity）、类型多样（Variety）、价值密度低（Value）等"4V"特征的电子文件以数据的形式大量涌现，电子文件越来越广泛、深入地渗透到和影响着人类社会生活的各个方面，其中包含的各种数据成为堪比黄金、石油的"数据资产"。

随着人工智能、物联网、虚拟现实和增强现实技术的不断推进，人类社会的整个基础设施系统在人工智能的帮助下以最佳方式运行，人与机器交互共生，形成"共生网络"。Web 4.0将带来人类社会的"智慧化"，各种智慧设施、网络将社会推进到"智慧时代"。其中，数据安全、数据隐私及数据权属问题将成为管理者需要面对的重要课题，数据管理的迫切性更加突出，而电子文件管理正是未来智慧社会数据治理的中心、前提与保障。

如何保管国家档案资源，延续社会历史记忆、传承社会文化、为公众提供服务？如何帮助用户从海量的档案数据资源中快速发现、提取所需的数据信息？如何提升档案数据资源管理效能，赋能社会治理？如何有效整合电子文件数据资源，应对风险、保障安全、长期保存？这些问题正是当代电子文件管理所面临的挑战与机遇，需要不断思考、探索，深化研究对策方案。一方面要思考、探索电子文件管理实践的经验与方法；另一方面要坚持基础理论、应用理论与技术的研究，建立完善的电子文件管理理论与方法。基于对上述问题的思考、探索，以及数字时代档案专业人才培养的需要，电子文件管理学应运而生。

电子文件管理学是一门研究电子文件及其组织管理方法与规律的学科，其研究对象是电子文件和电子文件管理，其研究内容包括计算机和网络环境中文件的产生、存储、归档、长期保存及电子文件资源传承问题。具体来说，电子文件管理学以研究电子文件、电子档案管理为核心，内容辐射信息科学、管理科学、计算机科学等人文科学、社会科学及自然科学领域，是一门承接传统与现代，面向新技术环境及学科、职业未来发展的综合性管理学课程。在培育兼具"数据思维""管理思维""档案思维"的新时代档案创新人才过程中，具有学科导向和引领作用。

电子文件管理学是档案学的一门分支学科，档案学理论对电子文件管理学具有指导意义。同时，电子文件管理学也是一门兼具理论性与实践性的应用学科。电子文件管理学不是纯粹的理论研究，而是一门有理论基础的应用性学科。研究电子文件管理学不仅是为了认识电子文件的运动规律，更是为了指导电子文件的管理实践，而且后者更为重要。作为一门应用学科，电子文件管理学侧重对一整套电子文件管理方法与技术的研究，显得较为实际和具体。即使是对基础理论的研究，大多也是对带有根本性的实际问题的理论研究，如对电子文件生命周期的研究是为了在电子文件的不同运动阶段采取不同的管理措施。电子文件管理学的理论、方法和技术，必须谨慎地采用和实施，只有经过实践检验是适用的才能使用，否则后果不堪设想。

目录
CONTENTS

- 第一章　电子文件概述 / 1
  - 第一节　电子文件的定义、基本属性与构成要素 / 1
  - 第二节　电子文件的种类 / 9
  - 第三节　电子文件的特点与作用 / 15
- 第二章　电子文件管理概述 / 20
  - 第一节　电子文件管理的内容与原则 / 20
  - 第二节　电子文件管理体制与模式 / 25
  - 第三节　电子文件管理发展历程 / 31
  - 第四节　电子文件管理法规及相关法律问题 / 33
- 第三章　电子文件管理系统与数字档案馆（室）建设 / 42
  - 第一节　电子文件管理系统概述 / 42
  - 第二节　电子文件管理系统功能架构 / 49
  - 第三节　电子文件管理系统开发 / 56
  - 第四节　数字档案馆（室）建设 / 61
- 第四章　电子文件生成 / 72
  - 第一节　电子文件生成途径和生成规律 / 72
  - 第二节　电子文件生成环境和生成技术 / 80
  - 第三节　电子文件生成过程和生成要求 / 84
- 第五章　电子文件收集 / 90
  - 第一节　电子文件收集概述 / 90
  - 第二节　电子文件捕获 / 94
  - 第三节　电子文件积累 / 100
  - 第四节　电子文件接收 / 101
- 第六章　电子文件整理 / 104
  - 第一节　电子文件整理概述 / 104

第二节　电子文件分类与立卷　/ 106
第三节　电子文件标引　/ 109
第四节　电子文件著录　/ 117

● 第七章　元数据　/ 122

第一节　元数据概述　/ 122
第二节　国外元数据标准概况　/ 128
第三节　典型元数据标准　/ 131
第四节　电子文件元数据方案的设计与实施　/ 140

● 第八章　电子文件鉴定与处置　/ 146

第一节　电子文件鉴定　/ 146
第二节　电子文件处置　/ 155
第三节　电子文件鉴定与处置的关系及工作流程　/ 158

● 第九章　电子文件归档　/ 163

第一节　电子文件归档的含义与特点　/ 163
第二节　电子文件归档范围与方式　/ 166
第三节　电子文件归档程序与方法　/ 174
第四节　电子文件归档的要求　/ 177

● 第十章　电子档案移交与接收　/ 183

第一节　电子档案移交与接收概述　/ 183
第二节　移交与接收环节电子档案检测　/ 189
第三节　电子档案移交流程　/ 194
第四节　电子档案接收流程　/ 198

● 第十一章　电子档案保管　/ 200

第一节　电子档案保管概述　/ 200
第二节　电子档案信息保护　/ 204
第三节　电子档案存储策略　/ 214
第四节　电子档案载体保管　/ 222

● 第十二章　电子档案开发与检索利用　/ 226

第一节　电子档案开发　/ 226
第二节　电子档案检索　/ 233
第三节　电子档案利用　/ 236

● 参考文献　/ 246

● 后记　/ 248

第一章 电子文件概述

学习目标

- 明确电子文件的定义及其相关概念
- 理解电子文件的两个基本属性
- 掌握电子文件的构成要素、种类及特点
- 了解电子文件的作用

第一节 电子文件的定义、基本属性与构成要素

一、电子文件的定义

电子文件（electronic document），是国家机构、社会组织或个人在履行其法定职责或处理事务过程中，通过计算机等电子设备形成、办理、传输和存储的数字格式的各种信息记录。

在阐述电子文件的定义时，一方面，就定义的属概念来说，会涉及文件、信息记录、代码等上位概念，其中"文件"这一概念使用最为普遍，具有较高的共识度；另一方面，"计算机"和/或"电子设备"有所涉及，以表明电子文件的非人工识读性和系统依赖性，突出电子文件与传统文件的重要区别。此外，"数字""数码""数据"等概念在定义中也较多涉及，体现了电子文件信息表示的数字化特点。

二、电子文件的基本属性

（一）文件属性

文件是电子文件的概念基础，文件属性是电子文件的本质属性，电子文件属于文件的范畴，具有文件所具备的各种属性与特征。

文件的基本属性包括：伴随业务或事务活动而形成；对业务或事务活动及相关主体具有直接的约束性，相关主体开展业务或事务活动需要遵守文件所承载与传递的信息规则；记录了业务或事务活动过程中的原始、真实信息，对业务或事务活动的开展及其后相关事务的处理具有法定证据价值。

（二）数字属性

电子文件是由电子计算机、数码相机、数字传感器等数字设备生成、处理和存储的，其信息以二进制数码记录和表示，因此亦可称为"数字文件"（digital document）。这是电子文件区别于其他形式文件的重要特质。电子文件的信息用数码0和1来记录，每个0或1叫作一个比特，需要记录的信息用一串比特存储在计算机存储器中，可以为计算机所处理，并通过通信网络进行传输。但是，数码序列表示的是数据或信息，并非所有数据都是文件，因为不是所有数据都完全表达其所参与的业务或事务活动，有些数据缺乏证据的特性。由此可见，数字属性只是电子文件的一般属性。

对于电子文件来说，上述两个基本属性中，文件属性具有功能性特征，是电子文件的功能属性；数字属性具有技术性特征，是电子文件的技术属性。电子文件是"文件"和"数字信息"两个概念的交集，是具有文件功能的数字信息，也是以数字信息为技术特征的文件。电子文件必须满足以下基本条件：首先，电子文件是文件，必须满足文件的所有条件；其次，电子文件是以数码表示的信息，以二进制数码的形式记录在存储载体上。

三、电子文件的构成要素

国际文件、档案管理界对文件构成要素的认识存在多种观点。国际档案理事会于1997年出版的由电子文件委员会编写的《从档案角度管理电子文件的指南》（Guide for Managing Electronic Records from an Archival Perspective）中提出的文件三要素观在国际文件、档案管理界获得了较多共识。文件由内容（content）、结构（structure）和背景（context）组成，是三要素的统一体。对于电子文件来说也是如此，所不同的是，电子文件比传统文件在背景要素方面增加了技术背景信息，在结构要素方面增加了电子文件格式及存储问题带来的较为复杂的物理结构。

（一）内容

内容是指电子文件所包含的表达作者意图的信息。内容是电子文件所要表达、传递的主要信息，是电子文件的核心要素。

（二）结构

结构是指电子文件的内容组织、表达和存储方式，包括逻辑结构和物理结构。

1. 逻辑结构

逻辑结构是电子文件各构成要素的结构关系，记录了电子文件内容的组织和存储方式，包括电子文件信息单元的组织结构和电子文件的数码序列结构，如文件内容的段落安排，多媒体文件中图、文、声、像的组织与排列，以及文本、图像、声音等的数字编码结构。

2. 物理结构

物理结构是电子文件信息在计算机中的组织和存储方式，也可称为数据结构。在计算机中，数据结构是数据组织形式的抽象逻辑结构，合理选择有效的数据结构会大大提高系统的工作效率和安全性。例如，纯文本可以组织成数组的形式，用户可能会查看数组中的字符，但绝大多数人不会愿意去读用作底层实现的二进制数码，尽管确实有人能读懂这些 0、1 序列。常见的数据结构包括数组、堆、栈、链表、树、图等，每种结构又有多种子类型。

以同构数组①为例，如果需要存储 8 个电子文件的密级，则可以对应地表示为长度为 10 的数组，数组的每一位都是一个 int 类型，int 类型在内存中占用 32 位。② 在这种存储方式中，数据被放置在一个固定长度的空间中，从空间的初始位置开始，每个固定长度的空间中存储着一个数字。（图 1-1）

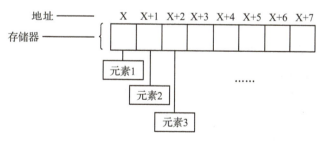

图 1-1 以同构数组为例

以文件信息表格（表 1-1）为例，文件 ID 是 int 类型，文件标题和发文机关属于文本，可以表示为文本类型，而签发日期属于日期类型或数字类型。如果要存储这个表

---

① 同构数组是指数组内的所有元素均为同样的数据类型，如 int（整数）、float（浮点数）等。

② 在不同的计算机系统和编程语言中，int 类型占用的位数是不一样的，如在 Java 语言中 int 类型占用 32 位，而在 ANSI C 语言中 int 类型占用 16 位。

格，可以选择数组（图1-2）或链表（图1-3）等存储方式。

表1-1　文件信息表格示例

文件 ID	文件标题	发文机关	签发日期
0	教育部公报	机关 A	2023-02-02
1	中国的能源政策	机关 B	2023-02-01
2	国家税务总局公报	机关 C	2023-02-03

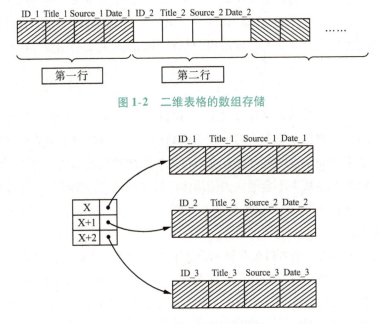

图1-2　二维表格的数组存储

图1-3　二维表格的链表存储

（三）背景

背景是指电子文件所处的环境。电子文件的背景信息包括文件形成的原因、文件的责任者、成文日期、文件形成活动说明、文件形成的软硬件环境、文件状态改变说明、相关文件名称及其存储位置、文件之间的相互关系等。简单来说，电子文件的背景信息就是描述文件来龙去脉及与其他文件关联的信息，总体上可划分为组织背景信息、卷宗背景信息和技术背景信息。

1. 组织背景信息

组织背景信息是与文件形成机构有关的背景信息，主要包括机构的名称、地址、职能、组织结构、历史沿革，文件形成的具体活动，等等。

2. 卷宗背景信息

卷宗背景信息是与文件关联有关的背景信息，主要包括文件所属的全宗、案卷，文件的办理过程与结果，相关文件的信息，等等。

3. 技术背景信息

技术背景信息是与文件形成的技术环境有关的背景信息，主要包括文件形成的操作系统名称及版本、应用软件名称及版本、硬件环境，以及文件类型和格式、相关技术参数等。

国际档案理事会于2005年出版的由电子环境中现行文件委员会编写的《电子文件：档案工作者实用手册》（*Electronic Records: A Workbook for Archivists*）指出，背景信息具有证明文件的真实性、可靠性和完整性的作用，可以提供：全面、充分地理解文件所必需的信息；全面、充分地理解与文件相关的活动和事务处理所必需的信息；与文件相关的过程信息，如文件的鉴定、迁移、移交等；长期有效管理和保存文件所需要的信息；有效检索和利用文件所需要的信息。

InterPARES "电子文件要素分析模板"

电子系统中文件真实性永久保障国际合作项目（InterPARES）基于文件身份鉴定学和档案学理论，运用文件解构定义法建立了"电子文件要素分析模板"（template for analysis of elements of electronic records of InterPARES），确认了电子文件的构成要素，作为从复杂的信息系统中识别、评估文件身份的条件。它所定义的电子文件包含以下要素：

（1）具备固定的内容和成文形式，并且以固定在载体上的方式存在。

（2）参与一个由拥有相应权限的机构或个体发起的、旨在改变境况的行动。

（3）具备档案联（archival bond）。

（4）最基本的文件形成人员（作者、著者、接收者、拥有者和网络地址提供者）共同参与文件形成。

（5）具备五个可识别的环境（司法-行政环境、来源环境、程序环境、记录环境和技术环境）。

这个模板是InterPARES项目组经过长期研究，对各种类型的信息系统中生成文件的特征进行解析、提炼、抽象而得出的结论，即在任何复杂的技术环境中，数字体都必须具备所有这五个要素（或满足所有这五个条件），才能被视为文件。该模板在多国被通过案例研究进行验证和测试，得到广泛认可。

{资料来源：谢丽. 文件的概念及其在数字环境中的演变：InterPARES观点 [J]. 档案学通讯，2012（3）：46－50. 有改动}

四、电子文件相关概念

(一) 数据

数据是指对客观事物进行记录并可以鉴别的符号，是对客观事物的性质、状态及相互关系等进行记载的物理符号或这些物理符号的组合。数据是事实或观察的结果，是对客观事物的逻辑归纳，是用于表示客观事物的未经加工的原始素材。它不仅仅指狭义上的数字，还可以是文字、字母、符号、图形、图像、音频、视频等可以被记录并转换为数字形态的内容。例如，"0，1，2，…""阴、雨、下降、气温""学生的档案记录""货物的运输情况"等都是数据。数据经过加工后就成为信息。

数据是构成电子文件的最小信息单元，在大数据环境中，数据的多源异构特点给电子文件管理的现代化、智慧化带来了挑战，多源异构数据治理问题备受关注。

(二) 信息与电子信息

我们生活在充满信息的世界，尽管有非常多关于"信息是什么"的解释，但信息的概念迄今尚未有公认的定义。美国应用数学家、控制论创始人诺伯特·维纳（Norbert Wiener）的论述"信息就是信息，不是物质或能量"影响较大。美国电子工程师、数学家克劳德·E.香农（Claude E. Shannon）从信息传输、通信理论的角度将信息定义为用来消除随机不确定性的东西。目前，国内学界普遍认可我国信息科学家钟义信对信息的定义：广义上说，本体论意义上信息泛指一切事物运动的状态和方式，包括事物内部结构及外部联系的状态和方式；认识论意义上信息是关于事物运动的状态和方式的表达或反映，是系统有序程度的标记。

电子信息是指利用电子技术手段传输、处理、存储和显示的信息。电子信息的出现与计算机技术、通信技术和高密度存储技术的迅速发展并在各个领域得到广泛应用密切相关，强调信息的"电子"技术手段。

电子文件既是信息的载体，其本身又是信息的集合，是记录下来的信息，电子文件与信息之间存在千丝万缕的联系。电子文件与电子信息的共同之处在于，两者都依赖电子技术手段。区别在于：

一方面，电子文件是一种电子信息，具备电子信息的一般特征。诸如：通过计算机生成、读取、传输、处理、存储、利用；以数码的形式记录信息，具有数字化信息的属性；在网络环境中生存、发展，以发挥最大的功效；等等。

另一方面，电子文件是具备文件特征的电子信息，这也是电子文件与其他电子信息的区别所在。同其他载体的文件一样，电子文件也要求由法定作者制发，具有法定的权威性和先行效用，具有规范的体式和特定的处理程序。在电子信息中，只有具备凭证效用和上述特点的，才能视为电子文件。

(三) 电子数据

电子数据是法学界使用较多的概念。在《最高人民法院关于适用〈中华人民共和国民事诉讼法〉的解释》中，电子数据是指通过电子邮件、电子数据交换、网上聊天记录、博客、微博客、手机短信、电子签名、域名等形成或者存储在电子介质中的信息。电子数据的特点是"形成或者存储在电子介质中"，表现形式有"电子邮件、电子数据交换、网上聊天记录、博客、微博客、手机短信、电子签名、域名等"。

电子文件与电子数据都具有类似"证明"和"证据"的作用，但电子文件注重与业务活动的相关度，而电子数据注重与案件的相关度。法律案件中需要提取、审查、判断的电子数据不一定以完整的"文件"的方式存在，也可能非常细碎，是某项活动的记录片段，如犯罪嫌疑人的用户注册信息、系统登录日志、通信记录、数字证书等，数据之间的关系可能是隐性的，取证人员需要在这些细碎的数据之间推理分析，从而发现关联。而电子文件必须是某项活动的完整的信息记录，包括内容、结构和背景信息，文件与其形成者、形成活动，文件与文件之间的关系是显性的。由此可见，电子文件与电子数据之间是交叉关系。内容、结构和背景三要素齐全的电子文件是优质的电子数据，电子数据还包括那些机构或组织在业务活动过程中形成的要素残缺的电子文件，电子文件则还包括那些非案件活动产生的业务记录。

（四）计算机文件

计算机文件是文件概念应用于计算机领域的产物，其内涵随着计算机技术和应用的发展而不断丰富。早期计算机文件主要指计算机存储硬件，如IBM曾将其磁盘驱动器称为磁盘文件。此后，计算机文件被逐渐扩展到电子管的计算结果、计算机打孔卡上的信息等数据对象。现在计算机文件通常被理解为存储在计算机存储介质中的系统和用户所使用的数据。

一份计算机文件的内容通常是一组有完整和独立意义的信息。计算机文件是一个与电子文件高度相关的计算机领域用语。计算机文件和电子文件分别是信息技术和档案管理两个专业领域的基本术语，二者密切相关，但并不同义。只有应业务需要、在业务活动中产生的计算机文件才可能是电子文件。二者可能一一对应，比如一张某机构重要活动的数码照片、一份电子发文、一封不带附件的商业邮件等；也可能不是一一对应，比如一个包含HTML、CSS、JPEG图片的对外公告网页，一份嵌入外部音频、视频的年度报告，包含被转发件的转发件，包括多个用户视图的大型数据库等，则可能是一个电子文件中包含了若干个计算机文件。

（五）数字文件

数字文件是指利用计算机技术形成的文件。现有观点认为电子文件的外延比数字文件大，数字文件只是电子文件的一部分。电子文件一般被界定为由电子设备形成、识读的文件，而不仅仅是由电子计算机形成、识读的文件，将"电子文件"术语中"电子"的含义指向"电子设备"，而不是"电子计算机"。由于电子设备有数字设备和非数字的模拟设备之分，因此从理论上讲，电子设备形成的文件，其来源要比数字化的计算机设备形成的文件广泛，还包括模拟录音机、模拟录像机等形成的电子文件（模拟录音带、模拟录像带等）。

在数字时代，信息数字化是社会数据化、智能化、智慧化的基础，数字文件成为社会主流文件形态。随着国家数字战略计划的逐步推进，数字文件概念的影响力也逐步扩大，从长远来看，"数字文件"称谓更符合数字设备和数字技术占绝对统治地位的"数字时代"特征，并能够更好地揭示文件的组织形式，也符合不同行业、领域的一般性认知，具有一定的跨领域共识度；同时，能够细化电子文件的研究对象，丰富电子文件的理论研究内容，也能够在一定程度上提高档案学与其他专业领域的知识融合。

（六）电子档案

电子档案是具有凭证、查考和保存价值并归档保存的电子文件及其相关信息集合。电子档案是电子文件运动到特定阶段的结果。就电子文件与电子档案的关系（图1-4）来说，电子档案是电子文件中的一部分，是电子文件中具有档案性质或档案价值的部分，是经过鉴定归档妥善保存的电子文件。理论上，从档案价值泛在的角度来说，目前所保存的电子档案仅是具有档案价值的电子文件海洋中的一部分。由于人类保存技术、场地、空间及其他鉴定、保存能力的有限性，并非所有具有档案价值的文件或电子文件都能够得到归档保存。国外一些专家估计，在一个组织创建的所有文件中，只有10%~15%符合档案的标准。从某种程度上说，这也是理论与实践无法完全同步的原因之一。

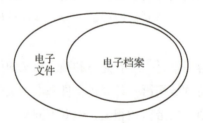

图1-4　电子文件与电子档案关系图

值得一提的是，在电子文件相关概念辨析方面，InterPARES从电子文件真实性保障体系的角度，对数据（data）、信息（information）、文件（document）、档案（record/archival document）和档案集（archives）分别进行了定义。将数据定义为最小的有意义的信息单元（the smallest meaningful units of information）；将信息定义为用于跨越空间或时间通信的数据集合（an assemblage of data intended for communication either through space or across time）；将档案定义为在实际活动过程中生成或收到的文件，作为这种活动的工具或副产品，并留作行动或参考之用（a document made or received in the course of a practical activity as an instrument or by-product of such activity, and set aside for action or reference）；将档案集定义为由法人或自然人或组织在处理事务时生成和收到并保存的

全部文件（the whole of the documents made and received by a juridical or physical person or organization in the conduct of affairs, and preserved）。

长期以来，我国档案学界在文件、档案对应的英文单词上存在着一定的迷惘与争议。一方面是国内外的文化语境及词义存在差异；另一方面是没有基于我国国情，对上述相关乃至更为细致的概念进行充分思考与体系化研究，形成一整套符合我国实际的本体概念体系。

第二节 电子文件的种类

从不同的角度，依据不同的分类标准，可以将电子文件划分为不同的种类。根据电子文件的特点及电子文件管理的实际需要，电子文件的种类主要有以下几种划分方法。

一、按电子文件的组成方式分

（一）简单文件

简单文件是只包含一种信息格式或数据类型的文件，在数据结构中记录之间没有逻辑关系。

（二）复合文件

复合文件也叫多媒体文件，是含有两种或两种以上信息格式或数据类型，并能够独立显示的文件，即含有多个独立数据流和索引信息的文件。多媒体文件利用多媒体技术把多种类型的文件有机地组合起来，综合运用图、文、声、像等多种信息表现形式，形成图文声像并茂的多媒体信息，可以更加真实、生动地记录历史、表达意义。数字影视片、PPT文件大多采用了多媒体技术。

（三）复杂文件

复杂文件是含有多种数据类型、包含多个信息链接功能的文件。复杂文件综合运用超文本（Hypertext）信息组织方法与超媒体（Hypermedia）技术，将多种类型的文件、信息、数据以节点链接的形式建立有效关联，确定并显示各节点之间的相互关系，形成一个非线性的网状结构。超文本文件和超媒体文件就属于复杂文件。超文本文件运用超文本信息组织技术，将不同文件中的信息通过关键字建立链接，实现信息的交互搜索，具有链接和非线性特点，国家机构、社会组织和个人的网页文件就是超文本文件。超媒体文件是超文本文件的延伸，与超文本文件仅包含文本信息不同，超媒体文件可以包含以其他形式表现的信息，如图形、图像、声音、动画、视频等。YouTube是超媒体技术应用的一个例子，它包括超文本和视频条目及视频中的超链接按钮，用户点击这些按钮后会被引导到视频所有者的博客。

二、按电子文件的生成方式分

（一）原生电子文件

原生电子文件是指直接在各种数字技术环境中以数字形态产生的电子文件，包括计算机系统直接生成的，以及利用各种数字设备对客观事物的特征、声音、图像等多媒体信息进行接收或采集而成的数字信息文件。

（二）再生电子文件

再生电子文件也叫数字化文件，是指纸质文件或其他模拟信息的源文件（如模拟录音文件、缩微胶片等）经由数字设备转换而成的数字信息文件。

数字化文件与原生电子文件的区别

数字化文件在文件的功能与要素方面与原生电子文件有所不同，其差别程度主要取决于对传统载体文件进行数字化转换的时机。一种情况是在处理文件之前，为支持文件在办公系统中自动流转而进行的数字化转换，这种数字化文件的大部分属性与原生电子文件相同，但其背景信息可能不完整。例如，外来纸质文件经过数字化转换后进入文件处理程序，在收文单位后续处理过程中，也会生成此数字化文件的相关元数据，但其之前的元数据可能缺失。另一种情况是在纸质文件归档之后，档案室或档案馆通过扫描得到数字副本，这种数字化文件既无文件生成过程的元数据，也因未经历文件处理而没有文件处理过程的元数据，通常被作为纸质文件（或缩微胶片）的数字副本保存和使用。

虽然数字化文件可能存在相关数据的不完整性，但其在技术特性、保管要求等方面与原生电子文件有很多相同或相近之处。随着国家数字化、信息化战略的不断推进，各领域的电子文件成为数字中国建设的资源底座，在效能提升与智慧升级的整体发展需求推动下，电子档案单套归档及全电子化建设全面深化，无论哪种类型的电子文件都是构成国家数字资源整体的一部分。

三、按可否形成硬拷贝分

（一）绝对电子文件

绝对电子文件是指目前暂无法形成硬拷贝的电子文件，它只有在网络环境中运行才能表达创建该数字信息资源思想的内容。例如，多媒体产品、网页、3D 图像、视频等。越来越多有价值的电子文件只能以数字形式管理、保存和使用。

（二）非绝对电子文件

非绝对电子文件是指可以形成硬拷贝并表达原来的创作思想内容的电子文件，如以 PDF、DOCX 等格式形成的文件。

四、按电子文件的格式分

（一）文本文件

1. 文本文件的含义

文本文件也叫字（表）处理文件，是指由特定编辑软件（如 Microsoft 的 Word 和 OneNote、金山的 WPS 等）生成和阅读，主要通过文本信息（数字、文字或符号）来表达、记录和存储信息的文件。文本文件是最原始的电子文件类型。

2. 文本文件的类型

根据表达形式、记录目的的不同，文本文件可分为纯文本文件和格式化文本文件。纯文本文件是最基本的没有编辑属性的文本文件，仅记录文本内容，不记录其格式。绝大多数文本编辑器都能显示和处理纯文本文件，纯文本文件的使用不受计算机软件和硬件类型的限制，常见的格式有 TXT。格式化文本文件同时记录了文本内容及其格式，用于可修订的文本，常见的格式有 DOC、DOCX、WPS、RTF 等。随着软件技术的不断发展，现在的格式化文本文件大多可嵌入图表、图像、数学公式、超链接等非文本信息。

由于对文本信息的记录和表达没有统一标准，许多软件公司或组织机构根据自身的需要和目的制定各自的文本文件格式，致使目前文本文件格式类型多样，这些格式大部分可以通过应用软件相互转换，但也有少数是不能转换的专有格式。因此，根据开放性不同，文本文件可分为不开放编码方法的专有格式文本文件（如 DOC、DOCX、WPS、PDG 等）和公开编码方法的开放格式文本文件（如 RTF、PDF、XML、UOF 等）。

3. 文本文件的特征

（1）文本文件使用具有特定意义的字符串来表示数字、文字、符号等信息，因此其内含某种字符编码规则，如 ASCII（美国信息交换标准代码）、我国国家标准《信息交换用汉字编码字符集》等。

（2）格式化文本文件通常具有基本的编辑属性，如文字的大小、类型、风格（加粗、斜体等）、颜色、段落版式，等等。

（3）文本文件通常具有逻辑结构，以书籍文本为例，其信息通常逻辑地组织成章、节、术语表、索引等部分。

（二）数据文件

数据文件也叫数据库文件，是指以结构化数据为主要内容的电子文件。数据文件在数据库管理系统中形成，是具有特定结构和关系的数据集合。对于目前最常见的关系型数据库来说，其数据文件由若干记录组成，一条记录由若干字段（数据项）组成。根据需要形成的数据文件既可以是一个数据库的全部记录，也可以是其中的一部分记录或某一条记录，还可以是数据库记录的一个视图（部分记录的若干字段）。

国家机构、社会组织和个人的各类信息都可以数据文件形式进行管理。数据文件的生成有两种方式：一种是通过数据库应用程序人工输入数据，形成数据文件；另一种是使用条形码扫描器、模/数转换器等传感设备自动采集数据，之后由系统自动提取相关数据形成数据文件。不同的数据库管理系统对应不同格式的数据文件，如 SQL 对应的是 MDF 文件、Access 对应的是 MD 文件、dBASE/FoxBASE 对应的是 DBF 文件、Lotus 对应的是 WKS 文件等。通常，不同格式的数据文件可以通过转换程序相互转换。

（三）图形文件

图形文件也叫矢量图文件，是指以几何图形（也可以是色彩和线条变化比较简单的图像）为基本内容的电子文件。在图形文件中，画面上的图形由几何元素组成并采用数学方法描述。

图形文件一般直接采用图形处理软件（如 AutoCAD、CorelDRAW、Illustrator、FreeHand 等）绘制而成，少部分由扫描进计算机的图像文件通过矢量化转换而来。图形文件对图形的表达细致、真实，所占磁盘空间较图像文件小很多，缩放后图形的分辨率不发生任何变化，在工程制图、平面设计等专业级的图形、图像处理中应用广泛。计算机辅助设计（CAD）、计算机辅助工程（CAE）、地理信息系统（GIS）或绘图系统中产生的设计模型、图纸、图画等即为图形文件。

图形文件由代表绘图坐标的矢量和一些参数组成，既可以使用特殊的代码格式存储，也可以使用纯文本文件的代码存储，以便在不同的软件包之间进行信息交换。目前，图形文件的开放性较差，每种图形文件格式对应着相应的处理工具。常见的图形文件格式有 SVG、SWF、DXF、WMF、EMF 等。

（四）图像文件

图像文件是指以平面图像为基本内容的电子文件，一般通过扫描仪扫描或其他摄录设备采集，借助于图像处理软件制作而成。常见的图像文件格式有 BMP、TIF、GIF、JPG 等。数码相机拍摄的照片、扫描仪扫描的原件图像、用 Photoshop 等软件制作的效果图等都是图像文件。纸质文件、缩微胶片均可经过扫描转换成数字图像文件。

图像文件是由一个个微小的像素点（pixel）在平面上依次拼接而成的，实际上是像素的组合。决定图像文件质量的参数有分辨率和色彩位数两项。图像文件的分辨率越大、色彩位数越多，图像文件的质量越好，但文件的体积也越大，所占用的存储空间也越多。

1. 分辨率

图像被分解为微小的像素，用不同的"0、1组合"来表示不同颜色的像素，分辨率表示每英寸包含像素的个数。组成图像的像素数目越多，图像的清晰度就越高。

2. 色彩位数

色彩位数也叫图像深度，是指图像中每个像素点所用的二进制数码的个数（比特数）。计算机中每个像素点采用若干位二进制数码来表示，不同灰度、不同色彩的像素点的二进制编码不同，色彩位数越多，就越能真实反映原始图像的色彩。

图像文件的主要数据是像素数据，但为了让图像处理软件能够识别这些数据，图像文件中还包含一些控制数据，用以解释像素数据的格式和特征，以便图像处理软件对像素数据进行识别、解码、编辑和显示。为了减小文件体积，同时尽可能地保证图像质量，在记录像素数据时往往选择适当的压缩算法对其进行编码压缩。图像压缩编码的方法很多，采用不同的压缩编码方法所得到的图像文件格式不同。世界上许多大公司在推出图像处理软件的同时，往往采用自己的图像压缩方法及控制代码，因此形成了不同的图像文件格式。根据编码压缩方法的开放程度不同，图像文件可分为通用格式的图像文件和专用格式的图像文件两大类。不同格式的图像文件一般可借助于图像处理软件相互转换，但专用格式的图像文件常常因缺乏专用工具而无法转换成其他格式的图像文件。

（五）声音文件

声音文件是指以声音（语音、音乐等）为基本内容的电子文件。根据生成技术不同，声音文件可分为音频文件和音乐文件。常见的声音文件格式有 WAV、MP3 等。

1. 音频文件

音频文件是使用音频采集设备录入音源的音频信号，借助于音频处理软件生成的电子文件，如数字录音、语音邮件（voice mail）等。音频文件通过分时采样记录来自音源的音频信号。声卡在固定时间间隔内（可通过软件来控制）对输入计算机（通过 LINE IN 或 MIC IN 输入）的模拟音频信号强弱进行测量，并用一组二进制数码记录每次测量的结果，以此记录模拟音频信号的变化。

音频文件通过不同的压缩方法压缩后形成不同的音频文件格式。音频文件压缩编码的方法很多，多数音频处理软件可兼容几种音频文件格式，并可在不同格式之间转换。目前，主流的音频文件格式有 WAV（不加压缩）、CD（不加压缩）、MP3（压缩率 12∶1）、WMA（压缩率 18∶1）等。其中，WAV、CD、MP3 为开放的通用格式，而 WMA 是专用格式。

2. 音乐文件

音乐文件是直接使用编曲软件制作而成的电子文件，也被称为 MIDI 文件。与音频文件不同，音乐文件记录的不是声音振动信号，而是采用数字编码方式对声乐如何合成进行记录（每个音符记录为一个数字），播放时将这些数字作为指令发送给具有 MIDI

合成功能的声卡，由声卡按照指令将声乐合成出来。因此，MIDI实际上是一种音乐演奏指令，其作用相当于"乐谱"，其音质取决于声卡的质量。由于不需要记录复杂的声音振动信号，所以MIDI文件体积极小。MIDI文件只适合记录乐曲，不适合对声音、歌曲进行处理。MIDI文件由电子乐器合成或程序员编写出来，多数音频播放器支持MIDI文件的播放。常用的MIDI文件编辑工具有MidiWriter、Ringtone Studio等。

（六）影像文件

影像文件也叫视频文件，是指以运动图像及伴音为基本内容的电子文件，包括通过数字摄录设备（如数码摄像机）摄录的影像文件、将采集的模拟影像信号数字化后形成的影像文件及使用动画制作软件生成的二维、三维动画影像文件。影像文件需要较大的存储空间，其分辨率与存储空间成正比。影像文件有不同的格式或标准，播放时需要使用相关的设备和程序。目前，主流的视频文件格式有AVI、MPEG-1（VCD的DAT格式）、WMV、RM、MPEG-4等，制作视频文件的常用软件有Windows Media Player、RealProducer Plus等。

从原理上看，视频信号是图像信号与音频信号的复合，因此视频文件的数据记录方式与图像文件、音频文件的原理类似。由模拟视频信号向数字视频转换的基本工具是视频采集卡，视频采集卡对模拟视频信号进行采样、量化和压缩编码，最后转换为视频电子文件。视频（含音频）压缩编码标准主要有两大系列：ISO/IEC（国际标准化组织/国际电工委员会）制定的MPEG系列标准和ITU（国际电信联盟）制定的H.26X系列标准。目前，视频文件压缩编码主要采用MPEG系列标准。不同的视频编辑软件采用不同的压缩编码标准和技术参数，形成不同格式的视频文件。许多视频编辑软件可兼容多种视频文件格式，并可在几种格式之间转换。

（七）程序文件

程序文件也叫命令文件或计算机软件，是用某种计算机程序语言编写的指令集合，用以指示计算机按照指定的程序完成特定任务。程序文件由程序员使用某种计算机程序语言直接编写或利用某种编程工具编写，写出的"源程序"输入计算机后，由相应的编译程序或解释程序翻译成机器语言，供计算机执行。"源程序"本身为纯文本文件，其内容为基于某种程序语言的指令系列，具有可移植性，一般不受计算机类型的限制，但编译后的程序文件在不同类型的计算机上不能兼容。源程序文件能表明程序文件的版权归属，对于计算机软件的开发者来说具有重要的保存价值。使用不同程序语言编写而成"源程序"可以看成是不同格式的程序文件，因为它们需要依赖不同的编译程序、解释程序或连接程序来翻译成计算机可执行的指令。

随着计算机技术的不断发展，不同类型的文件之间的融合现象越来越多，文件类型之间的界限日益模糊。比如，当一个文件中包含上述两种或两种以上的信息表现形式，嵌入文字、图形、图像、音频、视频等内容时，就可视其为多媒体文件。多媒体文件综合运用图、文、声、像等多种信息表现形式记录事物或事件面貌，可以更加真实、生动地再现当时的情景。而文件运用超文本技术，嵌入信息链接功能后，就变成了具有较为复杂信息结构的超文本文件。超文本文件对相关数据和信息以节点链接的形式建立有效关联，确定并显示各节点之间的相互关系，用户可以通过这种链接功能获取超文本文件节点网络中的任意相关信息。国家机构、社会组织和个人的网页就是使用超文本技术制作的，一些数据库的检索导航系统也采用了超文本技术。

此外，按电子文件的属性分，电子文件可分为只读文件、隐藏文件、加密文件、压缩文件等；按电子文件的涉密程度分，电子文件可分为普通电子文件、机密电子文件、秘密电子文件和绝密电子文件。

第三节 电子文件的特点与作用

一、电子文件的特点

（一）非直读性

电子文件的非直读性是指通过人的眼睛无法直接获取电子文件的内容信息，必须借助于特定工具才能实现。

1. 电子文件的信息表示符号不可直接识读

电子文件的内容信息由二进制数码（0 和 1）组成，文本、声音、图像、影像等不同类型、不同格式的电子文件都是由不同数量的二进制数码经编码排列组合而成的。这些二进制数码根据特定的编码规则、压缩方法或数据存储逻辑排列成数字代码序列，即便呈现，人们也无法直接辨识其意义。

2. 电子文件的存储媒介不可直接识读

电子文件被转换为数字代码序列之后，需要通过一定的技术手段存储在相应的载体（磁带、磁盘、光盘等磁电或光电载体）上。比如，在磁性载体上以铁氧化物颗粒的两个极性表示 0 和 1，在光盘上以记录层的凹凸坑或材料的不同相位表示 0 和 1。这些磁电或光电信号是人们无法直接感知和阅读的。

（二）生成环境依赖性

电子文件是在一定的软硬件技术环境中形成的，其传输与存储也依赖相应的技术环境，尤其是其生成环境。

1. 电子文件必须借助于计算机软硬件设备才能生成、管理与使用

电子文件依赖计算机设备和各种操作系统、管理系统来生成和管理，依赖网络设备和特定载体来存储，依赖网络环境来运行和远程传输，依赖各种专用软件来阅读、识别和处理。离开计算机设备，电子文件便成为看不见、摸不着的"幽灵"。

2. 电子文件对其最初的生成环境具有特别的依赖性

电子文件只有在其生成的技术环境中才能最大限度地保持原始面貌。离开其生成的技术环境，电子文件很可能出现信息失真、无法识读等现象。当生成一份文件的软件、运行该软件的操作系统和硬件更新换代以至于与原系统不兼容时，需要保存原系统，或者通过格式迁移、仿真等一系列措施来确保其可用性。随着电子文件数量的快速增长，其安全存储与有效利用面临挑战，一种将存储资源放到"云"上供人存取的新兴方案——云存储由此诞生，基于云存储技术衍生出的云服务商业模式被广为接纳。但需要注意的是，在电子文件管理中应用云服务时，技术锁定可能导致电子文件对特定的"云"产生依赖，离开特定的"云"后，文件数据可能变得难以理解、难以使用，而用户则可能面临难以将其云服务和信息迁移至其他"云"的风险。

（三）信息与载体易分离性

载体，科学技术上指某些能传递能量或运载其他物质的物质，也泛指能够承载其他事物的事物。现代符号学认为，文字、数码等各种符号都是信息的载体，信息本身则是符号的意义。对于电子文件来说，其信息的载体包括表示信息意义的符号载体和记录、存储信息的物质载体。电子文件信息与载体易分离性是指电子文件信息与表示、记录、存储信息的介质之间不具有固定关系。

1. 电子文件信息与其表示、记录方式之间不具有固定关系

信息的表示需要借助于文字、图形、图像、声音等一定的符号载体，电子文件的信息表示方式是由二进制数码按照一定的规则组成数字代码序列。电子文件信息与数字代码序列的映射，在电子文件生成、流转过程中由生成和处理电子文件的软件系统"自动"完成，并随着系统环境的改变而自行转换，无须人为干预，因而带来电子文件信息与其表示、记录方式相分离的感觉。

2. 电子文件信息的表示符号与其存储载体之间不具有固定关系

正如传统形态文件和档案的信息表示符号需要依托纸张、甲骨等物质载体一样，表示电子文件信息的数字代码序列也需要依托一定的磁电或光电载体方能存在。纸张、甲骨等物质载体与信息表示符号的结合方式决定了原始性信息与物质载体的不分离性。而电子文件信息的微观性，使得其存储载体与符号载体之间的分离变得便捷、高效，电子文件可以很容易地从一个存储载体迁移到另一个或多个存储载体，也可以将一个电子文件分解成几部分在网络中分别通过不同的途径传递，其内容信息不会发生任何变化，因而带来表示电子文件信息的数字代码序列与其存储载体相分离的感觉。

3. 电子文件内容结构与物理结构之间存在自由映射关系

电子文件的内容信息可能由存放在不同物理位置的"信息要素"经逻辑组合而成，如网页文件往往由文字、图片、音频、视频及附件等内容要素构成，这些内容要素通常存放在不同的逻辑地址和物理位置。在电子文件流转过程中，电子文件的物理结构不断变化但内容结构保持不变，这种内容结构与物理结构的自由映射由系统自动实现，因而带来电子文件的内容结构与物理结构不相关的感觉。电子文件内容结构与物理结构的这种自由映射关系，导致构成电子文件的内容、结构和背景要素的分散。其一，构成电子文件"三要素"的信息大多被彼此独立地存储、管理。其二，构成电子文件"三要素"的信息被以不同的方式记录。其三，构成电子文件的背景信息分散地生成于不同的节点和系统。

以数据库文件为例，内容信息以数据文件的形式保存，背景信息如文件的创建时间、修改时间和存取时间由操作系统记录与维护，结构信息则存储在数据字典中。以Microsoft Word生成的文件为例，背景信息中的文件创建时间、修改时间和存取时间由操作系统记录，文件的类型、大小和存储位置及一些统计信息由应用程序记录，文件的标题、作者等数据由应用程序从文件中提取，文件的主题、类别、关键词和备注则由用户输入。

电子文件的真实、可靠与完整实质上是指其逻辑结构的真实、可靠与完整。要保证电子文件的真实、可靠与完整，需要以不依赖物理结构的方式保持其逻辑结构。从一定意义上说，我们保存的并不是物理意义上的电子文件，而是经久再现文件的能力。

（四）易变性

电子文件的易变性是指电子文件的信息、存储载体及生存的软硬件环境容易发生变化。

1. 电子文件的信息易于更改

电子文件信息的相对独立性使得人们可以利用各种应用软件方便地更改其内容和结构，比如对文件内容进行复制、粘贴，插入表格、图形或超链接，对图像进行调色处理，对音频文件进行重新压缩，对数据库进行动态更新，对多种类型的信息进行集成处理，等等。而且这些更改通常可以逆转。电子文件信息的易操作性，为人们带来了信息开发与利用的便捷。包括电子文件信息在内的各种数据挖掘、开发与利用带来了数据时代的巨大变革，同时也给电子文件的真实性、可靠性带来了挑战。

2. 电子文件的存储载体性能不稳定

目前，电子文件的存储载体主要是磁电介质和光电介质，这些介质性能不稳定，导致电子文件存储载体的物理寿命（保证存储数据不丢失的时间）远不如纸张，载体材料的氧化、变质或受磁场影响等容易破坏电子文件的信息。伴随着存储设备与技术的不断更新，必须对电子文件的存储载体进行定期升级，将原载体中的电子文件迁移到新载体中，这一过程可能导致电子文件的数据丢失或信息失真。

3. 电子文件生存的软硬件环境容易发生变化

随着计算机软硬件技术的不断发展，电子文件赖以生存的应用软件、系统软件不断升级，硬件环境的系统配置及其性能不断提高，新的信息编码规范、信息表示方式与文件格式不断出现。然而，电子文件对其生成环境具有依赖性，因此将电子文件从旧的生成环境迁移到新环境成为电子文件长期保管的常规任务，而在电子文件的迁移过程中，将不可避免地出现信息损失、变异现象。

（五）信息存储高密度性

电子文件信息存储的高密度性是指单位面积电子文件载体的信息存储量大。相较于传统载体文件，电子文件载体的信息存储密度要高很多。随着存储技术的发展，电子文件载体的信息存储密度还将不断提高。自1956年硬盘诞生至2006年，硬盘的单位存储密度提高了5 000万倍，2014年3月索尼官方公布的名为"档案盘"（Archival Disc）的全新存储介质，被描述为次世代级别的新型蓝光格式光盘，单碟最大能存储1 TB的数据。2016年2月英国南安普顿大学科学家研制出的五维玻璃光盘，存储容量可以达到360 TB，大约相当于蓝光光盘的3 000倍。高密度存储在大大缓解电子文件存储压力的同时，也对信息的检索与保管提出了更高的要求。

（六）多种媒体集成性

多种媒体集成性是指可以将文字、图形、图像、声音、影像、结构化数据乃至程序指令等各种信息形式集成于同一个文件体中，从而实现信息展现的图文声像并茂，使电子文件具备传统文件无可比拟的超链、检索、互动等功能。电子文件的多种媒体集成性体现在以下两个方面。

1. 多种媒体嵌入、组合而形成的多媒体文件

如DOCX、WPS等格式的文本文件中可插入表格、图片乃至音频、视频等，而MP3、AVI等格式的音视频文件中也可方便地嵌入作者、版权乃至歌词等文本信息，不同媒体类型的电子文件相互交融已经成为趋势。

2. 超文本组织融合多种媒体而形成的超文本、超媒体文件

构成一个网站的HTML文件，实际上是一个集成各种内容要素的"框架"，通过结构化标识，在网站中装入各种媒体类型及包括数据库、内嵌程序在内的各种组成要素，这个集成的"电子文件"在浏览器的帮助下，展现给人们的是生动的形态和强大的功能。

了解并掌握电子文件的各种特点是科学管理电子文件的前提。随着信息技术及其他各种软硬件技术的发展与变化，电子文件可能会呈现出一些新特点。文件与档案管理人员应当适时而变，认真分析和研究电子文件呈现出的新特点、新变化，不断探索科学、有效的电子文件管理方法与模式。

二、电子文件的作用

电子文件是具有数字信息特征的文件类型,继承了传统文件记录与传递信息、考据凭证、传承文明的基本功能,同时又具备数字文件便捷、高效的优势。

(一)记录与传递信息

作为管理信息交流的基本方式之一,文件克服了现场管理对管理者资源的限制,以及会议管理对时间、空间的限制,成为人类沟通交流、传递信息、传达管理者意图的有效工具。文件的基本作用就在于能够将信息以某种方式记录在脱离人体的各种载体上,使得信息能够便捷地传递,从而发挥其管理工具的作用。作为管理工具的文件,其记录与传递信息的作用,不仅在于那些已经表示出来的信息,而且还在于那些存在于人体的各种思想意识、潜在信息。这些已经表示出来的和潜在的信息,通过文件被记录下来,广泛应用于人类社会的信息传递和社会交往,对于提高社会管理活动的效率具有深刻的意义。

(二)考据凭证

文件忠实地记录了人类各项社会活动的过程与结果。从现实的角度来说,文件能够证明活动主体及其所开展的活动对法律法规的遵守,证明社会组织和个人的身份、经历和状况,具有凭证作用。从历史的角度来说,在社会活动中不断积累的文件,是研究文献或历史问题时用以考核、证实和说明的可信证据,具有延续历史的作用。

(三)传承文明

文件本身是记录现实的工具,其中具有档案价值的部分更加具有原始性、孤本性和传承性,是传承历史、文明的可靠凭据,是人类文明传承的重要媒介与桥梁。随着信息化建设的不断推进,越来越多的社会活动记录以电子文件形态生成并存在,电子文件承载了信息时代的历史与文化,是延续人类文明的重要载体,需要科学管理和长久保存。电子文件的流失,将损害信息时代社会记忆的延续性,造成历史的空白。

课后思考题

1. 电子文件的定义是什么?
2. 电子文件的基本要素有哪些?
3. 电子文件的种类有哪些?
4. 电子文件的特点有哪些?
5. 电子文件的作用有哪些?
6. 如何理解电子文件与数据、信息、电子数据、数字文件、电子档案的关系?

第二章

电子文件管理概述

学习目标

- 区别电子文件宏观管理与微观管理
- 明确电子文件管理的原则
- 结合实际分析电子文件管理体制与模式
- 了解电子文件管理发展历程
- 理解电子文件管理法规体系
- 了解电子文件管理相关法律问题

第一节 电子文件管理的内容与原则

传统档案管理包括档案行政管理和档案业务管理。与传统文件、档案管理相比，电子文件管理因其自身及生存环境的不同而有许多新的特点，如影响管理的因素多且各因素之间相关度高，变量多，目标复杂，技术含量高、更新快，等等。这些新特点增加了电子文件管理活动的复杂度，对其精准度提出了更高的要求，电子文件管理比传统文件、档案管理更加需要宏观统筹、顶层设计与规划。从我国档案工作实践来看，将电子文件管理划分为电子文件行政管理和电子文件业务管理比较符合客观实际。但从理论上说，电子文件管理包括宏观管理和微观管理两个方面，这种划分视角能够突出电子文件管理的全局性、整体性。

一、电子文件宏观管理

（一）电子文件宏观管理的含义

电子文件宏观管理即电子文件行政管理，是指文件和档案行政与业务管理部门以电子文件管理为客体对象，运用法律法规、制度办法、规范标准等对电子文件管理工作中的组织和人员加以指导和控制，并提供相应的技术和条件支持，以形成有效的运作机制和管理机制，使电子文件微观管理工作科学化、规范化和制度化，确保电子文件完整保存的历史责任得以落实。

（二）电子文件宏观管理的内容

《中华人民共和国档案法》规定，国家档案主管部门主管全国的档案工作，负责全国档案事业的统筹规划和组织协调，建立统一制度，实行监督和指导。具体来说，电子文件宏观管理的内容包括以下几个方面：

（1）制订电子文件管理规划。制订电子文件管理总体建设发展规划、目标，与国家各项事业建设发展协调、一致。

（2）构建电子文件管理的政策框架和法律框架。制定电子文件管理的法规、制度和标准，建立健全电子文件管理的法规、制度和标准体系，实现电子文件管理法治化、规范化、科学化。

（3）制定并发布电子文件管理系统功能需求规范。

（4）协调和处理电子文件工作的内外关系，为电子文件管理创建良好的内外环境。

（5）建设国家电子文件管理体系，建立馆际互联共享体系。

（6）将电子文件管理评估纳入政府信息化评估体系。全面行使行政管理权和行政执法监督权，做好电子文件管理的业务指导和监督工作，并开展调查研究，总结经验。

（7）推进档案教育，提高档案人员专业素养，培养和培训档案专业人才，建立电子文件管理需要的人才队伍，推进电子文件管理基础理论研究。

（三）电子文件宏观管理的目标

《电子文件管理暂行办法》（中办国办厅字〔2009〕39号）将电子文件管理的目标表述为"确保电子文件的真实、完整、可用和安全，保存国家历史记录，促进信息资源开发利用，推动国家信息化健康发展"。依据电子文件宏观管理的内容，电子文件宏观管理的目标包括：规范全国电子文件管理工作，全面提高电子文件管理水平，保存国家历史记录、传承国家记忆，促进电子文件信息资源开发利用，推动国家电子文件管理战略健康发展。

二、电子文件微观管理

(一) 电子文件微观管理的含义

电子文件微观管理即电子文件业务管理，也称电子文件管理业务活动或电子文件管理业务层，是指文件和档案管理人员以电子文件为客体对象，运用一定的技术方法对电子文件加以组织和控制，形成有序、系统的电子文件信息资源，维护电子文件的真实性、完整性、有效性和安全性，并向社会提供利用服务。

(二) 电子文件微观管理的内容

《信息与文献 文件（档案）管理 概念与原则》（GB/T 26162—2021）规定，文件管理包括以下内容：

（1）形成和捕获文件以满足业务活动的证据要求。

（2）在业务背景及要求随时间变化的情况下采取恰当的行动保证文件的真实性、可靠性、完整性、可用性。

电子文件微观管理在总体流程上与传统文件、档案管理的主要环节相似，但与传统文件、档案管理的简单、线性流程不同，电子文件微观管理的环节更加复杂且具有流程交叉现象。电子文件微观管理的内容主要包括电子文件形成、接收、捕获、分类、描述、鉴定、处置、归档、移交、保管、开发、利用等方面的管理。

(三) 电子文件微观管理的目标

保障电子文件的"四性"是电子文件管理业务活动的基本目标。

1. 保障电子文件的真实性

真实性（authenticity）是指电子文件的内容、逻辑结构和形成背景与形成时的原始状况相一致的性质。《信息与文献 文件（档案）管理 概念与原则》规定了文件真实性的判断条件包括：

（1）文件与其制文目的相符。

（2）文件的形成者或发送者与其既定形成者或发送者相吻合。

（3）文件的形成或发送与其既定时间一致。

一方面，电子文件具有易更改性、信息与载体易分离性，在形成、流转和使用过程中容易被不留痕迹地改动；另一方面，由于电子文件依赖生成环境，迁移成为保存电子文件的常用做法，而在迁移过程中也可能出现信息的变异或丢失，从而危害电子文件的真实性。确保电子文件的真实性，可以通过记录并控制文件形成、捕获和管理的业务规则、过程、方针和程序，以及明确电子文件形成者及其权限的方法来实现。

保障电子文件的真实性极为复杂、困难，引起很多国家的关注。自1999年启动的由三十几个国家和地区的专家参与的电子系统中文件真实性永久保障国际合作项目

（InterPARES）提出包括事前控制、跟踪记录、事后审查等在内的过程性措施，分别针对现行文件、半现行文件和非现行文件的阶段性措施，基于政策、方针、程序、制度、标准的管理框架和基于系统软硬件环境、加密、签署、认证的技术框架等一系列解决方案。保障电子文件真实性的主要措施有解构电子文件的全部组成要素，建立"文件分析模板"，筛选出影响电子文件真实性的关键要素；将影响电子文件真实性的一些难以固定的因素通过元数据描述清楚；通过把电子文件转换成非数字文件来保障其信息的真实性；等等。

2. 保障电子文件的可靠性

可靠性（reliability）是指电子文件的内容完全和正确地表达其所反映的事务、活动或事实的性质。《信息与文献 文件（档案）管理 概念与原则》规定了文件的可靠性指：

（1）文件的内容可信，能充分、准确地反映其所证明的事务、活动或事实。

（2）在后续的事务或活动过程中能作为依据。

在事务处理或与其相关的事件发生之时或其后不久，由直接经办人或开展业务活动的系统形成电子文件，可以有效保障电子文件的可靠性。

3. 保障电子文件的完整性

完整性（integrity）是指电子文件的内容、结构和背景信息齐全且没有被破坏、变异或丢失的性质。一份完整的电子文件是齐全且未加改动的。可以通过以下措施来保障电子文件的完整性，防止未经授权而改动：

（1）明确电子文件形成之后可添加或注释的内容。

（2）明确授权添加或注释的条件及责任人。

（3）确保任何授权的对电子文件的注释、补充或删减明确标识并可追溯。

电子文件的完整性包括两个方面的含义：一方面，作为记录社会活动真实面貌的具有有机联系的电子文件及其他形式的相关文件齐全；另一方面，每一份电子文件的内容、结构和背景信息及其他相关元数据没有缺损。

4. 保障电子文件的可用性

可用性（usability）是指电子文件可以被检索、呈现或理解的性质。电子文件的可用性表现在三个方面：一是电子文件可以被查找到；二是电子文件的内容是可以被利用（如下载、复制、浏览等）的；三是电子文件是可再现、可识读的。

确保电子文件的可用性，可以通过关联电子文件与其形成的业务过程和事务，保存记录业务活动的相关文件间的关联关系，以及保障电子文件元数据能够提供检索和呈现电子文件所需的信息（包括标识符、格式、存储信息等）等措施来实现。

三、电子文件管理的原则

电子文件管理的原则是电子文件管理各项活动一般规律的体现，是为实现电子文件管理的目标而在处理各项基本要素及其相关关系时所遵循和依据的准绳。《电子文件管理暂行办法》指出，电子文件管理应当遵循信息化条件下电子文件形成和利用的规律，坚持下列基本原则。

（一）统一管理

统一管理原则是指对电子文件管理工作实行统筹规划，统一管理制度，对具有保存价值的电子文件实行集中管理。电子文件种类繁多，来源广泛，生成环境复杂多样。遵循统一管理原则，将分散、复杂的国家电子文件资源集中起来进行统一管理，能够确保国家对电子文件资源的控制力，维护电子文件的真实性、可靠性、完整性和可用性。统一管理原则强调电子文件管理规划和制度层面的统筹协调，防止各行其是、互不关联。对具有保存价值的电子文件实行集中管理强调的是将各类电子文件纳入机构、地区、国家的管理体系之中，而不是实体物理存储位置的绝对集中。

（二）全程管理

全程管理原则是指对电子文件形成、办理、传输、保存、利用、销毁等实行全过程管理，确保电子文件始终处于受控状态。电子文件管理是一项复杂的系统工程，涉及的要素非常广泛，需要对电子文件从形成到最终销毁或永久保存的整个生命周期进行全过程管理。全程管理原则不但是一个技术性原则，还是一个体制性或制度性原则。既要体现全程，也要体现全面；既涉及电子文件管理的全部流程，也涉及电子文件管理的全部方面，如管理规则、管理方法、管理制度、管理目标等。全程管理原则本质上是各种电子文件管理理论与思想融合应用的体现。

（三）规范标准

规范标准原则是指制定统一标准和规范，对电子文件实行规范化管理。规范标准原则一方面是指电子文件管理系统建设的规范化、标准化；另一方面是指电子文件信息数据的规范化、标准化。电子文件管理系统规范标准与电子文件信息数据规范标准是支持透明政府、开放政府、服务型政府建设，实现政务治理、社会治理自动化、智能化、智慧化，推进国家未来发展战略的基础条件。

（四）便于利用

便于利用原则是指发挥电子文件高效、便捷的优势，对有价值的电子文件提供分层次、分类别共享应用。电子文件管理的最终目的是利用，便于利用原则指明了电子文件管理的目标和落脚点。强调发挥电子文件高效、便捷的优势，分层次、分类别共享应用，开展更优质的利用服务。为此需要适应数字环境和了解电子文件的特点，创新利用政策、规则、方法和技术，争取和保证电子文件的利用效果最大化。

（五）安全保密

安全保密原则是指按照国家有关法律法规和规范标准的要求，采取有效的技术手段和管理措施，确保电子文件信息安全。安全保密原则是电子文件管理的基本要求，是对文件所有人、组织、民族、国家、社会利益的维护。国内外电子文件失窃、失密造成的重大损失足以让文件管理者警醒，不能有丝毫懈怠、疏漏。电子文件的安全程度应与其综合价值相一致，应根据技术的变化对安全防范体系做出相应的调整，动态地、实时地对电子文件进行保护，在保证电子文件机密安全的情况下使电子文件的利用方便、快捷。

第二节 电子文件管理体制与模式

一、电子文件管理体制

体制是指国家机关、企业和事业单位在机构设置、领导隶属关系、管理权限划分等方面的体系、制度、方法、形式等的总称，管理体制随着管理环境和技术的发展变化处于不断调整和创新之中。电子文件管理体制是电子文件管理工作的组织方式与制度。我国在长期的档案工作实践中，逐步形成并建立了"统一领导、分级管理"体制，这一体制是我国档案管理体制中一项最根本的组织制度，也是电子文件管理的基本原则、体制形态。

电子文件管理的"统一领导、分级管理"体制具有丰富的内涵。

（1）从中央到地方建立档案事业管理机关，在各级党委和政府领导下，统一地制定政策、法规、标准，对全国档案工作予以指导，分级、分专业地掌握全国、本地区、本专业系统的档案事务。

（2）按行政区域和中央条块管理体制，对国家全部档案进行分级、分类集中管理。

（3）实行党政档案和党政档案工作的统一管理。

电子文件管理在各级人民政府领导下，由各级档案行政管理机构统一、分级、分专业管理。其中，统一管理是指国家档案行政管理机关及相关国家机关，主管全国电子文件与电子档案工作，对全国电子文件与电子档案工作进行全面规划和统筹安排，制定统一的法规和业务标准，提出统一的方针政策，进行业务指导和监督。分级管理是指县级以上各级人民政府的档案行政管理部门主管本行政区域内的电子文件与电子档案工作，可按照国家有关电子文件与电子档案工作的统一规定和要求，结合本地区的情况，制定本地区的电子文件与电子档案工作规划、制度和办法，并对本地区内机关、团体、企业、事业单位和其他组织的电子文件与电子档案工作进行指导和监督。分专业管理是指中央各专业主管机关在国家档案行政管理机关的指导下针对本专业系统的特点，制定本专业系统的电子文件与电子档案工作规划、制度和办法，对本专业系统的电子文件与电子档案工作进行指导和监督，保证国家有关电子文件与电子档案工作的方针政策在本专业系统的贯彻执行。

二、电子文件管理职责

（一）电子文件管理总体职责划分

《电子文件管理暂行办法》对我国电子文件管理机构的职责做了相关规定。

国家电子文件管理部际联席会议负责统筹规划和组织协调全国电子文件管理工作；研究制定电子文件管理方针政策；审定电子文件管理规章制度、重要规划、重大项目方案；组织起草相关标准；研究解决全国电子文件管理中的其他重大问题。

中共中央办公厅承担国家电子文件管理部际联席会议的日常工作。

各单位文秘和业务部门负责电子文件日常处理；档案部门负责归档电子文件管理；信息化部门负责为电子文件管理提供信息化支持；保密部门负责涉密电子文件的保密监督管理。

各级国家综合档案馆负责接收和保管本馆接收范围内各单位形成的具有永久保存价值的电子文件，并依法提供利用；有条件的应当根据国家灾害备份的要求，建立本机电子文件备份中心或者异地备份库。

（二）电子文件管理具体职责分工

从电子文件管理流程来看，在电子文件生命周期的不同阶段，文件功能和运行环境各有不同，因此需要在全程管理理念的指导下分工管理。电子文件从形成到长期保存通常要经历三个阶段，分别由三类不同的主体承担相关责任，并对应地由三类不同的系统承载相应功能。

1. 文件形成阶段

电子文件形成于业务部门办理业务的系统，不同的业务系统会形成不同的电子文件，如办公系统形成电子公文、特定业务管理系统形成专门的业务文件等。业务复杂的机构可能有多达数十个甚至上百个业务系统，这些系统会形成不同类型的电子文件。业务系统具有电子文件的形成和办理功能。

2. 档案室管理阶段

在本阶段，需要进行规范化管理的电子文件经捕获进入本单位的电子文件管理系统，其中归档范围内的电子文件捕获相当于电子文件的归档。电子文件管理系统通常由单位档案室负责管理，承载对电子文件的捕获登记、分类组织、鉴定处置、统计管理、存储保管、检索利用等功能。根据电子文件管理与业务活动集成程度的不同，形成单位管理电子文件的系统功能也不尽相同。

电子文件在形成单位经历的两个阶段的关系十分密切，多有交叉。比如，在创建电子文件时就可根据归档范围做出标识，有些可以提前捕获进电子文件管理系统；也有很多机构将电子文件管理系统的部分功能嵌入业务系统，随业务流程执行电子文件管理任务。

3. 档案馆管理阶段

具有长久保存价值的电子文件——电子档案应按照规定向各级各类国家档案馆移交，进入电子文件长期保存系统，该系统承载电子档案的长期保存功能。没有向国家档案馆移交电子档案义务的机构可自行开发长期保存系统，或者在电子文件管理系统中增加长期保存功能。

各级各类国家档案馆需要接收法定范围内所有机构的电子文件，还要管理现存馆藏纸质档案的数字化副本，面对很多技术和政策上的难题。为了应对来源复杂、结构多样的电子文件长期保存的巨大挑战，世界各国在管理体制机制和模式上进行了一些创新，如美国的电子文件档案馆（ERA）、中国的行业性和区域性数字档案馆等。

三、电子文件管理模式

模式一般是从重复性现象中发现和抽象出的规律性、典型性样态，是对既往经验的归纳和提炼。电子文件管理工作非常复杂且困难，既往的档案管理乃至信息管理的经验与模式难以应用其中，对电子文件的管理仍然处于探索的过程中。

由于国情及政治、行政体制上的差异，国外电子文件管理模式与其档案管理模式一样，相对比较简单，主要分为集中式保管模式和分布式保管模式两种。周耀林、王艳明在《电子文件管理概论》一书中提出，我国电子文件管理模式在一定程度上受到国外模式的影响，但由于我国在电子文件管理理论研究上多有创新，加之我国政治、行政及经济体制上的特殊性，我国电子文件管理模式也呈现出多元化的态势，且具有鲜明的中国特色。他们将我国电子文件管理模式划分为国家宏观管理模式、区域管理模式、电子文件中心模式、数字档案馆模式、档案馆管理模式和机构模式六大类型。国家宏观管理模式和区域管理模式是对国家电子文件管理整体的纵向划分，属于整体模式；电子文件中心模式、数字档案馆模式、档案馆管理模式和机构模式则是依据电子文件生命周期的不同阶段进行的横向划分。下面将结合我国电子文件管理与相应组织机构的依附关系，从国家、机构和档案馆三个层面对电子文件管理模式进行归纳。

（一）国家电子文件管理模式

由于我国实行的是分层集中的档案管理体制，因此在档案管理模式上也基本采用分层集中式的管理模式，按照行政管理层级设置各级综合档案馆，机构内部普遍设立档案室。虽然电子文件管理工作在横向层面需要多部门协调、联合完成，但总体职责仍是按照这种行政管理层级划分的。

1. 国家管理模式

国家电子文件管理模式是一种宏观管理模式，是从国家层面对电子文件管理全局性、基本性、长期性问题进行目标定位、统筹规划和基本制度安排，体现了一个国家对电子文件管理的基本理念和总体规划。

在机构设置方面，我国电子文件管理实行国家电子文件管理部际联席会议制度，由中共中央办公厅牵头，国务院办公厅、国家发展和改革委员会、工业和信息化部、财政部、国家档案局、国家保密局、国家密码管理局、国家标准化管理委员会等相关部门为成员单位，负责组织协调全国电子文件管理工作。各单位文秘和业务部门、档案部门、信息化部门、保密部门，以及各级国家综合档案馆分别承担相应管理职责，共同推进我国电子文件管理国家战略。

2. 地方管理模式

地方电子文件管理模式是依据国家档案管理体制，在一定行政区划内建设地方性电子文件管理体系的做法。我国地方电子文件管理模式大体经历了办公自动化背景下的电子文件归档与保管模式（如"吉林白城模式"）、电子政务背景下的电子文件（档案）管理模式（如"长宁模式"与"静安模式"）、兼顾数字化档案和电子文件管理的数字档案馆（集群）模式（如青岛市数字档案馆、深圳市数字档案馆、规划建设中的以湖北省数字档案馆及武汉市数字档案馆为正副中心的湖北数字档案馆集群）。

随着我国地方经济的不断发展，区域合作日益频繁，为了实现电子文件资源共享、推动区域经济发展，一种突破传统行政区划的区域性电子文件管理模式日益显现，如"武汉城市圈（1+8）数字档案集成与共享系统"就是一种典型的跨行政区域的区域性电子文件管理模式。我国电子文件管理经历了从地方档案部门带有"区域性"特色的实践探索到国家层面的战略制定与推广的"国家化"过程，在这个过程中，"区域性"与"国家化"产生了冲突。如何化解冲突，既保留和利用区域性最佳实践，又能实现电子文件管理的国家控制，是目前电子文件管理的难题，而将区域实践与国家顶层设计有机整合不失为一种有效的方法。

（二）机构内部电子文件管理模式

机构内部电子文件产生并首先使用于各类机关、企事业单位，由于业务范围、电子文件种类和内容的差异，不同机构内部电子文件的具体管理模式不尽相同。在机构内部，电子文件管理工作主要由业务部门和档案室完成，由于同属一个机构，业务部门与档案室之间的工作相对容易协调，电子文件运行也相对顺畅。随着《电子文件管理系统通用功能要求》（GB/T 29194—2012）、《数字档案室建设指南》（2014）等规范性文件的发布实施，我国机构内部电子文件管理系统建设、资源建设的规范性不断增强，机构内部电子文件管理体系逐渐完善，机构业务活动电子化、数字化程度不断提高。我国机构内部电子文件管理模式经历了双套制模式和单套制模式。双套制模式适用于机构电子文件管理体系相对不够成熟的时期，单套制模式则是在机构具备了较为成熟的电子文件管理体系的条件下逐步推行的。

1. 双套制模式

双套制模式是指对同一份文件实行纸质版本和电子版本的双套存储管理，这是一种依存于纸质文件的电子文件管理模式。根据依存程度的不同，双套制模式可进一步分为双轨双套和单轨双套两种不同的情况。双轨双套是指机构在文件（包括收文、发文和内部文件）进入运转程序时就形成电子和纸质两个版本，业务人员要对同样内容的两种文件进行重复办理，二者同步随业务流程运转，在现行期结束后，将双套均归档保存。单轨双套是指在业务活动中直接生成电子文件，并在业务系统中进行电子信息的流转处理，但出于对文件证据要求的考虑，在电子文件归档时制作相应的纸质拷贝一同保存。也有些机构在业务活动中使用纸质文件，业务办理完毕后再做一套数字化版本一同归档。

双套制模式是电子文件管理初级阶段的管理模式，这种管理相对于单纯的纸质文件管理是一种进步，机构获得了有序的、可以利用的电子文件资源。但在双套制模式下，电子文件管理仍然依托纸质文件管理，电子文件大多作为副本留存。双套制模式存在的诸如电子文件管理措施不彻底、不到位，电子文件管理系统功能不完备，电子文件管理成本较高等弊端是显而易见的。但需要明确的是，双套制模式仅是在国家电子文件管理能力尚有不足、电子文件法律地位尚未确立、电子文件管理体制机制与技术方法相对不够成熟的情况下采取的权宜之计。

2. 单套制模式

广义的单套制包括电子文件单套和非电子介质单套两种形式。在电子文件归档保存过程中，一般需要根据电子文件利用频率的高低，设置不同套别，进行多套别归档。例如，设置一套或多套电子文件提供利用，一套电子文件封存保管，一套电子文件异地保存。从管理模式的角度来说，单套制模式是一种全电子化管理模式，是指文件从形成、流转到归档保存都以电子形式存在。

在单套制模式下，电子文件是机构最重要、最核心、最可信的信息资源。单套制模式的推行，一方面需要明确认可电子文件的业务有效性和法律凭证性，使其可以独立地行使文件的职能；另一方面需要以机构文档一体化管理为基础，机构文档一体化管理环境的相对成熟，独立支撑电子文件全程管理的管理系统的构建，是机构电子文件管理单套制模式推行的关键。在较为成熟的电子化环境中，电子文件管理系统能够与业务流程紧密结合，支持流畅的、合法的业务处理过程和文件流程；能够对电子文件实时鉴定、捕获和归档，完整记录和维护元数据，有成熟的日志管理，从而确保机构能够依赖这些文件开展业务活动。需要说明的是，单套制模式的推行并非完全排除纸质文件同时存在的可能性，但纸质文件存在的意义和价值已经发生本质的变化。

（三）档案馆电子文件管理模式

档案馆电子文件管理模式是档案馆对已经逻辑归档或失去现行效用的电子文件的组织与管理方式。我国电子文件管理在档案馆层面与国外基本相同，主要有集中式保管模式和分布式保管模式。

1. 集中式保管模式

集中式保管模式是指把已经逻辑归档和失去现行效用的电子文件移交档案馆集中保管。这种模式能够充分发挥档案馆的作用，有利于对电子文件实施完整、有效的控制，为电子文件专业化的安全提供保障。但由于电子文件对生成环境具有依赖性，集中式保管模式会使电子文件脱离原始生成环境，这会增加电子文件保管的技术难度，提高电子文件管理成本。

2. 分布式保管模式

分布式保管模式是指电子文件分散保管在原有机构的技术系统之中，档案馆通过监控文件和文件保管者来履行其保管的法定职责。分布式保管模式使电子文件始终处于生成环境之中，有利于保证其可用性，同时也能缓解档案馆在资金和技术方面的困难。但这种模式势必会给电子文件形成机构带来巨大压力，甚至造成保管不力。

鉴于集中式保管模式和分布式保管模式各自的特点及利弊，有人提出了一种折中方案，对电子文件实施"自由进馆原则"。目前，我国档案馆电子文件管理总体上继承了传统档案管理的方式，与国家档案管理体制相一致，实行集中式保管模式。《电子文件归档与电子档案管理规范》（GB/T 18894—2016）明确规定，应对电子文件、电子档案实施全程和集中管理，确保电子档案的真实性、可靠性、完整性与可用性。事实上，未来的管理模式可能是两种模式的融合，而非单纯的某一种模式。

值得一提的是，20世纪90年代，受国际影响，我国部分地区尝试设立了电子文件中心，这些电子文件中心实际上是依托国家电子政务网设立的电子文件管理系统，是国家建设电子政府和推行政务公开的产物。由于我国国家机构设置相对完备，机构内部已经设立相当数量的档案室，电子文件中心更适合如美国、澳大利亚这种总体分散且缺少相对健全的机构设置的国家。对于我国电子文件管理实际来说，电子文件中心也许只能算是一个时髦的概念，我国的电子文件中心模式大多属于机构内部电子文件管理模式。

第三节 电子文件管理发展历程

电子文件是随着计算机的问世而产生的，从世界范围来看，电子文件管理活动与计算机的发展历程基本同步，大致经历了自主经验管理、专业管理、规划管理和集成管理四个阶段。最初的计算机软件程序文件的管理基本上是程序设计主体的自主行为，其管理行为基于个体经验而发生。随着个人计算机及互联网的出现，电子文件开始大量涌现，引起了国际社会的广泛关注，有关电子文件的专业性研究启动，电子文件管理逐渐专业化。我国对电子文件管理的探索总体上可分为以下几个阶段。

一、电子文件管理起步阶段

由于我国计算机技术起步较晚，在 20 世纪 90 年代中期以前，操作和使用计算机是我国极少数人和少数机构的事。随着信息技术和计算机网络技术的发展，计算机逐步进入各行各业。1994 年，中国全功能接入互联网（Internet），成为国际互联网大家庭中的第 77 个成员，随后中国政府陆续实施"金桥""金卡""金关"等信息网络工程，电子文件开始在中国大量产生，其影响范围也逐渐扩大。这一时期，我国电子文件管理主要表现为尝试实践，档案学界对电子文件的认识还比较模糊，理论研究主要围绕电子文件产生的影响与带来的困惑，以及电子文档系统设计展开。实践中电子文件不断产生，电子文件管理主体基本上是业务技术部门，它们的主要任务不是管理电子文件，电子文件管理对于它们而言只是一种附属或业余工作，它们将电子文件视为一般的技术资料，基于一般技术资料的管理经验对电子文件进行管理。

这一时期，我国电子文件管理具有以下特点：
（1）电子文件基本由业务技术部门管理。
（2）电子文件未进入机构文件归档范围。
（3）档案管理部门基本没有介入电子文件的控制与管理工作。
（4）电子文件管理没有理论基础，没有任何可资借鉴的管理手段与方法。
（5）电子文件在管理中逐渐显露出丢失、损毁、无法恢复与还原等一系列问题。
（6）电子文件纳入档案管理范畴及实现科学化管理的诉求日益强烈。

二、电子文件管理初步发展阶段

随着电子文件管理实践的持续推进，理论研究向档案领域反馈。1996 年 9 月，第十三届国际档案大会在北京召开，会上关于"虚拟档案"及信息技术产生的影响的探讨，引发了我国档案学界对电子文件管理的深入思考。1996年，国家档案局成立了电子文件归档与电子档案管理研究领导小组，全国档案信息化建设逐步推进。

我国档案学界对电子文件性质与特点的认识逐渐深入，电子文件管理的理论研究取得突破，为电子文件管理提供了理论上的指导。一方面，以冯惠玲为代表的理论研究者创新电子文件管理理论，为我国电子文件管理水平的不断提高提供了丰富的理论源泉；另一方面，国家档案局及时介入组织电子文件管理标准的研制与制度的制定，相继推出一系列电子文件管理标准，使得我国的电子文件管理逐步走上了科学发展之路。

这一时期，我国电子文件管理呈现以下特点：

（1）电子文件管理逐渐由档案管理部门主导并最终纳入档案管理范畴。

（2）电子文件确立了在档案分类体系中的地位，进入机构档案管理部门的归档范围和综合档案馆的进馆范围。

（3）国际档案理事会、各国政府及档案馆、相关国际组织愈加关注电子文件管理，一系列研究课题相继展开及相关技术标准陆续出台。

（4）理论研究不断取得突破，电子文件管理理论渐成体系，对电子文件管理的指导作用日益增强。

（5）电子文件管理科学化水平不断提高，逐渐成为一项有理论依据、有标准指导的规范化、标准化的专业技术工作。

实践中，业务技术部门与档案管理部门在电子文件管理上逐渐达成共识，电子文件作为机构重要的电子证据已成为当代机构文件管理战略的重要组成部分，纳入了机构档案管理的范畴。同时，诸多国际组织和各国立法与政府机构、国家档案馆不仅成立了电子文件管理的对策机构，而且研究编制了一系列关于电子文件管理的法律、法规、标准、行动指南等，指引和规范着国际范围内的电子文件管理，使得电子文件管理步入了在科学理论指导下的专业管理阶段。

三、电子文件管理规划发展阶段

进入"十一五"以后，随着国际档案交流活动日益频繁，电子文件管理的国际学术交流也不断增多。2009年6月和2010年4月，中国人民大学先后组织了"电子文件管理国家战略国际学术研讨会"和"电子文件管理国际前沿成果研讨会"。2009年，国家电子文件管理部际联席会议制度的建立，标志着我国电子文件管理国家战略顶层设计初步完成。同年，中共中央办公厅、国务院办公厅联合印发了《电子文件管理暂行办法》，确立了电子文件全程管理原则，并从信息化、档案、保密等多个业务角度对电子文件管理过程予以规范，这标志着我国电子文件管理国家战略正式启动。

2011年，国家电子文件管理部际联席会议牵头起草了《国家电子文件管理工作规划（2011—2015 年）》，为我国电子文件管理的发展指明了方向，具有重大指导意义。在国家战略规划指导下，我国电子文件管理各项规章制度持续更新，不断完善。规范化的电子文件管理系统建设不断推进，逐步实践电子档案单套制，实现电子文件各项管理工作一体化，系统集成化、自动化，资源建设规范化。

此外，作为新生事物的电子文件，其出现、发展和日益普遍，是人们对其认识逐渐清晰、对其态度由怀疑到接纳的转变过程。在这一期间，电子文件经历了不受关注到逐渐被接纳，再到获得普遍认可的过程，电子文件管理则经历了依附纸质文件管理到与纸质文件并行管理（双套制管理），再到独立运行管理（单套制管理）的过程。随着我国信息化、数字化战略的深入推进，以及各项技术的不断发展，未来的电子文件管理必将迎来"全电子化""全自动化"乃至"智能化""智慧化"。

第四节 电子文件管理法规及相关法律问题

电子文件的出现冲破了原本相对完善的档案法制体系，许多已经建立的档案管理法规制度无法满足电子文件管理的需求。电子文件管理需要符合电子文件特点的规则和秩序，需要相对独立的法规、制度和标准，作为规范人们生成和管理电子文件行为的依据。

一、电子文件管理法律规范

电子文件管理法律规范是由国家最高权力机关按照一定的立法程序制定并依靠国家强制力保证实施的行为规范，表现形式一般是有关法律文件中的禁止性条文、义务性条文、授权性条文等。电子文件管理法规建设的主要目的是减少和避免电子文件管理中的相关法律问题，维系电子文件管理工作的正常秩序，促进电子文件管理工作的规范化、法制化。

目前，各国都在努力构建完善的电子文件管理法制体系。2004 年，我国颁布《中华人民共和国电子签名法》，第一次在法律层面正式确立了电子文件的法律地位和法律效力。自 2013 年起，我国三大诉讼法均将电子数据作为新的法定证据形式。2020 年，我国修订通过《中华人民共和国档案法》，多次提及"电子档案"，明确指出"电子档案与传统载体档案具有同等效力，可以以电子形式作为凭证使用"。2021 年，我国先后颁布《中华人民共和国数据安全法》《中华人民共和国个人信息保护法》，从不同侧面对电子文件管理的相关法律问题进行了规范。有研究表明，自 2001 年至 2021 年，在我国各机构与部门颁布的 231 个电子文件管理相关政策文本中，包含 5 部法律，16 部行政法规、党内法规和军事法规，14 个国务院规范性文件，196 个部门规章及规范性文件。①

二、电子文件管理制度

电子文件管理制度是指国家或机构为管理电子文件而制定的包括政策、指南、准则在内的规范。根据电子文件管理制度作用范围的不同，可将电子文件管理制度分为综合性电子文件管理制度和专项电子文件管理制度。

（一）综合性电子文件管理制度

综合性电子文件管理制度是旨在实现电子文件全程管理，较为全面地涉及各方面管理要求的制度。其作用范围可以是一个机构、一个地区、一个国家甚至是国际性的，其内容既有宏观的原则性要求，也有比较具体的操作性规定。这类制度对于一定范围内电子文件管理的全面、协调发展与规范化具有重要的作用。

国家档案局于 1996 年成立了电子文件归档与电子档案管理研究领导小组，组织多方力量共同研究，编写了《电子文件归档与电子档案管理概论》。这个具有指南性质的手册对全国电子文件管理提出了一些规范性要求。2003 年，国家档案局发布了《电子公文归档管理暂行办法》（国家档案局令〔2003〕第 6 号），对各地区、各部门通过由国务院办公厅统一配置的电子公文传输系统处理后形成的具有规范格式的公文的归档要求做出了明确规定。2009 年，中共中央办公厅、国务院办公厅联合印发了《电子文件管理暂行办法》，首次对电子文件管理的全过程予以规范，为我国电子文件的全程规范化管理提供了重要依据。2013 年，国家电子文件管理部际联席会议办公室牵头研制了由 3 个层次、8 个维度组成的电子文件管理制度体系框架，即宏观层（包括电子文件属性、管理权利义务和组织责任 3 个维度）、中观层（主要规范管理系统）和微观层（包括机构类型、文件类别、管理流程、安全要求 4 个维度），明确了我国电子文件管理制度体系的结构和基本内容。

（二）专项电子文件管理制度

专项电子文件管理制度是为贯彻有关法律法规和综合性电子文件管理制度的精神，针对电子文件及其管理的某一方面所制定的制度。这类制度主要涉及电子文件的管理程序、方法、技术等，内容一般比较具体、详细，具有可操作性，如针对电子文件管理的工作环节制定电子文件鉴定制度、归档制度、长期保存制度、利用制度等。这类制度的制定和配套对于提高电子文件管理规范化程度是十分有效的。

---

① 李海涛，徐亚婷. 近 20 年我国电子文件管理政策现状及对策研究：基于《"十四五"全国档案事业发展规划》及相关政策［J］. 山西档案，2021（4）：95 – 111.

第二章 电子文件管理概述

近年来,我国各地区、各行业电子文件管理制度陆续出台,如国资委发布的《关于推进中央企业电子文件管理工作的指导意见》(国资发〔2013〕219号),北京、福建、广东、海南、江苏等省(市)制定的本地区电子文件管理办法或实施细则,部分部委和央企建立的电子文件管理制度,等等。2010年以来,国家档案局相继发布了一批电子文件归档与档案管理制度规范,如《数字档案馆建设指南》(档办〔2010〕116号)、《电子档案移交与接收办法》(档发〔2012〕7号)、《数字档案室建设指南》、《数字档案馆系统测试办法》(档办发〔2014〕6号)、《企业电子文件归档和电子档案管理指南》(档办发〔2015〕4号)、《村级档案管理办法》(国家档案局、民政部、农业部令第12号)、《乡镇档案工作办法》(国家档案局令〔2021〕第18号)等。

三、电子文件管理标准

标准是规范性文件,在国际标准化组织(ISO)与国际电工委员会(IEC)联合发布的ISO/IEC指南2:2004《标准化和相关活动的通用术语》中,标准的定义是"为了在一定范围内获得最佳秩序,经协商一致制定并由公认机构批准,为各种活动或其结果提供规则、指南或特性,供共同使用和重复使用的文件"。我国对标准的定义,主要来自《中华人民共和国标准化法》和《标准化工作指南 第1部分:标准化和相关活动的通用术语》(GB/T 20000.1—2014)。《中华人民共和国标准化法》规定,标准是指农业、工业、服务业及社会事业等领域需要统一的技术要求,同时明确我国的标准包括国家标准、行业标准、地方标准和团体标准、企业标准。《标准化工作指南 第1部分:标准化和相关活动的通用术语》结合我国标准化原理与方法的研究,对ISO/IEC指南2:2004《标准化和相关活动的通用术语》中关于标准的定义做了进一步修正,将标准界定为"通过标准化活动,按照规定的程序经协商一致制定,为各种活动或其结果提供规则、指南或特性,供共同使用和重复使用的文件"。

电子文件管理标准是对电子文件管理活动的顶层设计与宏观规划,是按照规定的程序制定并经公认的权威机构批准的有关电子文件制发和管理的规则、方法、技术要求等方面的规定,是电子文件管理人员应该遵守的业务技术规范。

电子文件管理标准的制定与实施是电子文件管理顺利开展的重要内容与关键环节。电子文件管理标准的缺失、滞后或失范,必将带来电子文件管理的失控及资源的浪费。在电子文件管理领域,强化电子文件管理相关标准的建设,已成为全世界共同的呼声。

(一)电子文件管理国际标准

国际标准化组织是一个全球性的非政府组织,是世界上最大的国际标准制定和发布机构,其中负责发布电子文件管理相关标准的组织主要是信息与文献技术委员会档案/文件管理分技术委员会(TC 46/SC 11)、文献管理应用技术委员会(TC 171/SC 2和

SC 3）及各行业技术委员会。21 世纪以来，这些组织十分活跃，相继推出了大量电子文件管理国际标准，覆盖长期保存、存储格式、方法指南、管理流程、管理系统、宏观管理、数据交换、信息安全、应用模型、元数据等方面，对推动和规范电子文件管理发挥了重要作用。

1. 电子文件管理总体要求相关标准

在电子文件管理总体要求相关标准中，ISO 15489 系列标准是最知名也是最权威的。

2. 电子文件管理功能需求相关标准

在电子文件管理功能需求相关标准中，ISO 16175 系列标准是典型代表。

3. 电子文件元数据相关标准

ISO 23081 系列标准是国际标准化组织在 ISO 15489 系列标准基础上制定并颁布的电子文件元数据标准。

4. 电子文件长期保存相关标准

电子文件长期保存相关标准主要集中在指南、保存系统、保存格式三个方面。

电子文件长期保存指南标准以 ISO/TR 18492：2005《基于文件的电子信息的长期保存》（Long-term preservation of electronic document-based information）和 ISO/TR 13028：2010《信息与文献 文件数字化实施指南》（Information and documentation—Implementation guidelines for digitization of records）最为典型。其中，ISO/TR 18492：2005《基于文件的电子信息的长期保存》从宏观和微观两个层面，对基于文件的电子信息长期保存的目标、存储技术方案及长期保存策略等加以规范，为各类机构保存和利用电子文件提供了通用可行的方案和指导性建议。ISO/TR 13028：2010《信息与文献 文件数字化实施指南》为纸质文件或其他非电子文件的数字化工作提供指南。

5. 电子文件安全管理相关标准

目前，国际上尚未出现电子文件安全管理的专门标准，相关标准中比较典型的有 ISO/IEC 15408 系列标准、ISO/IEC 13335 系列标准和 ISO 27000 系列标准。

（二）我国电子文件管理标准

我国自 20 世纪 90 年代开始对电子文件管理标准进行探索和研制，根据制定主体和适用范围的不同，可将我国电子文件管理标准分为国家标准（包括自行研制和等同采用国际标准）、行业标准、地方标准、企业标准等。我国起初主要由全国档案工作标准化技术委员会主导电子文件管理全国性标准的立项和研制，2009 年国家电子文件管理部际联席会议成立以后，负责协调电子文件管理全国性标准的规划和研制。

2010 年，国家标准化管理委员会发文成立国家电子文件管理标准体系协调推进组，负责统筹规划、总体协调和全面推进全国电子文件管理标准体系建设工作。2013 年，国家电子文件管理部际联席会议办公室组织制定并印发了《电子文件管理标准体系框架》（国电联发〔2013〕3 号），开列了"电子文件管理急需标准清单"，从基础、对象、过程、系统、监督检查和应用领域 6 个维度构建电子文件管理标准体系。基础类标准是电子文件管理的总体性、通用性标准；对象类标准包括文件实体和元数据标准；过程类标准包括电子文件的形成办理、归档管理、长期保存等阶段的标准；系统类标准是电子文件全生命周期中使用的设备、软件、技术等所涉及的标准；监督检查类标准主要是针对电子文件管理系统和管理工作长效机制的标准；应用领域类标准包括通用电子文件和业务电子文件管理标准。从现行标准来看，我国电子文件管理标准以国家标准、行业标准为主。

我国现行电子文件管理国家标准如表 2-1 所示。

表 2-1 我国现行电子文件管理国家标准（部分）

标准编号	标准名称
GB/T 17678—1999	CAD 电子文件光盘存储、归档与档案管理要求
GB/T 17679—1999	CAD 电子文件光盘存储归档一致性测试
GB/T 20163—2006	中国档案机读目录格式
GB/Z 23283—2009/ISO/TR 18492：2005	基于文件的电子信息的长期保存
GB/T 23286.1—2009/ISO 19005-1：2005	文献管理 长期保存的电子文档文件格式 第 1 部分：PDF 1.4（PDF/A-1）的使用
GB/T 26163.1—2010/ISO 23081-1：2006	信息与文献 文件管理过程 文件元数据 第 1 部分：原则
GB/Z 26822—2011/ISO/TR 15801：2009	文档管理 电子信息存储 真实性可靠性建议
GB/T 29194—2012	电子文件管理系统通用功能要求
GB/T 31021.2—2014	电子文件系统测试规范 第 2 部分：归档管理系统功能符合性测试细则
GB/T 31913—2015	文书类电子文件形成办理系统通用功能要求
GB/T 31914—2015	电子文件管理系统建设指南
GB/T 18894—2016	电子文件归档与电子档案管理规范
GB/T 33481—2016	党政机关电子印章应用规范
GB/T 33870—2017	干部人事档案数字化技术规范
GB/T 36903—2018	电子证照 元数据规范
GB/T 39362—2020	党政机关电子公文归档规范
GB/T 26162—2021/ISO 15489-1：2016	信息与文献 文件（档案）管理 概念与原则
GB/T 39784—2021	电子档案管理系统通用功能要求

我国现行电子文件管理行业标准如表 2-2 所示。

表 2-2 我国现行电子文件管理行业标准（部分）

标准编号	标准名称
DA/T 15—1995	磁性载体档案管理与保护规范
DA/T 43—2009	缩微胶片数字化技术规范
DA/T 46—2009	文书类电子文件元数据方案
DA/T 47—2009	版式电子文件长期保存格式需求
DA/T 48—2009	基于 XML 的电子文件封装规范
DA/T 50—2014	数码照片归档与管理规范
DA/T 56—2014	档案信息系统运行维护规范
DA/T 58—2014	电子档案管理基本术语
DA/T 59—2017	口述史料采集与管理规范
DA/T 62—2017	录音录像档案数字化规范
DA/T 63—2017	录音录像类电子档案元数据方案
DA/T 31—2017	纸质档案数字化规范
DA/T 70—2018	文书类电子档案检测一般要求
DA/T 71—2018	纸质档案缩微数字一体化技术规范
DA/T 73—2019	档案移动服务平台建设指南
DA/T 74—2019	电子档案存储用可录类蓝光光盘（BD-R）技术要求和应用规范
DA/T 75—2019	档案数据硬磁盘离线存储管理规范
DA/T 77—2019	纸质档案数字复制件光学字符识别（OCR）工作规范
DA/T 78—2019	录音录像档案管理规范
DA/T 80—2019	政府网站网页归档指南
DA/T 82—2019	基于文档型非关系型数据库的档案数据存储规范
DA/T 83—2019	档案数据存储用 LTO 磁带应用规范
DA/T 85—2019	政务服务事项电子文件归档规范
DA/T 32—2021	公务电子邮件归档管理规则
DA/T 38—2021	档案级可录类光盘 CD-R、DVD-R、DVD+R 技术要求和应用规范
DA/T 18—2022	档案著录规则
DA/T 89—2022	实物档案数字化规范
DA/T 92—2022	电子档案单套管理一般要求
DA/T 93—2022	电子档案移交接收操作规程
CJJ/T 117—2007	建设电子文件与电子档案管理规范
HB 7836—2008	航空工业电子公文文档一体化管理要求
EJ/T 1224—2008	核电子文件元数据

第二章 电子文件管理概述

除了上述标准外,国家档案局还发布了一系列法规性文件,用以指导和规范电子文件管理工作,如《电子公文归档管理暂行办法》(2003)、《电子档案移交与接收办法》(2012)、《数字档案室建设评价办法》(2016)、《机关档案管理规定》(2018)、《重大活动和突发事件档案管理办法》(2020)、《乡镇档案工作办法》(2021),以及国家档案局和民政部联合发布的《城市社区档案管理办法》(2015),等等。

四、电子文件管理相关法律问题

(一)电子文件的法律证据效力问题

电子文件的法律证据效力是指电子文件在法律上的凭证作用,即电子文件作为法律证据的可采性和电子文件作为法律证据的证明力。法律证据效力与法律效力不同,文件的法律效力是其对约定对象的约束力或执行力。

1. 电子文件作为法律证据的可采性

所谓证据的可采性,是指证据资料合乎法律规定可作为证据的资格。传统的纸质文件由于真实地反映了文件形成和使用者的活动,是以往历史的客观记录,因此在法律上往往具有不容争辩的证据价值。电子文件由于自身的特殊性,其原始性和安全性让人难以放心,因此法律证据效力受到质疑。一般来说,英美法系国家遵循传闻证据规则和最佳证据规则,依据最佳证据规则,只有文件的原件才能作为书面证据被法院采纳,电子文件被划归传闻证据,而传闻证据通常不被法院采纳。随着信息记录技术的发展,英美法系国家相继对传闻证据规则设立了一些例外规定,以确认电子文件作为法律证据的可采性。

大陆法系国家采用自由证据模式,由于不存在传闻证据规则,这些国家的证据法通常不对证据的可采性问题做硬性规定,而是允许自由提出所有与案件有关的证据材料,不论其表现形式如何。相关法律中一般会开列一份可接受的证据清单,如果某一证据材料可划归证据清单中的某类证据,它就具有证据能力,反之则不具有证据能力。

2. 电子文件作为法律证据的证明力

所谓证据的证明力,是指证据对查明事实所具有的效力。不同的证据制度对证明力的认定方法是不一样的。即使电子文件具备了作为法律证据的可采性,也不一定就具有证明力,还必须经过严格的客观性与相关性评价。电子文件作为法律证据的证明力取决于四个因素:证据内容的真实性、证据生成过程及存在状态的可靠性、证据来源的合法性、证据与被证明事实的关联性。

首先,电子文件作为法律证据的证明力源于电子文件内容信息的真实性。其次,由于电子文件生成环境比较复杂、生成过程中存在众多风险,法律上在认定电子文件作为证据的证明力时,特别注重其生成、存储、传输、保存方法的可靠性。再次,收集电子文件证据的方式是否恰当，对其证明力的强弱有很大影响。从证据获取方式来说，通过非核证程序获得、非法软件采集或窃录方式获得的电子文件证据，法庭一般予以排斥，不具有什么证明力。因此，生成、管理电子文件的信息系统必须符合软件测评标准，获得相应的软件证书。从证据获取主体来说，为了提高证据的证明力，电子文件证据的采集要尽可能通过与当事人无关的第三方进行，这样可以保证采集过程的中立、可信。最佳的第三方当然是司法机构或公证机构，还有一类权威机构是档案机构。我国的证据法明确规定，物证、档案、鉴定结论、勘验笔录具有更强的证明力。由档案机构按照法定要求采集（收存）电子文件，并在需要的时候提供出来作为法律证据，是维护电子文件证据力的长效机制。最后，电子文件作为法律证据的证明力还取决于其内容与被证明事实之间的关联程度。关联程度大，证据的证明力强；关联程度小，证据的证明力弱。

随着《中华人民共和国电子签名法》和《中华人民共和国档案法》的修订，在我国，电子文件获得了与传统形态文件同等的法律地位，电子文件的法律证据效力逐渐得到认可。

（二）电子文件中的隐私权问题

1. 隐私权的含义

隐私权是指自然人享有的私人生活安宁与私人信息秘密依法受到保护，不被他人非法侵扰、知悉、收集、利用和公开的一种人格权。目前，我国还没有独立的隐私权保护法，对电子文件中隐私权问题的处理一般参照刑法、民法、行政法等部门法中的一些规定。在电子文件管理中，对公民隐私权的侵犯主要表现为对公民个人数据的侵害，因此要对个人数据采取合适的保护措施。

（1）个人数据收集行为要有合法的依据。

（2）个人数据收集范围要明确；个人数据收集过程应当符合法定程序。

（3）个人数据的持有机构必须保证数据的准确性和完整性；个人数据的持有机构必须保证数据的安全；电子文件管理系统应当具有维护数据的方法。

（4）披露和公开个人数据要获得许可，即做好"收""管""用"环节的工作。

2. 隐私权的法律保护方式

（1）直接保护。法律承认隐私权为一项独立的人格权，当公民的隐私权受到侵害时，受害人可以将侵犯隐私权作为独立的诉因诉诸法院请求法律保护与救济。

（2）间接保护。法律不承认隐私权为一项独立的人格权，当公民的隐私权受到侵害时，受害人不能将侵犯隐私权作为独立的诉因诉诸法院请求法律保护与救济，而只能将这种损害附从于（或称"寄生于"）其他诉因（如名誉损害、非法侵入等）请求法律保护与救济。

（3）概括保护。在民法或相关法律及判例中笼统地规定保护人格权或人格尊严，不列举具体内容，但在实践中仍然保护公民的隐私权，并在有关法律法规中对隐私权保护做出零星规定。

（三）电子文件中的知识产权问题

知识产权是基于创造成果和工商标记依法产生的权利的统称，最主要的三种知识产权是著作权、专利权和商标权，其中著作权常被称为版权，专利权和商标权又被统称为工业产权。现代信息技术的广泛应用扩展了信息资源共享的范围，同时也使对知识产权问题的规范更加急迫，其中版权的认定与保护问题尤为突出。

版权是指作者及其他版权人对文学、艺术、科学作品依法享有的各项专有权利。电子文件版权是作者及其他版权人对电子作品依法享有的各项专有权利。我国与电子文件版权保护相关的法律法规有《中华人民共和国著作权法》《互联网著作权行政保护办法》《信息网络传播权保护条例》等。电子文件版权保护主要涉及两个方面：一是如何避免侵权，也就是如何保护他人作品的版权；二是如何防范侵权，也就是如何保护自己作品的版权。对于他人作品的版权，主要通过获得"权利许可"、直接与版权人签订著作权许可使用合同，以及通过版权集体管理组织获得权利进行保护。对于自己作品的版权，可以通过以下方法进行保护。

1. 对电子作品采取技术保护措施

控制接触作品的技术措施，如设置密码、付费浏览等；控制使用作品的技术措施；控制传播作品的技术措施；识别非授权作品的技术措施，如电子水印技术。

2. 在电子作品中加入版权管理信息

主要的版权管理信息有作者、作品的基本信息，版权权利归属，有关作品的使用条件、统一编码等。

3. 依法提起诉讼，维护自身合法权益

例如，申请诉前禁令或财产保全措施，或者采取证据保全措施。

一般而言，在建立了版权保护制度的国家，计算机信息中的相当一部分来源于已享有版权的作品。在我国，保护包括电子文件在内的数字信息财产权已引起广泛关注，有关知识产权的立法也在逐步完善。

课后思考题

1. 电子文件宏观管理和微观管理的含义、内容、目标是什么？
2. 电子文件管理的原则有哪些？
3. 我国电子文件管理体制的内涵是什么？
4. 我国电子文件管理总体职责划分及具体职责分工如何？
5. 谈谈对电子文件管理模式的认识。
6. 结合实际谈谈目前我国电子文件管理法规体系建设的情况。

第三章

电子文件管理系统与数字档案馆（室）建设

> **学习目标**
> - 明确区别电子文件管理系统及相关概念
> - 了解电子文件管理系统功能及其实现方式
> - 熟悉电子文件管理系统的基本功能
> - 了解电子文件管理系统开发的原则与流程
> - 明确数字档案馆的含义与作用
> - 理解数字档案馆建设的原则与要求
> - 熟悉数字档案馆建设的步骤
> - 掌握数字档案馆建设的内容

第一节 电子文件管理系统概述

一、电子文件管理系统及相关概念

（一）InterPARES 中的相关概念

电子系统中文件真实性永久保障国际合作项目（International Research on Permanent Authentic Records in Electronic Systems，InterPARES）指出，电子文件长久保存链条中存在以下三类系统。

1. 文件形成系统

文件形成系统由一系列指导文件创建的规则及实施这些规则的工具和机制组成，包括文档捕获系统、文档识别系统、文件声明系统、文件执行系统、文件移交系统等。国际档案理事会称其为"业务系统"（Business System，BS），澳大利亚国家档案馆称其为

"业务信息系统"（Business Information System，BIS），InterPARES 则称其为"文件形成系统"（Record-making System）。这类系统的主要任务是支持文件形成单位日常业务工作的开展，在此过程中形成合格、完整的电子文件，如办公自动化系统、企业资源计划系统、产品数据管理系统、财务系统、人力资源系统等。

2. 文件保管系统

文件保管系统由一系列管理访问控制、存储、维护、处置和保存文件和信息的规则及实施这些规则的工具和机制组成，包括文件信息系统、文件索引系统、文件存储系统、文件检索系统、文件访问系统、文件处置系统等。文件保管系统是集中管理各类电子文件的系统，InterPARES 及澳大利亚等国家称其为"文件保管系统"（Record-keeping System），美国国家档案与文件署称其为"文件管理应用软件"（Records Management Application，RMA）。这类系统应用在文件形成单位，通常以电子文件的捕获为起点，以电子文件的处置为终点。我国通常将此类系统称为"电子文件管理系统"。

3. 永久保存系统

永久保存系统是长期保管各类具有永久保存价值的电子文件，保证其真实、准确、可理解的系统，包括文件信息系统、文件选择系统、文件采集系统、文件描述系统、文件存储系统、文件检索系统、文件访问系统等。InterPARES 称其为"文件保存系统"（Record Preservation System），我国称其为"电子档案管理系统"或"数字档案馆系统"。由于这类系统要始终维护寿命长于系统的文件的可信性，国际上也将其归入"可信数字仓储"（Trusted Digital Repository，TDR）。TDR 主要应用于国家档案馆及其他承担文件长久保存任务的单位。

（二）我国的相关概念

从广义上说，电子文件管理系统是包括所有与电子文件管理有关的技术、方法、法规、标准、人员等因素在内，以保证电子文件的行政有效性和法律证据性，保证电子文件的科学管理和高效利用为目的的信息系统。我国通常使用业务系统、电子文件管理系统和电子档案管理系统概念来区分电子文件生命周期中的各类系统。电子文件生命周期中三类系统的关系如图 3-1 所示。

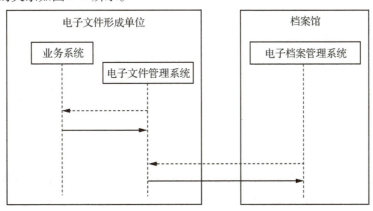

图 3-1　电子文件生命周期中三类系统关系示意图

1. 业务系统

业务系统是指形成或管理机构活动数据的计算机信息系统。业务系统是创建、保存、处理机构业务信息并为其提供访问的自动化系统，包括办公自动化系统、电子商务系统、财务系统、人力资源系统、产品数据管理系统、电子邮件系统等多种形式。业务系统旨在为机构和用户之间开展业务提供便利。业务系统中的文档管理模块常被称为"电子文档管理系统"（Electronic Documents Management System，EDMS）。EDMS 往往侧重电子文件形成阶段的管理，关注文件形成、流通管理、版本控制、业务协同等功能。许多 EDMS 设计的目的仅仅是支持和满足当前业务活动对信息的需求，功能有限，主要用来保存与业务交流相关的当前文档，不具备有效的文件管理功能。因此，这些文件需要被捕获进专门的电子文件管理系统才能确保其文件价值。

2. 电子文件管理系统

电子文件管理系统（Electronic Records Management System，ERMS）是指用来对电子文件的识别、捕获、存储、维护、利用、处置等进行管理和控制的计算机信息系统，主要负责管理为维护电子文件的证据价值而实施的控制活动。ERMS 主要关注电子文件现行和半现行阶段的管理活动，包括电子文件的捕获、登记、分类、统计、检索、利用、存储、处置等。ERMS 主要应用于电子文件形成单位，一般与机关数字档案室管理系统相对应。

3. 电子档案管理系统

电子档案管理系统（Electronic Archive Management System，EAMS）是指对电子档案进行采集、归档、编目、管理和处置的计算机信息系统，也叫电子文件长期保存系统，主要是数字档案馆系统及其他可信数字仓储系统，致力解决电子文件信息以正确和可被独立理解的方式长期保存下来的问题。EAMS 的核心功能是真实长久地保存馆藏数字档案资源，重点是非现行电子文件的长期保存和管理。EAMS 是传统档案与电子档案长久保存的最终归宿。

由此可见，电子文件生命周期中的任何管理行为均应以维护文件与业务活动、文件之间及文件组成部分之间的联系为基本原则，这些管理行为最终都要在计算机信息系统中实现。电子文件管理系统本质上是文件管理在系统层面的体现，它既可以是一个相对独立的系统，也可以是业务系统的子系统。它可以管理各种形式的文件，包括电子文件、纸质文件、缩微品等，能够完整地提供捕获、著录、鉴定、处置、检索、提供利用、审计等管理功能。

二、电子文件管理系统功能概述

功能需求是指用户解决某一问题或实现某一目标所需的软件功能。功能需求说明了系统基于用户需要必须具有的特点、功能、属性等，是在开发过程中对系统的约束。电子文件管理系统功能没有统一的标准，但作为一类执行机构文档和机构记录管理职能的系统，它们也具有一些共同的功能。

（一）基本功能

电子文件管理系统的基本功能包括：对机构各种载体文件综合管理的功能；定义和维护机构电子文件分类方案、文件和档案编码方案、用户管理和用户权限设置、文件类别和文件安全等级、元数据模式、日志范围等系统配置的功能；电子文件实时收集、实时鉴定的功能；建立机构电子文件管理系统所需的元数据服务器，记录和维护各种元数据的功能；电子文件日志管理功能；电子文件工作流程管理功能；访问互联网的功能；多样化检索和多样化提供利用的功能；支持将原来软硬件环境中形成的电子文件迁移至新平台的功能。

（二）拓展功能

电子文件管理系统作为机构重要文档资料的"仓库"，必然会参与到机构业务活动和各种工作中，这样其功能就有很大的拓展空间。电子文件管理系统的拓展功能主要包括知识收集与管理功能、深度挖掘信息内容功能和主动提供利用功能。

此外，也可将电子文件管理系统功能划分为核心功能和附加功能。核心功能包括文件管理功能和系统管理与设计功能两个方面。其中，文件管理功能是指电子文件管理系统应具备控制、捕获、访问与安全、处置、查找与检索、元数据、法规遵从等功能；系统管理与设计功能包括系统权限管理、系统设计等功能。附加功能是电子文件管理系统具备的可选功能，一般包括在线安全检测、工作流、混合管理等功能。

三、电子文件管理系统的实现方式

理论上，电子文件管理系统与前端业务系统之间存在非常密切的整合与互动关系，但受信息化水平、业务类型、文档机构等因素的影响，电子文件管理系统存在多种不同的实现方式。电子文件管理系统可以相对独立地实施，也可以与业务系统或（和）电子文件长期保存系统集成实施。电子文件管理系统的开发方式包括自行开发、外包开发和直接购买商业软件，应综合考虑电子文件管理系统的成本投入、所需的技术团队及其水平、现有系统类型、特有功能需求、电子文件安全保密等级、电子文件管理系统建设周期等因素，合理选择电子文件管理系统的开发及其实现方式。一般来说，自行开发、外包开发、直接购买商业软件的成本依次降低。

（一）单机构电子文件管理系统的实现方式

根据电子文件管理系统与前端业务系统的关系，包括接口、功能模块分布与耦合强弱、交换资源颗粒度（如文件与元数据）等方面，可将电子文件管理系统的实现方式分为独立式、嵌入式、整合式、邦联式等类型。图3-2是电子文件管理系统的实现方式示意图。

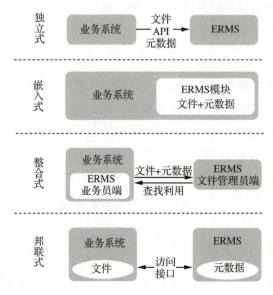

图 3-2 电子文件管理系统的实现方式示意图

1. 独立式

独立式是指电子文件管理系统相对独立于形成电子文件的各个业务系统，业务系统可通过应用程序接口（API）向电子文件管理系统传输电子文件及其元数据，电子文件及其元数据集中在电子文件管理系统中保存和管理。这种模式延续了纸质文件前后端分离管理的做法，对应现有的组织分工模式，较为通行。在这种模式下，电子文件管理系统相对被动地接收业务系统提交的电子文件及其元数据，需要在相应管理制度的配合下，强化业务系统主动提交电子文件及其元数据的行为。由于向电子文件管理系统传输数据的业务系统可能有多个，往往需要定制开发多个接口才能完成数据的顺利交接，这将增加协调和实施的成本。

独立式并不意味着在电子文件管理上各行其是，同样需要遵循全程管理原则，只是对业务系统文件管理的要求采用"黑盒模式"。电子文件管理系统在系统功能上与业务系统进行协调，主要表现在接口规范上，而不直接影响业务系统内部的技术框架。如此，业务系统可以通过完善内部功能，尤其是对需要归档的电子文件的格式进行选择和对元数据方案进行调整来满足接口规范的要求。因此，在独立式环境中，电子文件的真实性、完整性首先由业务系统负责。

2. 嵌入式

嵌入式是指以机构内部形成电子文件的业务系统为母体，电子文件管理系统嵌入业务系统中成为其子模块，从而使业务系统具备电子文件管理的功能和技术措施，实现电子文件及其元数据的捕获、维护和处置。嵌入式的精髓是基于电子文件管理功能需求升级业务系统，或者进行二次开发，将电子文件管理的各项业务工作分布在业务系统的相关流程中完成。嵌入式适合小型机构和专业性很强的企事业单位，也适合对某一专门的业务系统所形成的电子文件进行一体化管理。比如，财务系统、人力资源系统自带的文件（档案）管理模块，嵌入电子邮件系统的电子邮件归档管理软件，等等。一个单位如果仅采用该模式，就会在整体上造成文件信息的分散，若需开展全局性的利用，则还须借助于其他系统。

3. 整合式

整合式是指电子文件管理系统分为两个部分，一部分嵌入业务系统，实时捕获电子文件及其元数据，另一部分则集中保管和维护电子文件及其元数据。其中，嵌入业务系统的电子文件管理功能称为电子文件管理系统的业务员端，在机构档案部门运行的专业管理系统称为电子文件管理系统的文件管理员端。电子文件管理系统的业务员端具有电子文件的生成、元数据的捕获、电子文件的登记和鉴定等功能，肩负着以恰当的格式，在恰当的时间，归档恰当的电子文件的任务；电子文件管理系统的文件管理员端具有电子文件的登记、鉴定、归档的辅助功能，以及电子文件的整理、检索、处置、利用、统计、报表制作、迁移等功能，肩负着集中存储和管理电子文件的任务。

整合式电子文件管理系统的两个部分是紧耦合的关系，其间存在频繁的双向交互。电子文件管理系统的业务员端将文件及其元数据传输到文件管理员端，文件管理员端则为业务活动中的文件查询和利用提供支持。整合式是针对机构原有信息系统既难以满足电子文件管理需求，又不适合长期集中保管电子文件的现状提出的。其中，业务系统的电子文件管理功能的完善至关重要，它能保证业务系统形成合格的电子文件，及时捕获重要的元数据，并及时归档电子文件及其元数据。这种模式兼具独立式和嵌入式的优点，既能捕获来自多个业务系统的电子文件，又能集中机构的信息资产，并以统一的方式加以维护和开发利用。目前，构建在内容管理平台（Enterprise Content Management，ECM）上的电子文件管理系统大多采用该模式，对业务系统和电子文件管理系统之间的集成要求较高。

4. 邦联式

在邦联式下，电子文件实体物理分散保存在各业务系统中，电子文件元数据则被集中存储在电子文件管理系统中。由电子文件管理系统负责维护元数据与电子文件之间的关联，实现对电子文件的逻辑集中管理。邦联式强调的是电子文件管理系统和业务系统相互访问数据的便利性，两者可以相互独立，也可以像整合式一样将电子文件管理系统部分功能模块嵌入业务系统中。其区别在于整合式集中保管所有电子文件及其元数据，而邦联式的电子文件管理系统仅保存电子文件元数据，电子文件仍然保存在业务系统中。这种模式适用于业务文件对原系统环境依赖性强的单位，通常需要业务系统提供访问接口，以便从电子文件管理系统查找利用文件。

单机构电子文件管理系统四种实现方式的特点如表 3-1 所示。

表 3-1　单机构电子文件管理系统四种实现方式的特点

实现方式	独立式	嵌入式	整合式	邦联式
电子文件管理系统与业务系统的关系	独立于业务系统	完全嵌入业务系统	部分嵌入业务系统	独立于或部分嵌入业务系统
电子文件存储场所	电子文件管理系统	业务系统（电子文件管理系统）	电子文件管理系统	业务系统
电子文件元数据存储场所	电子文件管理系统	业务系统（电子文件管理系统）	电子文件管理系统	电子文件管理系统
电子文件管理系统对电子文件的控制强度	较强	强	强	较弱
全局利用的便利性	高	低	高	较高

（二）跨机构电子文件管理系统的实现方式

对于企业集团或区域范围内的党政机关，可能存在多机构部署同一套电子文件管理系统的情况，即一家单位统一指定、采购或建设一套电子文件管理系统，在多家单位统一应用实施。比如，由集团公司、区域性档案部门统一指定、采购或建设电子文件管理系统。电子文件管理系统的统一指定方、统一采购方或统一建设方要充分调研下属单位的需求，保证其个性化需求得到满足。电子文件管理系统的用户单位应充分掌握特定部署模式的优缺点，按照上级单位的总体规划，制订实施本单位的工作计划。跨机构电子文件管理系统的实现方式包括以下三种。

1. 分散式

各机构自行部署电子文件管理系统，包括自行二次开发、实施和维护系统。

2. 分布式

在多个机构范围内统一建设电子文件管理系统，但出于地理、安全、利用等方面的考虑，数据分布存储在多地，如电子文件元数据集中存储在总部，二级单位保存本地及管辖范围内三级单位的电子文件及其元数据，三级单位一般不保存数据。

3. 集中式

由一个机构统一规划、采购、安装、运行和维护一定范围内的多个机构的电子文件管理系统，软硬件集中部署，数据集中存储。系统建设方可以借助于云服务向各用户单位提供电子文件管理系统存储、平台和（或）应用服务。

第二节　电子文件管理系统功能架构

电子文件管理系统功能一般包含基本功能和可选功能。其中，基本功能是指电子文件管理系统必须具备的核心功能，可选功能是指用户根据需要选择采用的功能。电子文件管理系统功能架构如图3-3所示。

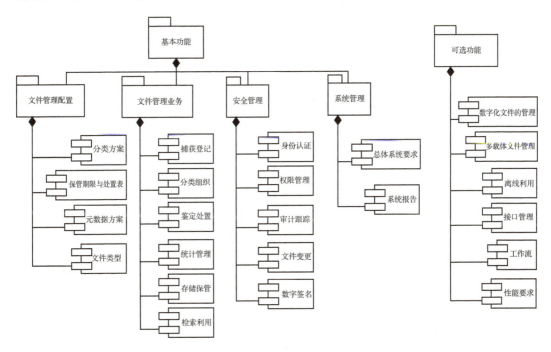

图3-3　电子文件管理系统功能架构图

电子文件管理系统的基本功能可划分为文件管理配置功能、文件管理业务功能、安全管理功能和系统管理功能。其中，文件管理配置功能是电子文件管理系统中建立和维护文件管理业务规范的功能，包括分类方案、保管期限与处置表、元数据方案、文件类型等内容；文件管理业务功能主要基于电子文件管理业务流程展开，包括捕获登记、分类组织、鉴定处置、统计管理、存储保管、检索利用等内容；安全管理功能是保护电子文件及电子文件管理系统安全的功能；系统管理功能是指电子文件管理系统运行所需要的基本环境支撑、工具支撑等内容。

一、文件管理配置功能

（一）分类方案的配置与管理

分类方案是一个方便文件捕获、命名、检索、维护和处置的等级式分类工具，是电子文件管理业务的基础。电子文件管理系统应支持机构建立和维护符合自身实际的分类方案，依据分类方案对文件进行系统的标识与整理。

在电子文件管理系统实施过程中，分类方案有助于保持文件之间的天然联系。机构在进行文件分类时应考虑自身业务需要，可采用主题分类方案或职能分类方案。主题分类方案允许相关主题的文件组合在一起，即一个主题下的相关业务活动产生的文件组合在一起，如按照特定资产或客户组织文件。职能分类方案通过分析机构特定业务活动和职能制订，可独立于机构行政管理体系，因为机构部门和结构会随时间的变化而改变。职能分类方案打破了机构的传统信息组织模式，使文件的保存和销毁变得相对简单。电子文件管理系统应能够支持分类方案的建立和维护，包括创建、维护、修改、删除自动编号，导入和导出，审计跟踪，等等。

（二）保管期限与处置表的配置与管理

保管期限与处置表是以表册形式规定文件保管期限和处置行动的正式工具。根据电子文件管理的特点，将文件保存到期后的处置行为与保管期限整合为保管期限与处置表。保管期限与处置表应保持相对稳定，不宜频繁变动。机构应根据自身管理实际选择特定的文件聚合层次，如类、案卷、文件类型、组合文件等对应设置。电子文件管理系统应能够支持保管期限与处置表的制定和维护，包括内容设置和修订，保管期限审查、比较和确认，处置触发条件定义和管理，等等。

（三）元数据方案的配置与管理

元数据既是电子文件管理系统重要的管理对象，又是电子文件管理系统管理文件的基本工具。元数据形成、捕获和管理的整个过程贯穿电子文件整个生命周期。电子文件管理系统应支持使用元数据来描述文件，以支持自动管理程序，并维护电子文件的真实、完整、可用和安全。电子文件管理系统应能够支持元数据方案的建立（元数据方案的定义、注册与配置）、元数据方案的维护（元数据方案的修改、删除等）、元数据值的管理（元数据值的控制、验证、可读性等）。

（四）文件类型的配置与管理

文件类型是根据文件在保管要求、利用控制、文件种类（如照片、合同、简历等）或重要元数据属性上存在较多共性而设置的灵活的管理层次。通过对文件类型设置相应的元数据方案模板可以实施对该类型文件的灵活管理和控制。文件类型很难作为一个类目在分类方案中得到体现，但通过对文件类型的定义和管理，可有效降低机构文件管理

第三章 电子文件管理系统与数字档案馆（室）建设

的复杂度。电子文件管理系统应能够支持文件类型的定义和管理，包括不同文件类型模板的定义和维护、日志收集、自动处理、集中管理等。

二、文件管理业务功能

（一）捕获

1. 电子文件的捕获

捕获是将业务活动过程中生成或接收到的文档作为文件与其元数据一起保存到电子文件管理系统中的过程。将文件捕获到电子文件管理系统中有以下三重目的：建立文件与文件形成者、文件形成业务背景之间的联系；确定文件在文件系统中的位置及其相互关系；建立文件与其他文件之间的联系。

电子文件管理系统捕获的文件多数来源于机构的其他业务系统，所以在实际中会因系统之间的耦合程度、文件数量、文件来源等的差异而产生不同的捕获方式。根据捕获过程中人工参与的程度，捕获可分为自动捕获与人工捕获。自动捕获适用于电子文件管理系统与业务系统集成较好的机构，可通过预定义的捕获方式，自动识别文件类型、分类号、责任者等重要元数据。信息化程度较高的机构可采用自动捕获方式从办公自动化系统、电子邮件系统等系统中捕获文件。电子文件管理系统通常从兼容的业务系统、其他电子文件管理系统、数字化扫描系统或成像系统中批量导入捕获文件。

电子文件管理系统应能够支持电子文件的捕获，包括定义和维护电子文件的捕获范围、支持自动捕获或人工辅助捕获、为成功捕获的电子文件打上标记、将原始格式转换为目标格式等。

2. 元数据的捕获

电子文件管理系统应能够支持随同文件一并进入系统的元数据的捕获，包括提供自动化手段、允许手工著录或修改遗漏或错误的元数据、在电子文件及其元数据之间建立并保持稳固的关联等。

在捕获电子文件时，电子文件管理系统应能够保证电子文件对应的元数据方案中的强制性元数据被捕获，不能遗漏。在捕获元数据时，应尽量使用自动捕获功能，减少人工捕获，这既能提高捕获效率，也能规避人工操作风险。即使是人工捕获，电子文件管理系统也应尽量提供友好的交互功能，如采用下拉列表、默认值等方式。

（二）登记

电子文件管理系统应能够支持电子文件的登记，包括电子文件审核、组合、内容控制、重新命名，元数据输入与继承，日志收集，等等。登记是为证明文件在电子文件管理系统中存在而进行简要著录，并分配给文件唯一标识符的过程。登记标志着文件正式进入电子文件管理系统中，在登记完毕后，才允许对文件进行进一步的操作。登记的对象包括文件及其组成部分，如组合文件、复合文件、单份文件、文档、组件等。

捕获登记一般可包括三个子功能：一是成功捕获电子文件及其元数据；二是按照标准格式对电子文件进行格式转换；三是为电子文件分配唯一的标识符，并将电子文件保存在合适的系统（一般是指电子文件管理系统，而非电子文件形成系统）中和安全的载体上。对于电子文件管理来说，稳妥安全的物理存储是必需的，这是保证电子文件真实和可靠的基本前提。

（三）分类组织

分类组织实质是对电子文件管理系统管理范围内的对象，包括类目、案卷、文件等在层级上的有序化管理。电子文件管理系统应能够支持电子文件的分类管理和案卷管理。

1. 分类管理

电子文件管理系统在分类管理方面的功能主要包括关联维护、定位、再分类、类的管理等。具体来说，电子文件管理系统应能够维护所有文件与其所属案卷、类、分类方案的关联；应支持把案卷、文件重新定位到分类方案中的不同位置，并保证复合文件和组合文件中的关联保持不变；应支持授权用户对文件重新分类，并输入重新分类的原因，且作为元数据记入审计跟踪日志；应支持授权用户设计类的开放/关闭标记，并允许文件管理员或授权用户标记某类目为关闭状态，防止新类、新案卷或新文件增加到该类。

2. 案卷管理

电子文件管理系统在案卷管理方面的功能主要包括案卷设置与描述、联系维护、元数据记录与继承、案卷大小限制等。

案卷分为两种类型：一是实体案卷，也称物理案卷，用于实体管理；二是逻辑案卷，用于信息管理。实体案卷和逻辑案卷的内容可以相同，也可以不同。电子文件管理中的案卷主要指逻辑案卷。在某些情况下，案卷会再细分为子卷，一个案卷有可能由多个子卷构成。

（四）鉴定处置

鉴定处置的主要工具是保管期限与处置表。电子文件管理系统应该支持随时对文件的保管状态进行调整并及时做出处置决定，能够对处置决定进行自动或手动实施，并可通过审计跟踪日志对处置活动进行记录。

电子文件管理系统应能够根据保管期限与处置表划分文件的保管期限，设定其处置行为、处置行为触发条件，包括处置行为的预定义、管理和维护，处置行为触发条件的定义和维护，自动继承，等等。电子文件管理系统应能够支持对文件处置行为的触发和审查。文件的处置要服从法律法规和机构的鉴定政策和程序。通常情况下，文件处置需要与档案主管部门协商，并经机构有关负责人审查之后方能执行。

（五）移交

电子文件管理系统应能够满足机构对移交的要求，包括移交对象副本处理、联系维护、移交过程报告生成、元数据记录、日志收集等。

移交分为内部移交和外部移交，内部移交是指文件移交到机构中的其他系统中，外部移交通常是将满足移交条件的文件移交到档案馆或第三方机构。机构移交文件后可根据自身需要在本地续存文件拷贝。移交文件是否需要封装、具体移交格式要求等，可根据相关标准或管理规范由机构与档案部门或第三方协商决定。

（六）销毁

销毁是指电子文件管理系统不但删除文件的存放位置指针，而且从存储系统中将文件的实体删除。一般来说，电子文件管理系统不能销毁被销毁文件的元数据及相关操作日志。电子文件管理系统应能够满足机构对销毁的要求，包括销毁审批、相关文件处置、销毁过程报告生成、元数据记录、日志收集等。

（七）续存

电子文件管理系统应能够支持机构对续存的要求，包括续存行为触发、续存时间设定、多次续存支持、续存过程报告生成、元数据记录、日志收集等。

（八）统计管理

统计报表功能能够提供电子文件管理系统中各类管理对象的统计信息和描述分析报告。统计工作是电子文件管理的基本业务功能，需要按照相关业务管理的要求进行，建立报表管理功能，包括信息生成、报表生成、可视化、导出、打印、显示、存储等，同时在统计指标、统计口径、统计发布方面应有相应的管理要求，设置必要的包含各种内容的统计模板。

（九）存储保管

电子文件的存储应该能确保文件在保存期限内的可用性、可靠性、真实性，要完整解决这个问题需要在文件整个生命周期中考虑与维护、保管和存储相关的问题。依据相关规范的要求选择电子文件的存储介质与存储设备，具备对存储介质的状态监控和报告、跟踪检测和更换能力。

电子文件管理系统应能够对管理范围内电子文件的各种格式变化进行管理控制，包括提供格式转换的能力、记录格式转换的相关元数据信息、报告文件及其组件的格式和版本等；应能够依据相关规范的要求实现对电子文件的存储管理，包括支持多种存储方式、制订适当的存储规划、保证数据安全、支持文件压缩、提供有效的存储状态监控、允许封装保存、日志收集等。

电子文件管理系统应能够提供文件和元数据定期备份功能，一旦系统瘫痪、崩溃而使文件丢失，通过备份能够恢复原有数据。在实践中，备份与恢复功能可能更多的是机构IT运行方面的责任，可以由电子文件管理系统自身或通过与其他软件集成来完成，但电子文件管理系统应对其管理提供支持。备份与恢复功能主要包括支持自动备份和恢复、独立物理存储、备份策略制定、权限分配等。

（十）检索利用

电子文件管理系统应提供多种检索途径和输出功能，满足不同用户需求，实现类目、案卷、文件及其元数据检索，并提供良好的显示和打印功能。实现对检索、显示和打印的权限管理。检索是按照用户指定参数定位、利用和查看系统资源（包括类目、文件等实体及其元数据）的过程。电子文件管理系统应能够支持机构对检索的要求，主要包括检索对象、范围、内容、状态、界面、模块、方式、信息显示、途径、模型、手段、结果处理等。

电子文件管理系统的利用要求重点在对利用途径、利用权限的管理，同时要求机构为利用要求提供良好的政策环境。电子文件管理系统应能够支持利用审批程序的建立与实施，支持基于身份认证的利用操作，在利用中维护电子文件的真实性、完整性、可理解性。

电子文件管理系统应能够支持机构对显示的要求，主要包括显示方式、显示内容、操作支持等。电子文件管理系统应能够支持用户在授权范围内对可打印对象物理输出的过程，包括支持打印文件集合、元数据集合、文件集合的清单、特定类目的清单、分类方案、保管或处置方案等，并支持不同用户打印权限的设置。

三、安全管理功能

（一）身份认证

电子文件管理系统应保护系统内的文件资源不被非法存取和破坏，保证授权用户能够在其权限范围内进行合法操作，对系统中的重要行为进行审计跟踪。电子文件管理系统应能够支持多种用户身份认证机制，如用户名/密码、数字证书、指纹识别等方式；在提供用户名/密码认证时，提供校验码方式，以提高身份认证的安全性；允许系统管理员为失败的登录尝试设置安全参数或限制。

（二）权限管理

电子文件管理系统必须有一个完整统一的安全访问机制，对用户的权限与系统分类方案下电子文件等实体的访问进行安全管理。从系统角度来看，管理员角色只负责执行，安全策略应由机构管理者决定。电子文件管理系统应能够限定只有系统管理员具有定义和维护权限管理的权限，或者由授权用户控制特定功能的权限分配；允许角色下的所有用户自动继承角色的访问权限，一个用户可以拥有多个角色；等等。

第三章　电子文件管理系统与数字档案馆（室）建设

（三）审计跟踪

审计跟踪是对电子文件管理系统重要行为的记录，用于显示电子文件管理系统的事务处理信息，确保未被授权行为被识别和跟踪，是电子文件管理系统安全管理的重要内容。跟踪的对象包括管理员、用户及电子文件管理系统自身的行为。电子文件管理系统应能够支持系统中的自动或人工实施的操作被记入审计跟踪日志中，以证明这些行为是否遵循规定。由于审计跟踪会产生大量的信息，因此在具体实施中管理员可以限定一些必须审计的行为。

（四）文件变更

电子文件管理系统应支持为满足特定的要求对文件进行必要的变更，完善对摘录件等的管理。电子文件管理系统应能够对生效后文件的变更操作（移动、修改、摘录等）进行严格控制，文件变更应经过审查流程，审查过程应记录在审计跟踪日志中；防止任何被捕获的文件被删除或移动，由处置方案设定的动作除外；保证文件管理员能修改任何由用户输入的元数据元素，以纠正诸如数据录入的错误，修改操作应记入日志；等等。

四、系统管理功能

系统管理功能要求管理员实现系统用户和资源的管理、系统功能的配置、操作权限的分配，在确保文件可用的同时不泄露敏感信息，同时对系统运行的各方面表现进行监控并做出报告。

（一）总体系统要求

总体系统要求包括系统参数管理、系统管理、系统配置及用户管理的要求等。电子文件管理系统应能够支持系统管理员查询、显示及重新配置系统参数；支持系统管理员重新确定用户范围和用户角色；提供对系统总体状况的综合监测；识别错误，必要时能够隔离错误，并提供错误报告；为了适应机构变化情况，支持管理员对分类方案进行较大的改动，以保证所有的文件管理元数据和元数据数据能被正确、完整地处理；等等。

（二）系统报告

电子文件管理系统要求采用较为灵活的报告制度来对系统实施监控管理，采用标准报告、专题报告、统计报告、临时报告等形式监控系统的活动和状态。电子文件管理系统应能够支持系统管理员和授权用户定期生成周期性报告（如年报、季报、月报、周报等）；提供报表打印、阅读、排序、分类、存储、导出等基本管理功能；支持形成关于存储空间有关状况、审计跟踪、失败/错误过程处理状况、移交操作、安全违规操作等报告。

五、数字化文件的管理功能

机构使用的文件不总是电子形式，还存在大量纸质文件，由于电子文件管理系统不能自动捕获纸质、胶片等传统实体文件，这些文件需要纳入电子文件管理系统进行管理时，可采用数字化方式获得电子版本，同时生成和维护其相关元数据信息。当数字化设备与电子文件管理系统集成时，电子文件管理系统应能够支持对于数字化文件与原生电子文件基本等同的管理功能；支持对纸质文件进行管理；支持以多种分辨率、多种格式保存图像，并保证各种分辨率、格式图像间的关联，以适应不同的应用环境；支持对扫描图像的质量控制和调整；支持自动捕获指定扫描区域的相关元数据；支持记录扫描活动本身；等等。

第三节 电子文件管理系统开发

电子文件管理系统开发是一项复杂的系统工程，不仅需要软件开发技术的支撑，更需要电子文件管理理论的规范和指导。购置或开发有效的电子文件管理系统成为各个文件和档案管理部门应对挑战的重要策略。电子文件管理系统开发需要建立在一定的规范基础上，电子文件管理系统功能需求规范的作用是规范电子文件管理系统开发，使其满足文件保存质量要求，同时可以指导电子文件管理系统开发，特别是使其成为软件供应商开发电子文件管理系统的依据。只有在调查研究的基础上，全面分析机构的职能活动和文档管理的要求，明确电子文件管理系统的功能需求，才能有目标地开发出理想的电子文件管理系统。

一、开发原则

电子文件管理系统是不同于档案计算机辅助管理系统的新型文件管理系统。在电子文件管理系统的开发建设过程中，需要将电子文件管理专业知识与软件开发知识结合起来，围绕电子文件管理的核心目标，遵循相应的开发原则。

（一）全程性原则

全程性原则要求电子文件管理系统介入电子文件的形成阶段，及时对电子文件进行登记、分类、鉴定、移交、保管和提供利用等操作。从发达国家电子文件管理系统的开发经验来看，这种全程管理的方法对于保证电子文件的行政有效性和法律证据性有重要作用。全程性原则要求电子文件管理系统记录和保存电子文件整个生命周期中形成的各

第三章 电子文件管理系统与数字档案馆（室）建设

项元数据，覆盖文件在现行期的创建、登记、修改、审核、签署、分发等环节，以及文件在半现行期和非现行期的重要管理活动、技术处理和利用过程。

（二）完整性原则

完整性原则要求电子文件管理系统保证电子文件的完整。一是电子文件管理系统必须能够基于预先定义好的元数据模板，捕获和管理完整的电子文件及其元数据，并保证授权用户可以查询电子文件及其元数据。二是电子文件管理系统必须能够管理和保护机构所有具有保存价值的电子文件。三是电子文件管理系统必须能够维护文件之间的有机联系，如业务处理过程中形成的文件之间的有机联系、信息内容之间的逻辑联系、文件和数据之间的参考关系、文件或数据之间的替代关系等。

（三）安全性原则

不存在绝对可靠的系统，只有相对安全的系统。结合电子文件管理的特点，电子文件管理系统开发的安全性原则具体表现在电子文件管理系统应兼容多种软件格式，能够提供数据备份和灾难恢复、严格的用户角色定义、权限分配、口令审查等功能。

（四）先进性原则

先进性是电子文件管理系统的技术要求。首先要提高电子文件管理系统的自动化程度；其次要尽量采用集成的建设方法，以适当的技术手段完成电子文件管理系统与业务系统的集成，并尽量保证不增加各业务系统软件维护工作量，不提高机构各业务人员操作复杂程度；最后要扩大电子文件管理系统的管理范围，提升其管理能力。

（五）综合管理原则

电子文件管理系统开发必须进行综合性的管理准备，包括详细调查、技术储备、标准制定、变化管理等，甚至要进行必要的机构调整。例如，明确电子文件管理系统功能需求；确定职能鉴定的实施方法；了解各种文件的处理流程，明确电子文件生成和传送的节点，确定电子文件及其元数据捕获、登记、归档的时点；了解本机构及其业务伙伴的常用软件种类，保证电子文件管理系统能够支持它们的格式；了解机构各种信息资源的种类和数量，为机构中可能产生和使用的知识绘制知识地图，以便建立有效链接，实现统一检索和综合利用；预测电子文件管理系统建设和应用可能带来的冲击与变化，做好培训、变革管理等工作。

（六）实用性原则

实用性原则要求根据机构组织、管理、资金、文化等要素，有序安排电子文件管理系统建设环节和步骤。一般来说，应从电子文件管理的关键环节开始建设，而不是对所有环节同时进行建设。电子文件管理系统各项功能实现的先后顺序大致是捕获、归档、鉴定、检索、提供利用、统计等。在电子文件管理系统建设初期，可先实现自动捕获和在线归档功能，否则会造成文件流失，其他管理更无从谈起。随着应用的深入，可进一步提高检索和提供利用的能力,这样会快速见效,其他功能则可以逐步建设。

二、开发流程

系统开发流程是系统开发者(分析员、软件工程师和程序员)与最终用户建立计算机系统的一个过程。系统开发流程主要包括问题的定义及规划、需求分析、系统设计、编码、测试、运行与维护等阶段。电子文件管理系统开发流程主要包括系统规划、系统需求分析、系统设计、系统实施与评价、系统运行与维护五个阶段,如图3-4所示。

图 3-4　电子文件管理系统开发流程图

在电子文件管理系统开发的五个阶段,文件与档案工作人员必须明确自己的职责,全程参与到系统开发过程中,为技术人员的系统开发工作提供必要的文件管理理论支持和补充。另外,电子文件管理系统开发还需要得到组织工作最前端的业务人员的大力支持。从这个角度来看,电子文件管理系统开发是技术人员、文件与档案工作人员和业务人员协同配合的结果。

(一)系统规划

系统规划是系统开发的第一个阶段,也是系统开发过程的第一步,它确定了系统开发和建设的方向。系统规划的质量直接影响着系统开发的成败。电子文件管理系统规划就是对电子文件管理系统开发的总体目标及各项工作进行总体设计,它规定了电子文件管理系统的目标、功能、范围、价值及其开发过程。系统规划包括以下内容:确定系统目标与总体方案;功能结构图总体设计;数据库系统总体结构设计;代码方案总体设计;系统安全与数据安全总体设计;系统物理配置总体方案设计;开发工作计划;等等。

(二)系统需求分析

系统开发的目的就是满足用户从事业务活动的需要。因此,系统开发必须认识、了解业务活动,完整、准确地描述用户的需求,跟踪用户需求的变化,并将用户的需求准确地反映到系统的分析与设计中。系统需求分析是系统开发的重要阶段,也是系统开发的关键性步骤。电子文件管理系统需求分析主要包括业务需求分析和系统功能需求分析两个部分。

1. 业务需求分析

业务需求分析主要是通过对机构所处的宏观环境、机构的职能活动和业务活动的调查与分析,确认潜在的问题和解决的方法。无论是完善旧系统还是开发新系统,都要开展必要的业务需求调查与分析。首先,对机构所处宏观环境的调查与分析,主要是了解机构的政治、经济、法律、文化等社会背景,机构文化,机构的主要职能,机构的信息技术应用水平,机构业务系统及其他信息系统的种类与数量,影响机构文件、档案管理工作的因素,机构安全风险的构成,等等。其次,对机构职能活动的调查与分析,是为机构各项业务的执行方式建立概念模型,熟悉业务活动的开展步骤,了解文件何时及如何在业务活动的什么环节产生、传递、获取、处理、存储、处置和利用。最后,对机构业务活动的调查与分析,旨在了解文件在何时、何地、哪个步骤以何种方式产生。除此之外,还必须对文件管理需求进行调查与分析,以明确机构在各项业务活动中需要生成和保存哪些文件,以及相关的管理要求。重点关注相关法律要求、业务要求及社会要求对机构文件管理所做的规定,如文件的产生(包括文件的形式、内容和著录项目等要求)、文件的保管期限(包括文件保留多长时间及处置规则等要求)、文件的利用(包括文件的利用、限制等要求)、文件的质量(包括文件的完整、准确、真实、可读、可理解等要求)。

2. 系统功能需求分析

电子文件管理系统功能需求分析的目的就是明确电子文件管理系统究竟要"做什么"和"怎样做"。电子文件管理系统能否实现文件管理的各项功能、能否实现科学的文件管理,关键就看系统功能需求分析的质量。电子文件管理系统功能需求分析既是电子文件管理系统功能设计的依据,也是检验和验收电子文件管理系统的依据。自1997年起,国际范围内针对电子文件管理系统功能需求的标准与规范陆续发布,为电子文件管理系统的开发提供了重要参考,如表3-2所示。2012年,由国家电子文件管理部际联席会议办公室、中国人民大学信息资源管理学院共同起草的《电子文件管理系统通用功能要求》(GB/T 29194—2012)发布,它规定了我国电子文件管理系统的基本功能要求,同时也给出了一些可选功能要求,对我国电子文件管理系统的开发具有重要意义。

表 3-2　国际重要电子文件管理系统功能需求标准与规范一览表

制定者	标准或规范名称	颁布及修订年份
美国国防部	DoD 5015.2-STD《电子文件管理软件应用系统设计标准》(Design Criteria Standards for Electronic Records Management Software Applications)	1997 年颁布 2002 年第一次修订 2007 年第二次修订
英国国家档案馆	《电子文件管理系统功能需求》(Functional Requirements for Electronic Records Management Systems)	1999 年颁布 2002 年第一次修订 2006 年第二次修订
澳大利亚维多利亚州	《维多利亚州电子文件战略文件管理系统规格说明》(Specification for VERS Compliant Record Keeping System)	2000 年颁布
欧盟	《电子文件管理通用需求》(Model Requirements for the Management of Electronic Records)	2001 年颁布 MoReq 2008 年第一次修订 MoReq2 2010 年第二次修订 MoReq2010
联合国档案和记录管理科	《文件保存系统功能需求》(Functional Requirements for Record-keeping Systems)	2003 年颁布
国际档案理事会	《电子办公环境中文件管理原则与功能需求》(Principles and Functional Requirements for Records in Electronic Office Environments)	2008 年颁布

(三) 系统设计

电子文件管理系统设计就是将上一阶段确定的各项需求、标准与规范、流程与方法具体地实施。这一阶段的工作主要包括编程与建库、拟订系统测试计划、制定系统使用与维护指南等。① 编程与建库。软件开发人员和技术人员依据业务部门和文件与档案部门提供的系统功能需求分析，开展一系列开发设计工作，设计系统模块、生成各模块的流程图、确定算法、编写程序、建立数据库。在这个过程中，文件与档案部门要辅助参与，解释、讨论与答疑。② 拟订系统测试计划。系统测试的目的是验证系统的某部分和整体在正常和反常数据情况下，是否均能按照预定的方式工作和运行。一般来说，需要测试以下内容：系统功能是否全部正常实现；系统集成情况；系统各部分是否能够协同工作；用户界面；输入和输出的有效性；系统反应速度；系统恢复时间；系统操作过程。③ 制定系统使用与维护指南。这步工作的难易程度很不确定，主要取决于机构是否对文件管理工作进行了大规模的改动，是否彻底从纸质文件管理过渡到电子文件管理。在指南中，必须说明软件系统有哪些功能，各项功能如何操作，除了软件的使用外，还需要说明有哪些政策、标准应该遵守，哪些工作需要完成。

(四) 系统实施与评价

电子文件管理系统实施是将新的电子文件管理系统，或者经过完善的电子文件管理系统和机构内部的其他各种信息系统重新安装，并在机构业务活动中使用的过程。这是一项非常复杂而且风险很大的工作。系统实施的内容主要包括：公布系统实施的计划和日程安排；下发各项标准、规范和工作指南；执行文件的分类方案、鉴定方案、元数据管理方案；据不同的安全级别，规定用户的权限，分配用户名和密码；实施新旧系统的替换；在档案部门内部，分配工作职责，任命职位；制订培训方案，培训工作人员、档案管理人员；落实文件存储载体；落实文件灾难防护和恢复计划；撰写实施报告，指出问题，给出建议。系统实施的步骤是系统更换与文件（数据）迁移、贯彻实施与适应变革、培训、通报实施情况。

在系统实施的过程中和最后，必须对系统进行全面、系统的评价。系统测试评价是美国 DoD 5015.2-STD 标准首先开始实施的。这既有利于对系统实施中存在的问题进行进一步研究和分析，也有利于对系统研发的总体水平和质量进行评价，以便于总结经验教训，提高系统研发水平，选择合适的电子文件管理系统。可以采用外部（专家）鉴定评价（鉴定会）和内部测试评价等方法，针对系统界面友好性、用语规范性、操作简捷性、维护方便性、实用性、兼容性、可扩展性等方面，对系统进行全面的评价，并对系统的评价进行全面的总结，提出系统改进与完善的方案和意见，对优秀的经验与成果进行推广。

（五）系统运行与维护

电子文件管理系统实施后就进入正常的运行阶段，运行的过程就是日常操作与维护的过程。为了消除系统运行中发生的故障和错误，软硬件维护人员要对系统进行必要的修复与完善；为了使系统适应用户环境的变化，满足用户新的需求，也要对原系统进行局部的更新，这些工作称为系统维护。系统维护的任务是改正用户在使用过程中发现的隐含错误，扩充用户在使用过程中提出的新的功能及性能，其目的是维护软件系统的正常运行。系统维护的内容包括系统应用程序维护、数据维护、代码维护、硬件设备维护、机构和人员变动后的调整等。系统维护的类型包括纠错性维护、适应性维护、完善性维护、预防性维护等。

电子文件管理系统在测试与验收合格后应交付用户使用，作为一个软件系统，其运行过程中出现各种问题不可避免，其可靠性和有效性需要在运行与维护中不断提升。在电子文件管理系统运行过程中，其数据、操作内容会不断更新变化，需要进行跟踪维护。在电子文件管理系统运行阶段，不仅需要技术上的维护，更重要的是要进行数据的导入导出与迁移、业务人员权限的分配、系统功能的扩充与完善等。

第四节　数字档案馆（室）建设

机关、团体和其他社会组织（以下简称"机关"）档案工作是国家档案事业的组成部分，也是机关提高工作效率和工作质量的必要条件。随着档案信息化建设的逐步深入，传统机关档案工作面临着机关办公自动化应用、数字档案馆建设及用户多样化需求的严峻挑战，是档案信息化建设中亟须强化的重要节点。

一、数字档案馆概述

（一）数字档案馆的含义与作用

数字档案馆是指各级各类档案馆为适应信息社会日益增长的对档案信息资源的管理、利用需求，运用现代信息技术对数字档案信息进行采集、加工、存储、管理，并通过各种网络平台提供公共档案信息服务和共享利用的档案信息集成管理系统。它整合不同来源和各种形式的档案资源，统一技术平台和数据接口，集成相关系统，实现不同网络的物理或逻辑连接，规范管理方法和共享规则，归并管理各色各类的网络档案用户，以此实现档案资源利用的有序化及其共享效率的最大化。建设数字档案馆，有利于提高档案馆工作效率和现代化水平，有利于确保数字档案永久存储与安全保管，有利于促进公共档案服务能力拓展和实现档案信息资源的社会共享。建设数字档案馆，有利于促进国家信息资源总量增加、质量提高和结构优化，有利于提高各级政府公共服务能力，有利于促进社会主义文化的发展繁荣，有利于满足广大人民群众对现代信息服务的现实需求。

（二）数字档案馆的特点

1. 管理对象的数字化

数字档案馆以电子档案和数字化档案为主要管理对象，并采用数字方式处理、传输、发布和提供利用档案信息。丰富的数字档案资源是数字档案馆运行的基础。

2. 信息传输的网络化

数字档案馆的运行基于各种网络传输平台，通过局域网、政务网、专业网和公共互联网，根据归档范围将分布于各网络节点的电子档案资源和所有网络档案用户连接起来，通过网络实现档案信息的越地传输和异地共享。

3. 信息组织的标准化

标准化是数字档案馆信息资源存储、组织和利用的基本要求。只有具备了规范一致或彼此兼容的文件格式及统一的著录标引规则、数据描述标准、元数据标准、全文资源库标准等，才能避免数据交换障碍，有效实现各网络节点信息资源的整合和共享。

4. 业务管理的自动化

数字档案馆搭建在实体档案馆的资源基础之上，以实现实体档案馆各项业务的自动化为起点。因此，对档案资源的收集、整理、鉴定、统计、保管、利用等管理业务及相关的行政工作，是数字档案馆系统必须具备的功能。基于网络环境的档案业务流程重组和业务管理自动化，是数字档案馆的重要特征。

5. 信息服务的人性化

数字档案馆以用户需求为导向建构其资源体系和服务系统，提供方便、快捷和具有个性化的档案信息服务。档案用户借助于灵活的用户接口、直观易用的人机界面和功能强大的检索工具，能够越时越地地检索、利用网络档案资源，定制符合自身需求的服务请求，获得具有针对性的档案资源及档案服务。

6. 信息系统的开放性

数字档案馆并非囿于一馆一地的信息系统，而是具有开放性的信息空间。具体表现在：第一，共享资源的时空范围可不断扩展，理论上讲，广义的数字档案馆可以将其网络覆盖区域内的所有档案资源纳入共享范围；第二，网络用户的范围与类型可以随网络区域的扩大和用户管理能力的提升而不断扩展；第三，数字档案馆的功能将随信息技术和档案业务发展的需要而拓展；第四，通过制定技术标准，设计数据接口，确立共同的协议规范，数字档案馆可以实现跨平台的系统集成、跨时空的数据整合和跨系统的信息流转，实现与OA、MIS、ERP、数字图书馆等业务系统的有效融合。

二、数字档案馆建设的原则与要求

数字档案馆建设应当遵循"统筹规划、循序渐进，项目带动、重点突破，需求导向、保证安全，合理适用、稳步实施"的原则，积极推进，务求实效。

统筹规划、循序渐进。应当根据各级政府电子政务建设整体框架和基本要求，及时将数字档案馆建设与区域电子政务和信息化建设相衔接，综合考虑自身信息化发展水平、技术力量、资源规模、基础工作水平、资金投入等因素，确定总体布局和实施步骤。

项目带动、重点突破。实施项目带动战略，支撑和带动数字档案馆整体建设和发展。将数字档案馆建设分成若干子项目，以项目带动数字档案馆建设及推进各项工作的开展，有利于获得党委政府和有关部门的重视和投入，有利于集中人力、物力有针对性地重点解决数字档案馆建设中的核心问题。

需求导向、保证安全。数字档案馆建设应以需求为导向，着眼于党政机关、社会公众在线利用数字档案信息资源的需求，推动档案信息资源的共享。应当按照信息安全等级保护的要求，采用相应的安全保障技术方法，配备必要的软硬件设施，建立健全安全管理制度，完善灾难恢复服务机制，确保数字档案馆建设和运行的安全。

合理适用、稳步实施。要重视前期调研，进行可行性研究，结合本部门业务工作实际，提出创新性高、应用性强的功能需求，以确保系统开发和项目建设的合理性、适用性。在项目实施过程中，档案部门的业务人员应全程参与，及时研究和发现问题，纠正偏差。重大项目应当按照信息系统建设规范要求引入监理机制，对项目质量、进度、投资、安全等方面进行全程监理。

三、数字档案馆建设的步骤

数字档案馆建设一般分项目规划与立项、项目招投标、项目实施、运行维护等几个步骤有序进行。

(一)项目规划与立项

数字档案馆建设的第一步是进行详细的调研、论证,分析项目建设的必要性和可行性,据此设计项目总体规划,提出立项报告。

项目总体规划是整个数字档案馆建设工程的总纲,体现着数字档案馆建设的目标、功能和基本内容。为此,数字档案馆建设单位应成立由档案馆主要领导、信息化人员、相关技术人员、档案管理人员等参加的项目筹备小组,负责对本地区信息化现状和国内外数字档案馆建设现状等,特别是各立档单位产生电子文件的状况、党委政府各部门和公众对档案的利用需求情况进行详细调研,充分掌握数字档案馆建设的外部环境和内部条件,根据当地信息化和档案事业发展需要,设计数字档案馆的基本功能,分析实现各项功能的意义和条件,评估各项功能的投资效益,研究提出项目可行性报告,并向当地主管部门提出数字档案馆立项申请。项目前期调研务求详尽,因为这是项目立项、设计的基础,如果前期调研出现问题,项目总体规划及其可行性论证就会出现偏差,其后果是差之毫厘,谬以千里。

为确保项目投资的科学性,当地主管部门在立项决策之前应与相关主管部门充分沟通,并组织专家对项目总体规划及其可行性报告在投资效益上的合理性、技术方案的科学性和组织实施的可行性进行详细的论证。

(二)项目招投标

项目经立项批准后,应按照国家有关项目管理的规定进行各项建设内容的招投标工作。招标工作应根据地方招投标规定结合项目规模、市场状况和实际需要选择公开招标、邀标、竞争性谈判等不同方式,坚持规范、公正、经济的原则,杜绝形式主义。招投标前要认真做好招标文件的设计、编制工作,科学设计邀约条件、技术条款和评标标准,谨防招标文件上的法律漏洞。在设定技术条款时,要充分征求档案馆各业务部门、相关专家的意见,对数字档案馆的功能需求进行细化,形成功能需求方案。功能需求方案应既符合档案管理的实际需要,又便于计算机编程人员理解,能够在系统开发中实现。

为保证项目建设的顺利开展,降低费用支出,选择项目承建者十分关键。好的合作伙伴,可以达到事半功倍的效果。在承建者的选择上,要注重两个方面:一是既往业绩,最好选择有数字档案馆项目建设经验的承建者;二是持续服务能力,在关注服务价格、质量的同时,也要注重品牌、专业化程度和售后服务能力。

(三）项目实施

按照数字档案馆建设目标、总体内容和项目可行性研究报告立项批复的要求，制订出详细的项目建设实施方案，根据需要和可能的原则，区别轻重，分清步骤，依据条件，量力而行，合理分配资金，明确各阶段项目建设的具体内容、工程进度，合理安排时间。对于一些基础性、关键性的建设内容，如数据库建设，应列入优先实施的计划表中。要有计划地推进系统开发与调试、软硬件集成、项目试运行与验收等项目实施工作。在项目建设中，要引入监理机制，加强项目监理，确保项目建设的进度和质量。

（四）运行维护

项目验收后，应适时调整、明确数字档案馆各功能模块的管理职责，加强应用培训，建立数字档案馆业务工作与技术工作相互衔接、相互配合，以业务管理工作为主线、技术保障工作为支撑的管理机制。要重视人才培养，形成以档案馆人才自主管理为主体、社会外包服务保障为依托的运行与维护体系。

四、数字档案馆建设的内容

数字档案馆建设的内容与数字档案室相似，包括基础设施建设和应用系统建设两个方面。本节仅介绍数字档案馆建设的内容，数字档案室建设可参考数字档案馆建设的内容进行。

（一）基础设施建设

为确保数字档案资源的安全管理和有效利用，应依托机关信息化建设成果，建设相对独立且稳定、兼容的，能够满足数字档案资源管理和机关共享利用需求的数字档案馆基础设施，主要包括网络基础设施、系统硬件、基础软件、安全保障系统、终端及辅助设备五个部分。基础设施应尽量采用国产产品，尤其是具有自主知识产权的国有品牌产品。用于支撑涉密数字档案资源管理的基础设施建设，应符合国家有关保密工作的规定。

1. 网络基础设施

数字档案馆网络基础设施是机关整体网络基础设施的有机组成部分，应统筹规划、设计和建设。一般情况下，应将数字档案馆网络管理中心设于机关中心机房。机关中心机房应具备防雷、防静电、防磁、防火、防水、防盗、稳压、恒温、恒湿等基本管理条件，有条件的单位应建设符合《数据中心设计规范》（GB 50174—2017）要求的B级机房。中心机房、网络综合布线的配置，要充分考虑各类电子文件采集、归档和数字档案资源安全管理、移交等工作要求。应为数字档案馆配备足够数量的内部局域网、政务外网和政务内网网络信息点，网络性能应能适应图像、音频、视频等各类数据的传输、利用要求。

2. 系统硬件

（1）服务器。

专业服务器是数字档案馆必备的基础设施。服务器性能和数量的配置，应能满足数字档案馆应用系统及数据库、中间件、全文检索、备份、防病毒等基础软件的部署和安全高效运行的需求，并适当冗余、可扩展。

（2）存储与备份。

为满足各门类电子档案和传统载体档案数字副本的存储、利用和备份要求，应为数字档案馆配备先进、高效和稳定的磁盘阵列作为数字档案资源在线存储设备。根据机关制定的数字档案资源保存策略，确定近线或离线备份系统的配置，近线备份应选择磁带库或虚拟带库及相应的备份软件，离线备份可选择光盘、移动硬盘等脱机存储介质及相应的备份、检测设备。

3. 基础软件

为确保各门类电子档案及其元数据的准确和及时采集、捕获、保存，提供便捷、有效的数字档案资源利用，应结合数字档案馆应用系统开发或运行需要，为数字档案馆配备必要的正版基础软件，包括数据库管理系统、网络操作系统、中间件、全文检索、光学字符识别（OCR）等软件。应选用主流数据库管理系统，如关系型数据库，其性能应能支持本单位今后较长一个时期数字档案资源管理的需要。

4. 安全保障系统

应结合实际，参照信息系统安全等级保护有关要求，从多层面为数字档案馆应用系统建立安全保障体系。涉密数字档案馆应用系统必须按照国家有关涉密信息系统分级保护的规定执行。

（1）应建立数字档案馆应用系统的三员管理制度，明确系统管理员、安全管理员和安全审计员职责，并贯彻落实。

（2）应结合三员管理制度，为数字档案馆应用系统设计、实施完善的用户权限配置和管理功能，为数字档案资源的安全存储、管理提供保障。

（3）应为数字档案馆应用系统配备正版杀毒软件。如有必要，应有选择地配备防火墙、用户认证、数字签名、移动存储介质管理软件、业务审计软件等安全管理工具。

5. 终端及辅助设备

应结合工作需要，为数字档案馆应用系统配备专用终端计算机、扫描仪、数码相机、打印机等终端设备，以及恒温恒湿防磁柜、刻录机、移动存储介质等辅助设备。

（二）应用系统建设

数字档案馆应用系统建设应基于开放档案信息系统参考模型［Open Archival Information System（OAIS）Reference Model］设计功能架构，应能集成管理各门类数字档案资源，具备收集、元数据捕获、登记、分类、编目、著录、存储、数字签名、检索、利用、鉴定、统计、处置、格式转换、命名、移交、审计、备份、灾难恢复、用户管理、权限管理等基本功能，为电子档案的真实、完整、可用和安全提供首要保障，并达到灵活扩展、简单易用的基本要求。其具体功能需求可参考《电子文件管理系统通用功能要求》（GB/T 29194—2012）。

1. 收集功能要求

系统应当具备接收立档单位产生的电子档案及其元数据、对传统载体档案进行数字化和采集重要数字信息资源等功能。

（1）系统能够根据相关要求接收立档单位产生的各类电子档案及其元数据，并在建立一整套接收机制基础上，保证接收过程责权明确，杜绝安全隐患，从源头上保证数字档案的真实、完整、可用。

（2）系统应当提供选择在线接收和脱机接收方式。

（3）系统应当能够批量导入或导出数据，保证数据的可靠和可用。

（4）系统应能对在线或离线接收的档案数据进行真实性、完整性、可用性验证。

（5）系统应当具备目录数据和内容数据等多种信息资源的采集功能。

2. 管理功能要求

系统能够对所接收的各类数字档案信息进行整理、比对、分类、著录、挂接、鉴定、检索、统计等操作，使无序信息有序化，并实施有效控制。系统应能：

（1）按照设定的分类方案，将数字档案信息存储到系统中，或者根据管理要求进行适当调整。

（2）过滤重份数据和重新分类、编号。

（3）对档案内容进行抽取和添加元数据等操作。目前档案管理都是基于目录数据库挂接方式来实现，将来不排除使用新的技术方法对数字档案进行有效管理。

（4）辅助人工完成档案的开放鉴定工作。

（5）对档案内容数据及其元数据等相关信息建立持久联系，形成长期保存档案数据包和利用数据包。

（6）对档案类型、数量大小等按照设定要求进行统计、显示或打印输出所需各类档案信息。

（7）辅助完成馆藏实体档案编目（著录、标引）、整理、出入库房管理等工作。

（8）定制档案业务流程或进行流程再造。

3. 保存功能要求

系统能够实现对数字档案长久的安全保存，包括两方面的要求，一是长久保存策略的确定，二是存储架构选择。

长久保存策略包括存储格式的选择，检测、备份和迁移等技术方法的采用，等等。

（1）应当选择符合国家标准的格式，暂时未制定标准的，选择开放格式或主流格式。

（2）定期对载体及其软硬件环境进行读取、测试，发现问题，及时解决。

（3）根据数据重要程度及管理和利用的需要，选择在线、近线、离线、异地、异质和分级存储等技术和方式。

（4）计算机软硬件及技术或标准规范发生重大变化或发生重大事件时，为了保证数字档案信息可读，应采取迁移等手段对所存储的数据进行技术处理。

根据档案数据量和管理目的不同而采用不同的存储技术及其相关设备。安全性和稳定性是选择存储设备的首要因素。在数字档案馆建设过程中，应根据数字档案馆的数据量和利用并发用户数的需求，以保证数字档案馆合理安全的存储容量和较快的网络传输速度，适当选择采用单一应用平台，配备数据库服务器、文件存储器、备份服务器、备份软件等构成的存储服务平台，以及采用 SAN、NAS、DAS、IP-SAN 或其他形式的存储技术方法。

4. 利用功能要求

数字档案管理系统应当根据档案信息的利用需求和网络条件，分别通过公众网、政务网、局域网等建立利用窗口。系统应能实现档案查询、资源发布、信息共享、开发利用、工作交流、统计分析等功能。系统应当：

（1）能够运用最新检索技术方法满足利用者在各种利用平台对档案数据进行快速、准确、全面的利用查询要求。

（2）能够通过网络平台或特定载体发布档案信息和实现信息资源共享。

（3）能够辅助进行档案信息智能编研、深度挖掘。

（4）能够为档案管理者和利用者提供在线交流平台、远程指导、远程教育。

（5）能够辅助开展数字档案的增值服务。

（6）能够进行档案利用访问量统计、分布分析、舆情分析等相关工作。

（7）能够对用户、数据项、功能组件进行利用权限的角色授权处理，能够进行门类设置、结构设定、字典定义等系统代码维护工作。

（三）数字档案资源建设

数字档案资源建设是数字档案馆建设的核心内容，也是一项经常性的业务工作。数字档案资源建设包括电子文件接收、传统载体档案数字化转换、资源整理加工、建立数字档案资源库等内容。

1. 电子文件接收

应当根据档案接收范围，建立电子文件接收进馆制度和机制，配备必要的技术手段，从源头上保证数字档案信息的真实、完整、可用。

为了保证有价值的数字档案资源接收进馆，从数字档案馆建设开始，就应按照数字档案馆功能要求，研究确定电子文件接收范围、标准和方法。在范围上，除了参照纸质档案接收要求外,还应针对电子文件多样性、形象性的特点,接收反映重大事件、重要活动、重大变化的电子形式的记录;在种类上,除了文本文件外,还包括数码照片、图形图像、多媒体、数据库、网页等各种形式的电子文件。应当明确电子文件移交的方式和时限。移交方式可以是在线移交也可以是离线移交,但不论何种移交方式,以安全、高效、准确为原则。与纸质文件对应电子文件的移交和接收之前,应要求和督促立档单位建立正确无误的对应关系,并保证其内容的一致性。应当加强对电子文件形成及其整理、归档、移交的监督指导,包括确定归档范围规范、进行质量检查、开展技术服务等。电子文件的接收与管理应当遵循以下标准规范:

(1) GB/T 18894—2016《电子文件归档与电子档案管理规范》。

(2) DA/T 32—2021《公务电子邮件归档管理规则》。

(3) DA/T 46—2009《文书类电子文件元数据方案》。

(4) DA/T 47—2009《版式电子文件长期保存格式需求》。

(5) DA/T 48—2009《基于 XML 的电子文件封装规范》。

2. 传统载体档案数字化

传统载体档案数字化是现阶段数字档案资源建设的一个重要途径。档案数字化工作是一项系统工程,涉及档案保管、保护、整理、鉴定、转换、存储、利用等多个环节,应当统筹规划,分步实施。应当通过数字化工作,对馆藏档案进行全面的梳理。要高度重视档案整理、鉴定、保护等基础工作,为数字化工作提供高质量的来源。如果对馆藏档案无法一次性全面数字化,可以按照特殊载体优先、重要程度优先、共享性强优先等原则分步实施。

数字化加工一般采用自主加工和委托加工两种方式进行。自主加工是档案馆自行配备数字化加工设备,自行组织人力开展数字化加工。这一方式适用于少量重要、核心档案的数字化加工。委托加工是将应数字化的档案,委托专业公司实施加工。这一方式效率相对较高,投资相对节省,普遍适用于各类档案的数字化加工。档案馆所委托加工的公司必须是具有相关保密资质的专业公司。

档案数字化工作当前应遵循的标准规范有:

(1) DA/T 31—2017《纸质档案数字化规范》。

(2) DA/T 43—2009《缩微胶片数字化技术规范》。

(3) DA/T 62—2017《录音录像档案数字化规范》。

(4) DA/T 89—2022《实物档案数字化规范》。

3. 资源整理加工

在对信息资源进行有序、有效管理之前,必须进行整理,包括分类、价值鉴定、开放审查等。应当将数字档案信息进行有序排列,当前国家尚未制定针对数字档案信息分类的规则,在数字档案馆建设中,可以参照传统载体档案的分类、排序方式,结合数字档案信息的特点，确定数字档案信息的合理分类方案，实现对数字档案信息的有效控制。

电子文件或数字化档案信息发布利用之前，必须进行开放利用的鉴定工作，并通过技术检查，譬如清晰度、准确性、完整性，以便让利用者有效检索、阅读和理解数字档案信息。档案信息网上提供利用，要根据数字档案不同网络的传播范围、用户范围、使用方式等进行处理。对于涉及国家秘密、知识产权或个人隐私及其他敏感信息的档案利用，应当按照国家法律法规要求，进行划控处理。涉密信息只能在涉密网发布；内部信息只能在内网（包括政务网和档案馆局域网等）使用；开放信息可以在公众网发布。开放鉴定是数字档案馆建设的重要工作内容之一。

4. 建立数字档案资源库

运用计算机及其相关技术设备管理数字档案信息，当前一般采用数据库技术方法进行。档案资源库一般包括目录数据库或元数据库、内容数据集等。

目录数据库是数字档案资源管理的基础，它是将反映数字档案特征的规范数据，依照一定的字段要求存入计算机中，通过系统的排序等处理，形成由计算机检索的目录数据体系。目录数据库建立的方式主要有两种基本途径：一是通过传统载体档案数字化采集的档案目录数据库，一般是通过人工录入建库方式建立；二是通过接收电子文件方式形成的数字档案，一般通过档案管理系统自动采集生成或从数字档案元数据库中提取形成，经过数据整理规范审核与补充完善后建立。

保存数字档案元数据是保证数字档案可靠和可用的一项重要措施。元数据库按照数字档案元数据采集规范要求建立。元数据采集方式主要是通过对电子文件或数字档案的背景、结构和管理过程信息进行自动生成和适当人工添加而形成。

内容数据集是数字档案资源建设的主体，它是通过数据库、数据仓库等技术方法将档案全文按照一定的分类、排序方式排列形成的集合。内容数据一般通过与目录数据挂接方式实施有效管理，随着信息技术特别是检索技术的发展，将来也会采用其他技术方法对内容数据进行有效管理。对于由电子文件归档形成的电子档案，其内容数据还应与其元数据建立持久有效的联系，防止非法修改，采取技术措施，确保其可靠和可用。

数字档案资源库建设应遵循以下标准规范：

（1）GB/T 20163—2006《中国档案机读目录格式》。

（2）DA/T 13—2022《档号编制规则》。

（四）保障体系建设

1. 安全保障体系建设

安全保障体系建设是数字档案馆建设的基础工作，数字档案馆的安全包括数字档案数据的安全和信息系统及其网络平台的安全。数据安全就是要保证数字档案信息的可靠、可用、不泄密、不被非法更改等，系统及其网络平台安全就是要保持系统软硬件的稳定性、可靠性、可控性。

安全保障体系建设主要通过两方面途径实现。一是按照信息安全等级保护的要求,采用相应安全保障技术方法,配备必要的软硬件设施。数字档案馆系统一般要求达到二级(系统审计保护级)以上安全保护标准。数字档案馆系统集成商应具备相应的保密资质,并严格按照有关安全保密规范要求进行项目设计、系统开发和项目施工。建设、监理单位应当加强项目建设过程中的档案信息安全保密工作。二是建立健全数字档案馆安全管理制度,并严格遵照实施。数字档案馆系统安全隐患包括数据窃听、电磁泄漏、电力中断、载体损坏、自然灾害、非法访问、计算机病毒、黑客攻击、系统超负载、假冒身份、权限扩散、数据篡改、操作失误等,应当采取相应的技术措施和管理手段应对这些安全隐患。应当高度重视数字化加工、电子文件接收等过程中的安全保密管理工作。同时应当制订应急预案,完善灾难恢复机制,提高应急处置能力。应当遵循的有关信息安全规范:

(1) GB 17859—1999《计算机信息系统 安全保护等级划分准则》。
(2) GB/T 24363—2009《信息安全技术 信息安全应急响应计划规范》。
(3) GB/T 24364—2023《信息安全技术 信息安全风险管理实施指南》。
(4) GB/T 29240—2012《信息安全技术 终端计算机通用安全技术要求与测试评价方法》。

2. 标准规范体系建设

严格遵照信息化和档案管理等方面的法规和标准是实现数字档案馆各项功能的必要前提。数字档案馆建设要严格遵守国家及行业相关规章制度和技术标准。在建设数字档案馆过程中,具体技术应用或工作流程如果尚无相关上位标准规范,可以向国家档案行政管理部门提出相关标准规范制修订建议,或者根据本地区实际情况制定相关地方标准或企业标准,并积极上报有关部门,上升为行业标准或国家标准。

课后思考题

1. 电子文件管理系统的实现方式有哪些?
2. 电子文件管理系统的基本功能有哪些?
3. 电子文件管理系统开发的原则有哪些?
4. 简述电子文件管理系统开发的流程。
5. 数字档案馆建设的原则与要求有哪些?
6. 简述数字档案馆建设的步骤。
7. 数字档案馆建设的内容有哪些?

第四章 电子文件生成

学习目标

- 了解电子文件生成途径及相应系统
- 理解电子文件生成规律
- 了解电子文件生成环境与过程
- 理解电子文件生成的相关要求

第一节 电子文件生成途径和生成规律

目前,电子文件的生成主要有直接生成和数字化转换两种方式。直接生成是指文件初次形成即直接在各种数字技术环境中以数字形态产生,或者通过各种数字设备直接对各种事物的特征、声音、图像等多媒体信息接收、采集而成。数字化转换是指将纸质文件或其他模拟信息的源文件(如模拟录音文件、缩微胶片等)经由数字设备转换成电子文件。各种数字设备已成为各行业日常工作中不可或缺的工具,它们会在辅助人们处理各种事务的过程中形成大量电子文件。

一、电子文件生成途径

现代信息技术的应用早已超出原有的科研、军事、工业等传统的应用范围,深入农业、交通、能源等国民经济各部门及医疗、教育、金融、商务活动、社会服务等各领域,渗透到人类社会生活的各个方面,成为现代生活不可缺少的一部分。

现代信息技术的应用使得电子文件取代了手写文件,CAD 取代了手工绘图,E-mail 取代了书信,电子商务取代了合同、货单,信用卡、银行卡取代了存折、存单,手机、个人计算机等移动设备取代了笔记本、草稿纸。电子文件是现代信息技术应用的产物，凡是有信息技术应用的地方都会有电子文件的生成。电子文件的生成途径主要有以下几种。

（一）电子政务

电子政务是政府机构利用计算机、网络通信等现代信息技术手段，实现政府组织结构和工作流程的优化重组，超越时间、空间和部门分隔的限制，建立一种精简、高效、廉洁、公平的政府运作模式，以便全方位地向社会提供优质、规范、透明、符合国际水准的管理与服务。电子政务是产生电子文件的重要渠道。电子政务无论是在建设过程中还是在运行过程中都会有大量数据产生和流动，正是通过这些数据的流动和交换，电子政务的功能才真正得以实现。

电子政务各服务环节产生的电子文件内容和类型如表 4-1 所示。

表 4-1　电子政务各服务环节产生的电子文件内容和类型

对象	环节	电子文件内容	电子文件类型
G2G	办公自动化系统	设计、维护、监控过程中的各种记录，收文与登记信息、拟办批办意见等	文本、图像、音频、视频、数据
	法规政策系统	各项法律法规、行政命令、政策规范、政府公告	文本、图像、音频
	邮件传递系统	报告、请示、批复、公告、通知、通报、命令、决定、意见	文本、音频
	司法档案系统	人口信息、犯罪记录、审判记录、检察记录	文本、音频、视频
	电子财政系统	票据、凭证、文字说明、统计报表	文本、图像
	办公事务系统	各种事务申请、回执、批准意见、计划、名册等	文本、数据
	网络会议系统	会议计划、安排、会程、会议材料、决议、会议全程记录	文本、图像、音频、视频
	环保信息系统	环保信息、气象信息、地震信息等	文本、图像、音频、视频、数据
G2B	办公自动化系统	设计、维护、监控过程中的各种记录，收文与登记信息、拟办批办意见等	文本、图像、音频、视频、数据
	电子采购与招标	政府公布的采购和招标信息、申请、计划，企业投标申请、说明介绍、标书、报价信息、合同、凭证、票据	文本、图像、音频、视频
	电子税务	税务登记、申报、税款拨划、票据	文本、图像
	电子报关	报关单、报检单、货物承运单、票据、装箱单、许可证、产地证、纳税单、保险单、配额文件、检疫文件、质检证书、不受理原因通知书、放行通知书	文本、图像、数据
	电子证照办理	证照申请、受理及审核意见，发放的证照，年审材料，登记变更，核销，评估报告	文本、图像、视频
	信息咨询	咨询、答复函件	文本、数据

续表

对象	环节	电子文件内容	电子文件类型
G2C	办公自动化系统	设计、维护、监控过程中的各种记录，收文与登记信息、拟办批办意见等	文本、图像、音频、视频、数据
	电子证件服务	各类申请、附带材料、审批材料、证件（结婚证、离婚证、出生证、居民证、护照等）	文本、图像、数据
	个人税务服务	税务申报、上缴报告、缴税通知、缴税票据、纳税人信息	文本、图像、数据
	交通管理服务	司机、车辆信息，办证申请与材料，发放的证件，年审材料，违章处理通知，交款票据	文本、图像、视频
	社保医保服务	公民个人身份信息、社会工作信息、健康信息、索赔索报申请与材料、审批、认定意见、票据	文本、图像、数据
	公民监督与信息服务	咨询、答复函件、举报信、选举信息、被选举人信息、意见与建议	文本、图像、数据
	医药信息服务	医药信息与详细数据，执业医师、执业药师信息，医院级别、资格信息	文本、图像、音频、视频、数据
	教育就业服务	人才交流信息、岗位培训信息与证件、职称申报材料、评定意见、入学、毕业信息、学历认证	文本、图像、音频、视频、数据

〔资料来源：刘家真. 电子文件管理理论与实践［M］. 北京：科学出版社，2003：23. 有改动〕

（二）电子商务

电子商务通常是指在全球各地广泛的商业贸易活动中，在因特网开放的网络环境中，基于浏览器/服务器应用方式，买卖双方不谋面地进行各种商贸活动，实现消费者的网上购物、商户之间的网上交易和在线电子支付及各种商务活动、交易活动、金融活动和相关的综合服务活动的一种新型的商业运营模式。

从服务对象来看，电子商务主要有企业与消费者之间的电子商务（Business to Customer，B2C）、企业与企业之间的电子商务（Business to Business，B2B）、企业与政府之间的电子商务（Business to Government，B2G）和消费者之间的电子商务（Customer to Customer，C2C）四种类型。电子商务运行过程中产生的电子文件内容和类型如表4-2所示。

表4-2 电子商务运行过程中产生的电子文件内容和类型

对象	环节	电子文件内容	电子文件类型
B2B	交易准备	建站信息、广告、市场调查信息、购货计划、销售计划、电子邮件、产品信息、企业信息、会员信息、联系人信息	命令、文本、图像、音频、视频、数据
	贸易磋商	报价请求、报价单、询盘、发盘、还盘、订购单、订购单应答、订货单确认、订购变更请求、运输说明、价目表、客户信息	文本、图形、音频、视频、数据

续表

对象	环节	电子文件内容	电子文件类型
B2B	签订合同	电子合同、EDI（电子数据交换）签约、个人身份证书、持卡人证书、账户证书、支付网关证书、商家证书、发卡机构证书、报文	图像、数据
	合同履行及索赔	电子票据、发货通知、货运信息、收货通知、收货确认、汇款通知、电子凭证、客户信息、客户联系信息、商品维护信息、索赔请求、相关材料及赔偿决定； DCH（同城清算）票据、数据及报表； BEPS（小额批量电子支付系统）数据、业务日志、暂记差额文件、定期借贷文件、贷记文件、日对账文件、财务统计文件、结算账户文件、预定授权借记文件暂记差额； HVPS（大额实时支付系统）数据、业务日志、结算账户文件、日对账文件、排队队列文件、财务统计文件； AS（授权系统）数据、统计文件、日志文件、资金余欠文件、银行卡账户文件	文本、图像、数据
B2C	交易宣传	广告、电子邮件、产品评论	文本、图像、音频、视频
	交易准备	订货单、订货单应答、报价表、货品信息、客户信息、咨询、答复函件	文本、音频、数据
	交易实施及索赔	电子票据、电子凭证、发货通知、收货确认、商品维护信息、索赔请求、相关材料及赔偿决定； 个人身份证书、持卡人证书、账户证书、支付网关证书、商家证书、发卡机构证书； DCH（同城清算）票据、数据及报表； AS（授权系统）数据、统计文件、日志文件、资金余欠文件、银行卡账户文件	文本、图像、数据

[资料来源：刘家真. 电子文件管理理论与实践［M］. 北京：科学出版社，2003：25. 有改动]

（三）个人社会生活

随着信息技术的不断发展，个人计算机、数码相机、数字摄像机、手机等数字设备越来越普及，成为人们学习、生活和其他社会活动必不可少的工具。在这一背景下，人们在社会活动中形成的文件大多是电子文件。

随着数字设备的广泛应用及互联网的快速发展，网络用户的交互作用得以体现，用户既是网络内容的浏览者，也是网络内容的创造者，一种新的互联网商业模式——用户生成内容（User Generated Content，UGC）诞生。UGC 概念起源于互联网领域，即用户将自己原创的内容通过互联网平台进行展示或提供给其他用户。UGC 伴随以提倡个性化为主要特点的 Web 2.0 时代的到来而兴起，它并不是某一种具体业务，而是一种用户使用互联网的新方式,即由原来的以下载为主变成下载与上传并重。近年来,手机性能不断优化且数据存储制式趋向标准化,手机可以和其他设备共享信息并实现升级,同时伴随着全球5G商用的逐步推进和移动互联网业务的不断发展,移动UGC业务日渐崛起,各种移动社区网络、移动视频共享类业务吸引了更多的用户。

无论是互联网还是移动互联网,越来越多的内容不仅来自传统媒体或互联网SP(服务提供商),更直接来自用户个人在各种论坛、博客、社区、电子商务、视频类平台的分享,尤其是手机功能的不断强大,用户可以随时随地通过手机制作图片、视频,将自己的心情和所见所闻记录下来并传递给他人。用户个人在日常生活中产生了大量电子文件。

(四) 数字化

利用现代信息技术对以传统介质为载体的文件、录音录像及其他记录进行数字化处理,使其转化为数字信息,存储在计算机中,或者通过网络通信技术进行传播和提供利用。这些传统形态记录的数字化是电子文件生成的又一途径。

传统形态文件、档案的数字化具有重要意义。数字化可以避免或减少用户直接使用原件,降低原件丢失与损坏的风险;可以提高原始档案信息的易读性,或者通过消除载体上外来的污迹、斑痕等改善、恢复原始信息,从而实现对档案原件的信息修复;可以满足档案馆和用户的多种需求;可以产生对原件可靠且功能更强的数字资料,支持新型研究或扩大研究对象;可以使相关信息集于一体,为用户提供更系统全面的信息。

许多国家都对传统形态的信息记录进行了数字化。例如,加拿大魁北克省档案馆实施的纸质档案数字化项目,计划将2 200万页纸质档案数字化;英国将埃默里大学档案馆和波士顿大学档案馆收藏的主要文学艺术档案数字化。我国许多档案馆、机关和企事业单位的数字化工程也在不断推进。2021年6月,中共中央办公厅、国务院办公厅印发《"十四五"全国档案事业发展规划》,要求中央和国家机关传统载体档案数字化率达到80%,中央企业总部传统载体档案数字化率达到90%,全国县级以上综合档案馆应数字化档案数字化率达到80%。

近年来,纸质及其他形式文献资料的数字化启发了人们对人文和计算的思考,推动了数字人文的诞生,对以各种形式存在的人类文明记录的数字化、档案化管理成为当下理论研究与实践探索的热潮,包括对语言、服饰、建筑等物质文化遗产和非物质文化遗产保护在内的各种数字人文项目纷纷落地。我国历史悠久、文化绵延,拥有各种形态的丰富的文化遗产。目前,我国已有文化遗产的数字人文研究成果众多,典型的有上海图书馆"中国家谱知识服务平台"、"数字敦煌"项目、"台州古村落数字记忆建设研究"项目等。数字化和数据化是文化遗产保护与传承的重要方式,也是电子文件生成的重要途径。

二、生成电子文件的常见系统

（一）办公自动化系统

办公自动化系统（Office Automation System，OAS）是指对办公信息进行自动操作（如文字处理、文档管理等）的数据处理系统，它包括计算机、信息处理和通信设施及其他电子设备。办公自动化系统是一个动态的、开放的、发展的系统，从最简单的文档数字化到无纸办公的实现，办公自动化系统随着信息技术的不断发展而改进，其功能不断增加。

尽管办公自动化系统在不断改进，但其核心不会发生改变，即通过网络实现最大范围的协作，取得最佳协作效果，使部门每一个人都与其他人一起协同、高效地工作。办公自动化系统与部门现有的应用系统应该是紧密结合的，从而为决策者做出正确抉择提供广阔的探讨空间和可靠的数据来源。

（二）集成制造系统

集成制造系统是在信息技术高速发展条件下出现的，其早期含义是计算机集成制造系统（Computer Integrated Manufacturing System，CIMS）。CIMS涵盖企业的整个生产经营过程，即从市场预测、产品设计、原材料购买、加工制造、检验、销售、售后服务等到人事管理、资金调配的全过程。随着信息技术和制造技术的发展，CIMS的内容不断丰富和发展，但其核心内容主要由三部分组成：计算机辅助设计、制造与产品数据管理（CAD/CAM/PDM）。美国专家认为，CAD/CAM是对20世纪影响最大的十项科学技术之一。

CAD、CAM 与 PDM 简介

CAD 早期是 Computer Aided Drafting（计算机辅助绘图）的缩写，随着计算机软硬件技术的进步发展为 CAD/CAM（Computer Aided Design/Computer Aided Manufacturing），CAM 是指计算机辅助技术在制造领域的实现，可自动生成零件加工的数控代码，并可进行加工过程的动态模拟、干涉、碰撞检查等。CAD 产生产品的定义数据，CAM 产生面向制造的数据。两者是 PDM 的重要组成部分。PDM 是 Product Data Management（产品数据管理）的缩写，是在 CAD/CAM 的基础上诞生的，它以产品为核心，实现对产品相关的数据、过程、资源一体化集成管理。

（三）地理信息系统

地理信息系统（Geographic Information System，GIS）是一种把地图信息、遥感信息和其他有关人口统计、市政建设、土地利用、能源、交通、环境、气候、自然资源等的信息集中起来，通过计算机统一管理和快速检索各种形式的综合信息的计算机系统，它有着广阔的应用前景。

地理信息系统的概念自20世纪60年代出现至今已有半个多世纪，计算机技术的迅速发展使GIS技术逐渐走向成熟，应用领域不断扩大，渗透到社会生活的各个方面。人们不仅利用GIS处理用户数据，而且还在GIS的基础上二次开发出用户专用的地理信息系统软件，目前已成功应用到资源管理、自动制图、设施管理、城市和区域规划、人口和商业管理、交通运输、石油和天然气、教育、军事九大类别的100多个领域，成为城市规划、设施管理、工程建设等多个行业的重要工具。在军事战略分析、商业策划、文化教育乃至人们日常生活涉及的信息中，有80%与地理信息密切相关。因此，GIS被认为是21世纪的支柱产业，是信息产业的重要组成部分。

（四）卫星通信系统

卫星通信系统实际上是一种微波通信系统，它以卫星为中继站转发微波信号，在多个地面站之间进行通信。卫星通信的主要目的是实现对地面的"无缝隙"覆盖，由于卫星在距地几百、几千甚至上万千米的轨道上工作，因此卫星通信系统的覆盖范围远大于一般的移动通信系统。卫星通信系统由卫星端、地面端、用户端三部分组成。卫星端在空中起中继站的作用，即把一地面站发上来的电磁波放大后再返送回另一地面站。卫星星体包括两大子系统：星载设备和卫星母体。地面站则是卫星系统与地面公众网的接口，地面用户也可以通过地面站出入卫星系统形成链路。地面站还包括地面卫星控制中心及其跟踪、遥测和指令站。用户端即各种用户终端。

卫星通信系统广泛应用于国情普查、资源调查、环境检测、灾害预报、海洋管理、水利建设、石油勘探等领域，服务国民经济建设，为国家实施科学管理、统筹规划和决策提供依据。

（五）移动通信系统

移动通信系统是一种无线电通信系统，主要有蜂窝系统、集群系统、Ad Hoc 网络系统、卫星通信系统、分组无线网、无绳电话系统、无线电传呼系统等。

移动通信必须利用无线电波进行信息传输，是在复杂的干扰环境中运行的。从模拟制式的移动通信系统、数字蜂窝通信系统、移动多媒体通信系统，到目前的高速移动通信系统，移动通信的速度不断加快、延时与误码现象减少，稳定性与可靠性不断提升，为人们的生产生活提供了多种灵活的通信方式。

三、电子文件生成规律

电子文件生成规律是指电子文件生成过程中所表现出来的内在规律性。

第四章　电子文件生成

（一）电子文件生成是一个动态过程

人们因为某种需求的驱动，通过个体或个体代表群体的行为，将大脑中的信息以符号的形式对接到计算机系统中，由计算机执行大脑的某种存储功能，将这些信息以电子文件的形式存储在计算机系统中。实际上，传统文件的形成也是一种动态性的过程，只是并不借助于计算机系统，而是借助于传统的纸张、简牍、金石等工具。所不同的是，由于存储方式的不同，加之互联网环境的交互性，电子文件在形成之后表现出更为强烈的动态性。

电子文件本质与传统载体文件相同，是人们在社会活动中直接形成并使用的信息，电子文件所记录的也是人们在社会活动中所表现出来的真实的思想、意图、目的和要求，这种信息同样具有原始性或本源性的特点。人类的社会活动是在永无休止的运动中进行的，因此作为记录运动着的现代社会活动的电子文件在形成时就处于运动状态。电子文件的运动由其内部的矛盾运动决定并推动。

电子文件形成的动力分为主体动因和客体动因两个方面。在主体动因方面，互联网环境中形成电子文件的主体有国家机关、企事业单位、社会团体和个人。从总体上看，电子文件的形成主体有个体和群体两种基本类型，其中不同的群体基于不同的需求和动机形成不同种类的电子文件，而个体在互联网中常表现出自由的状态，所形成的电子文件也常常表现为某种个体性需求的表达。在客体动因方面，电子文件的形成离不开科学技术的进步，科学技术推动社会的发展与进步，引发新的电子文件的形成。同时，科学技术常常带来人类经济和文化的革新，新的技术形式的出现往往会在社会上营造出新的文化氛围，影响各主体的思想认识，促使其产生更新的需求，进而形成更多的电子文件。

（二）电子文件生成是文件构成要素集散的过程

一份电子文件是由处于不同物理空间的内容、结构、背景三要素构成的整体，在生成电子文件的系统中这三要素以彼此独立的方式分散存储和管理。以数据库文件为例，内容即数据，以数据文件的形式生成、保存；而数据结构的出生地和存储地是数据字典；文件属性中的常规信息（如文件的创建时间、修改时间和存取时间）均由操作系统负责生成和维护。电子文件的形成过程实际上是一种将分散的文件要素进行逻辑组合的过程。

一个文件组合体是指围绕某项具体工作生成的具有密切联系的文件集合，其集散性除了涵盖上述特征外，还包括：文件形成于不同机构、不同计算机、不同系统、不同软硬件平台，导致文件信息生成和存储的分散性；分散于各机构的不同软件都有相对独立的编码、编辑和阅读方式，导致文件类型和格式的多样化与差异性；等等。一个文件组合体可以由多种媒体文件构成（同一份文件也是如此，只不过在文件组合体中更为常见），如文本文件、数据文件、图形文件、图像文件、声音文件、命令文件等，同样导致文件形成平台的分散性和软硬件环境的差异性。一个文件组合体和其他有关联的文件组合体之间的集散性更是不言而喻。

（三）电子文件生成是业务活动开展的过程

电子文件的形成与机构职能活动、管理活动的开展是同步的。文件以业务活动为对象，按照业务活动的程序逐步相应的文件，业务活动过程即文件的形成过程，这是文件形成的一般规律。电子文件是形成机构和个人活动的产物，它以业务和管理活动、社会活动为对象，按照活动的程序逐步形成，忠实而客观地记录着文件形成活动的过程与结果。也就是说，文件的形成、处理过程与其反映的活动过程是相依相伴的。一方面，各类活动规定了文件形成的领域、内容、目的、要求和步骤，不同活动中形成的文件有很大的差异性；另一方面，机构业务、管理活动的变化必然导致文件的变化。

实际上，纸质文件的形成同样与业务活动同步，但由于数字技术环境中业务活动对电子信息的高度依赖，电子文件与电子化业务的关系较纸质文件与传统业务的关系更为密切，需要管理人员予以重视。特别是在电子文件管理系统开发中，要注意系统和业务流程的紧密结合，跟踪整个文件流转过程，记录文件建立、登记、修改、审校、签署等过程。

第二节 电子文件生成环境和生成技术

电子文件的生成需要借助于一定的数字设备和软硬件系统。各种数字设备广泛应用于人类社会生活的方方面面，使得大量电子文件得以生成。

一、电子文件生成环境

从广义上讲，电子文件生成环境包括生成电子文件的所有社会环境。从狭义上讲，电子文件生成环境是指生成电子文件的软件和硬件环境。电子文件在计算机中生成的过程是用键盘、鼠标或光学扫描等方式输入数字、文字或图像，计算机将这些数字、文字或图像信息转换为数字信号记录在适当的存储介质上，然后进行各种处理，包括接收、存储、检索、传送、提取、变换、运算、检测等，最后经通信系统将处理结果输出，如终端显示、存入用户文件、打印输出或传真输出。

（一）生成电子文件的硬件

计算机硬件主要由中央处理器（CPU）、主存储器、辅助存储器、输入/输出设备和总线这五类部件组成。CPU、主存储器、总线构成计算机的"主机",输入/输出设备和辅助存储器统称"外部设备"。在电子文件生成过程中,计算机的各个硬件相互协作,共同完成生成电子文件的工作。对于电子文件的生成来说,硬件环境主要是指计算机的输入设备。

输入设备是计算机用来接收外界信息的设备,人们利用它向计算机输入程序、数据和各种信息。输入设备一般由两部分组成,即输入接口电路和输入装置。输入装置一般必须通过输入接口电路挂接在计算机上才能使用。最常见的输入设备是键盘和鼠标,此外,还有扫描仪、数码相机、数字化仪、手写光电笔、语音输入器、条形码读入器、磁卡阅读器等。

1. 手写板

手写板是一种通过特制画板直接向计算机输入手绘图形和手写文字的多媒体输入装置。使用特制笔的手写板通过光、电、磁力等方法,把手写笔在手写板上的相对位置转换成二进制数码信息输入计算机。随着人工智能技术的发展,人们可以直接用手在手写板上书写和绘画,其输入方法与手写笔类似,也是把手在手写板上的相对位置转换成二进制数码信息,并写入显示存储器,实时显示在显示屏上。手写板还可用于精确制图,如可用于电路设计、工业产品设计、动漫设计与后期处理等。手写板有的是集成在键盘上,有的是单独使用,单独使用的手写板一般使用 USB 口或串口。目前,手写板种类很多,有兼具手写输入汉字和光标定位功能的,也有专用于屏幕光标精确定位以实现各种绘图功能的。

2. 数字化仪

数字化仪是一种计算机输入设备,它能将各种图形根据坐标值准确地输入计算机,并能通过屏幕显示出来。数字化仪是将图像(胶片或相片)和图形(包括各种地图)的连续模拟量转换为离散的数字量的装置,是一种在专业应用领域用途非常广泛的图形输入设备。当使用者在电磁感应板上移动游标到指定位置,并将十字叉的交点对准数字化的点位时,按动按钮,数字化仪就会将此时对应的命令符号和该点的位置坐标值排列成一组有序的信息,然后通过接口(多用串口)传送到主计算机。简单地说,数字化仪就是一块超大面积的手写板,可以将用户用专门的电磁感应压感笔或光笔在上面写的字或画的图形传输给计算机系统。不过,在软件的支持上,数字化仪与手写板有很大的不同;在硬件的设计上,两者也是各有偏重。

3. 扫描仪

扫描仪是一种捕获影像的装置,可将影像转换为计算机可以显示、编辑、存储和输出的数字格式。作为一种光机电一体化的计算机外设产品,扫描仪利用光敏感器件,将检测到的光信号转换为电信号,再将电信号通过模拟/数字(A/D)转换器转换为数字信号传输到计算机中。从技术角度来说,扫描仪是把传统的模拟影像转换为数字影像的设备。它把原始稿件的模拟光信号转换为一组像素信息，最终以数字化的方式存储在数字义件中，实现影像的数字化。目前，常见的扫描仪按感光模式可分为CCD（Charge Coupled Device，电荷耦合器件）和CIS（Contact Image Sensor，接触式图像传感器）两种，它们分别采用两种完全不同的制造原理。CCD扫描仪扫描图像质量高，扫描范围广，可扫实物，使用寿命长，分辨率高。CIS扫描仪用LED（发光二极管）灯管扫过之后会直接通过CID（Charge Injected Device，电荷注入器件）感光元件记录下来，无须使用镜片折射，适合文件或一般平面图文的扫描，而不适合立体物品或透射稿（光可以通过的稿件，如底片、幻灯片等）的扫描。

4. 语音输入

语音输入又叫声控输入，是利用语音识别等新技术，将现实世界中的语音信息直接传递给系统，通过声卡等设备，采用一定的编码方法，把模拟语音信号转换为数字语音信号输入计算机。计算机对输入的数字语音信号有两种处理方法：第一种，只对其做简单的存储和传输，成为语音文件；第二种，利用一定的人工智能技术，对输入的数字语音信号进行智能识别，并把它"翻译"成计算机能够理解的数字编码信息。语音输入比手写输入更方便、更直接。目前，语音输入广泛应用于智能家居控制、行车导航、医疗健康管理、虚拟现实等领域。

（二）生成电子文件的软件

生成电子文件的软件包括系统软件和应用软件。

系统软件是指管理和维护计算机资源（包括硬件和软件）的软件。系统软件是直接运行在裸机上的最基本的软件，其他任何软件都必须在系统软件的支持下才能运行，它已经成为计算机系统必不可少的组成部分。系统软件负责对计算机系统的各类资源（包括硬件资源和软件资源）进行统一控制、管理、调度和监督，合理地组织计算机的工作流程，其目标是提高各类资源的利用率，并能方便用户使用，为其他软件提供必要的服务和相应的接口。计算机操作系统软件主要有DOS、Windows、Unix、Linux等。

应用软件是指为解决各种具体应用问题而开发的专门软件。这类软件范围广、品种多。例如，各种字处理软件、会计软件、档案管理软件等。随着网络技术的广泛应用，软件也可分为单机版软件和网络版软件。例如，Windows是单机版的操作系统，而WindowsNT是网络版的操作系统；Office是单机版的办公软件，而Lotus Notes是网络版的办公软件。

二、电子文件生成技术

（一）条形码技术

条形码包括一维条形码和二维条形码，其中二维条形码可分为堆叠式二维条形码和矩阵式二维条形码。条形码主要用于存储物的信息和对物进行分类标识，以利于通过计算机网络对物进行管理和使用，如图书馆的图书管理、仓库的产品和器材管理、商店的商品管理、药房的药品管理等。现在一些档案馆也开始采用条形码技术进行档案管理，如深圳市档案馆、武汉市档案馆等。识读条形码，需要使用激光阅读器或CCD阅读器。将阅读器对准条形码，就可以把条形码信息转换为二进制数码电信号，传给计算机识别。条形码一般只代表某物件的标识号码，并不存储过多信息，其他有关信息，如该物件的名称、类型、重要性能、存放位置、出入情况等都存储在计算机网络的有关数据库中。经条形码技术转换产生的数据虽然信息量少、内容简单，但由于它是指定应用范围内目标对象的唯一标识，所以条形码信息也是一种重要的电子文件。

（二）射频识别技术

射频识别技术（Radio Frequency Identification，RFID）是一种通过无线电波进行快速信息交换和存储的非接触式自动识别技术，结合数据访问技术，连接数据库系统，实现非接触式的双向通信。一套完整的RFID系统由阅读器、电子标签和数据管理系统三部分组成，其工作原理是电子标签进入阅读器后，接收阅读器发出的射频信号，凭借感应电流所获得的能量将存储在芯片中的产品信息（Passive Tag，无源标签或被动标签）发送出去，或者由电子标签主动发送某一频率的信号（Active Tag，有源标签或主动标签），阅读器读取信息并解码后，送至中央信息系统进行有关数据处理。RFID广泛应用于物流信息采集与管理、交通信息识别、身份识别、贵重物品和票证防伪、资产管理、食品信息管理，以及档案馆、档案室、图书馆、博物馆等馆藏信息统计、查阅利用、安全控制等领域，从而产生了大量电子文件。

（三）遥感技术

遥感技术是从远距离感知目标反射或辐射的电磁波，如可见光、红外线，对目标进行探测和识别的技术。遥感技术是一种利用物体反射或辐射电磁波的固有特性，通过观测电磁波，识别物体及物体存在的环境条件的技术。从理论上讲，对电磁波整个波段都可以进行遥感。但是，由于受到大气窗口和技术水平的限制，遥感技术通常使用绿光、红光和红外线三种光谱波段进行探测。绿光段一般用于探测地下水、岩石和土壤的特性；红光段用于探测植物生长、变化及水污染等；红外线段用于探测土地、矿产等资源。此外，还有微波段，用于探测气象云层及海底鱼群的游弋。由遥感器、遥感平台、信息传输设备、接收装置、图像处理设备等组成遥感系统，运用遥感技术实现对物体信息的采集。

遥感技术是20世纪60年代在航空摄影和判读的基础上随航天技术和电子计算机技术的发展而逐渐形成的综合性感测技术。航空和航天遥感就是利用安装在飞行器上的遥感器感测地物目标的电磁辐射特征，并将这些特征记录下来，供识别和判断。把遥感器装在高空气球、飞机等航空器上进行遥感，称为航空遥感。把遥感器装在航天器上进行遥感，称为航天遥感。完成遥感任务的整套仪器设备，称为遥感系统。航空和航天遥感能从不同高度、大范围、快速和多谱段地进行感测，从而能获取大量信息。航天遥感还能周期性地得到实时地物信息。因此，航空和航天遥感技术在国民经济和军事的很多方面获得广泛的应用，如应用于气象观测、资源考察、地图测绘、军事侦察等。

第三节 电子文件生成过程和生成要求

一、电子文件生成过程

电子文件生成过程是指电子文件产生的过程，它是电子文件生命周期的开始。电子文件生成过程就是业务的工作过程，完整的电子文件生成过程包括电子文件的制作和电子文件的流转两个方面。不同专业、不同行业领域内的业务工作常有较大区别。现代社会的办公活动以文件为主要管理工具，一方面文件记录着办公活动的各种信息，另一方面文件的流转过程深刻反映了办公活动的业务流程。办公自动化过程中生成的电子文件在各种电子文件形成活动中具有一定的典型性。一般来说，办公自动化系统中电子文件的生成活动包括以下内容。

（一）电子文件的制作

电子文件的制作是指通过计算机系统根据一定的规则与要求生成电子文件的过程。在此过程中，遵守电子文件的版面格式与模板制作规范、了解电子文件的命名规则与方法十分必要。

1. 电子文件的模板制作

制作电子文件模板，可以节省后续文件制作的时间，提高工作效率。了解并遵守格式标准的相关规定，据此设计电子文件模板，是保证电子文件自制作之时便合乎规范、结束我国目前公文格式混乱局面、防范作伪公文、保障电子文件真实有效的重要环节之一。目前，我国电子公文模板制作主要依据《党政机关公文格式》（GB/T 9704—2012）。这是一个普适性的标准，对于电子文件（电子公文）管理工作具有一定的参考价值。电子公文模板要根据格式标准，对公文幅面尺寸及版面尺寸、公文中图文的颜色、排版规格进行设置，尤其要遵守公文中各要素的标识规则。

2. 电子文件的草拟

草拟是利用计算机字处理、表处理、图形处理、数据库等软件进行文件的撰写，生

第四章　电子文件生成

成包括文字、图形、表格等形式在内的混合文档。在拟制电子公文时，可选择按公文类型预先设计好的公文标准格式模板进行公文的撰写。公文输入可采用语音输入、手写输入、键盘输入等多种方式，也可使用扫描仪等辅助工具自动完成。草拟电子文件的过程，就是根据发文目的及领导意图，拟制文件内容并对其进行编排、修改的过程。

3. 电子文件的命名

电子文件生成后需要对其进行命名，以便将其固定并区别于其他文件。为了便于对文件进行检索和管理，在对单份电子文件命名时要遵循以下原则：

（1）唯一性。文件名在整个系统中具有唯一性。

（2）概括性。文件名能高度概括文件的主要内容。

（3）关联性。通过文件名能辨析不同文件版本间的联系。

（4）规范性。文件名要遵守相关规定，遵循通用原则。

（二）电子文件的流转

就电子文件的流转过程来说，一般包括发文和收文两个方面。电子文件流转的基本环节如下。

1. 审核

审核是指电子文件形成部门的负责人根据审核工作的基本要求，借助于内部办公自动化系统，对电子文件的内容、格式、文字等进行审核，将审核意见直接记录、批注或修订在电子文件草拟稿上，反馈给拟稿人的过程。

2. 签发

签发是指领导核准电子文件并通过办公自动化系统进行电子签名，签署意见、姓名和日期的过程。经领导签发的电子文件稿本为定稿。

3. 编号

编号是指电子文件办理部门对签发完毕的电子文件确定发文号、发文机关、发文日期、密级等，编号后将其放入发文信箱或直接打印输出的过程。

4. 复核

复核是指在电子文件印发前，对已经发文机关负责人签批的电子文件的审批手续、内容、文种、格式等进行再次核查的过程。经复核无误的电子文件，可以作为电子文件最终稿本进入流转过程。

5. 登记

登记是指记录电子文件的基本要素。电子文件登记可通过创建登记表来提高电子文件发文、收文、转发、归档等环节的工作效率。登记表中一般包含文件标题、发文字号、秘密等级、文件附件、发文备注、签发人、使用印章等信息。

6. 加密

对于有密级的电子文件，在发文前应采用一定的技术方法进行加密处理。例如，通

85

过 DES 算法（对称加密算法）加密电子文件正文，用收文单位公钥通过 RSA 算法（非对称加密算法）加密 DES 的解密密钥，通过双重加密来保障电子文件内容的安全。

7. 发送

发送是指将经过加密处理的电子文件最终稿本发送给收文单位的过程。

8. 签收

签收是指对发文单位发送的电子文件最终稿本进行接收与登记的过程。

9. 拟办

拟办负责人通过网络直接调阅待拟办的电子文件，并在计算机上签署处置意见或选择拟办模板，拟办完成后，电子文件自动转去批办部门或返回电子文件办理部门。

10. 批办

批办负责人通过网络直接调阅待批办的电子文件，并在计算机上签署处置意见或选择批办模板（批办模板是指预先编制好的拟办意见，有多种可选），批办完成后，电子文件自动转去承办部门或返回电子文件办理部门。

11. 承办

将待办理的电子文件通过网络发送给承办部门或承办人，如果承办部门或承办人不止一个，可以成批发送，并附上电子文件承办单和电子文件办理期限的说明。

12. 跟踪

对于发出的电子文件现在何处、办理的进度及借出文件的利用情况等综合信息，可在网上进行自动跟踪，以便电子文件办理部门和有关领导了解当前电子文件的办理状况。

13. 传阅

将电子文件传阅分为主办、协办、必阅、可阅、限阅等多种，通过网络将要传阅的电子文件分送到传阅者处，传阅者阅后在计算机上填写电子文件传阅单，传阅完毕后系统自动将其返回电子文件办理部门。

14. 注办

电子文件办理完毕后，由承办部门或承办人在计算机"收文办理单"的"办理结果"栏内填写电子文件的办理结果，之后将电子文件返回电子文件办理部门，由电子文件办理部门注办并做归档处理。

电子文件生成的工作流程十分复杂，因此系统的设计者必须掌握电子文件流转的相关知识，包括电子文件流转的基本环节、先后次序和分类标准等。只有掌握了电子文件流转的基本规律，才能设计出用户体验良好的工作流程，进而设计出与实际需求和实践流程相适应、相匹配的电子文件流转系统。

二、电子文件生成要求

为了从源头上保证电子文件的原始性、真实性，避免电子文件失真、失控、失踪现

第四章 电子文件生成

象的发生，需要在前端控制思想的指导下，把许多原本属于档案管理阶段的管理环节前移到电子文件的形成阶段，以便按需要捕获、控制相关文件和信息，保证成为档案的电子文件具有必要的背景信息，达到电子文件归档和作为档案保存的要求。

《电子文件管理暂行办法》（中办国办厅字〔2009〕39号）对电子文件的形成做了明确规定。电子文件形成单位在建立和完善信息系统时，应当组织文秘、业务、档案、信息化、保密等部门提出电子文件管理的功能需求。电子文件在形成和办理过程中，应当具备国家法律法规规定的原件形式，并符合下列要求：一是能够有效表现所载内容并可供调取查用；二是能够保证电子文件及其元数据自形成起完整无缺、来源可靠，未被非法更改；三是在信息交换、存储和显示过程中发生的形式变化不影响电子文件内容真实、完整。

按照前端控制、全程管理的原则及文档一体化管理的思想，电子文件的生成有以下要求。

（一）准确规范

准确规范是指电子文件的内容准确、形式规范。一方面，电子文件的内容要准确，没有错别字、语法错误和符号错误，准确地反映其记录的事实；另一方面，电子文件的成文形式（documentation form），即电子文件的逻辑结构和排版格式应符合相关标准规范的要求。

（二）格式适当

文件格式是指数据（在计算机或网络中）存储的一种组织形式，与文件的应用环境、文件所包含的信息类型、文件适用的操作系统、产生文件的程序语言、文件压缩与否等有关。电子文件在不同的硬件设备、不同的运行环境、不同的操作系统、不同的应用软件中产生，因此会有各种不同的类型。

电子文件格式的选择对保证数字信息的可读性起到关键作用。电子文件生成部门处于不同的领域，有不同的事务处理需求，在工作中会产生各种格式的电子文件。为了使各种电子文件信息能够在将来继续被利用，必须从繁多的电子文件格式中选取有利于长期保存电子文件的格式。《电子文件归档与电子档案管理规范》（GB/T 18894—2016）规定，电子文件归档格式应具备以下性能：

（1）格式开放。有公开发表的相应标准和技术规范；有与产品无关的专家组、标准化组织维护和支持该格式。

（2）不绑定软硬件。被多种操作系统和应用软件支持；支持多种存储技术，或者与存储技术无关；当用户不能使用指定产品软件时，可使用已有的插件读取；使用与设备无关的颜色规范实现准确打印和再现，不必考虑软硬件平台。

（3）显示一致性。维持固定的文件页面、章节、段落的逻辑组织结构，不因软硬件平台和阅读器的变化而变化；以自然阅读顺序提供文本，以便文件能用基本文本编辑工具阅读。

（4）可转换。支持其他格式转换为长期保存格式；支持过时的长期保存格式转换为新的长期保存格式。

（5）易于利用。不包含加密协议，也不包含加密选项；支持无损压缩；在压缩协议中不使用分辨率的缩减取样。

（三）背景完整

文件只有与构成其来源的活动过程相联系，其价值才能得到完整体现。文件是活动的产物，它的意义在很大程度上要依它与活动的关系而定。重视文件的背景信息，历来是文件、档案理论坚持的基本思想。对于电子文件而言，背景信息是维护电子文件完整性、证明电子文件真实性的关键。背景完整可以细分为两个要求：一是背景信息在电子文件形成过程中得到完整记录；二是满足电子文件管理要求的背景信息得到完整收集，便于捕获。电子文件背景信息大多以元数据的方式形成和管理。由于背景信息是在电子文件形成过程中产生的，事后并不能弥补，所以在业务流程设计和业务系统设计时就应将其考虑在内。

（四）控制得当

控制得当是指对电子文件形成过程采取适当的措施进行监督和控制，主要包括状态控制、权限控制、版本控制等。

1. 状态控制

在电子文件形成过程中，需要控制的状态主要有处理状态、生效状态等。处理状态是指当前电子文件处于何人之手，正在接受何种操作，如"拟稿中""拟稿完毕""审核中""审核完毕"等。生效状态是指电子文件发生效力的范围和程度，如"尚未生效""正式生效""作废"等。对于不同生效状态的电子文件，应采取不同的管理措施。比如，对于正式生效的电子文件，应打上生效标识；而对于作废的电子文件，应打上作废标识，原则上应在服务现行业务的库中删除，并保留在归档库中。

2. 权限控制

电子文件形成机构应该建立人员安全管理机制和授权机制，对电子文件的形成和管理权限进行恰当的控制。权限可以理解为对"谁可以对什么进行怎样的操作"的判断。它是对系统角色、系统功能、文件等系统资源进行浏览、增加、删除、更改等操作的组合，被授予系统角色和用户。一个用户可以承担多个系统角色，一个系统角色也可以被分配给多个用户。

权限控制原则包括最小特权原则、最小泄露原则和责任分离原则。针对不同性质的业务工作，可以采用基于角色、基于任务、基于对象等的不同授权模型。此外，还应建立授权定期审核机制，对已获得授权的用户进行定期审核，视具体情况进行重新授权或撤销授权。总之，应严格限制无关人员的访问，使有关人员在授权范围内严格按照操作程序进行电子文件的处理和办理，减少误操作，实现对电子文件的安全管理。

3. 版本控制

电子文件版本是指为达到同一业务目的，经过一定流程形成的在内容、形式、作用上有所不同的电子文件。常见的电子文件版本有电子公文的草稿、修改稿、送审稿、定稿，软件 Beta 版、标准版、专业版，等等。严格地说，电子文件的每一个版本，不管其存在时间或保管时间多长，都是独立记录业务活动状态的一份文件。业务活动过程中产生的电子文件版本繁多，若不进行版本控制，就可能造成有效版本丢失、难以快速掌握电子文件的最终状态、无法回溯业务过程等问题。版本控制方式有本地式、集中式和分布式三种。不同机构可以根据自身情况及时机选择合适的版本控制方式。

课后思考题

1. 电子文件生成途径有哪些？
2. 电子文件生成规律有哪些？
3. 生成电子文件的常见系统有哪些？
4. 电子文件生成环境有哪些？
5. 电子文件生成技术有哪些？
6. 电子文件生成的相关要求有哪些？

第五章 电子文件收集

学习目标

- 明确电子文件收集的含义
- 理解电子文件收集的范围、原则与要求
- 理解电子文件捕获的含义
- 明确电子文件捕获的对象
- 掌握电子文件捕获的流程与要求
- 了解电子文件捕获的实现
- 理解电子文件积累的含义与要求
- 明确电子文件接收的含义
- 掌握电子文件接收的要求与流程

第一节 电子文件收集概述

一、电子文件收集的含义

电子文件收集是指通过一定的方法将分散形成或保存在国家机构、社会组织或个人手中的电子文件及其各项构成要素汇集在一起的活动。电子文件收集包括对定期汇缴电子文件的接收、对系统中电子文件数据的实时捕获、对日常活动中形成的电子文件的积累、对分散的电子文件数据的采集,以及对其他主体所有电子文件的征集等内容。

收集工作是电子文件管理的基础与前提,电子文件的各种特性决定了数字时代的电子文件收集工作具有前端性。电子文件的形成、积累贯穿公务或科研工作的始终,只有电子文件的形成者或承办者最熟悉电子文件的内容和电子文件之间的关系，由他们来收集是保证电子文件完整、准确的前提。电子文件产生于各业务部门，档案保管部门无法代替业务部门进行电子文件的收集、积累，只能对电子文件的形成过程进行相应的监督管理，对需要进行档案保管的电子文件进行审核，并由相关责任人对电子文件进行数字签名，以确保其可靠性，防止非法修改。在电子文件收集过程中，应对电子文件进行合格性检查，检查有无病毒，检查电子文件登记表资料是否齐全，并填写相应的接收检查登记表。

电子文件的收集不同于纸质文件的收集。例如，草稿文件由于不具备正式文件的功能，所以一般情况下可以不保留。但是，如果对正式的纸质文件有进行全文信息自动检索的要求或出于保留文件重要修改过程的信息考虑，则需要对其进行收集和积累。对于起辅助作用或正式作用的电子文件，应及时收集与整理，并在与其对应的纸质文件之间建立标识关系。尤其是对于无纸化系统生成的电子文件，应有更严格的措施，特别是要做好重大活动、重要声像电子文件的收集工作。必要时，应在收集和积累过程中，制作成纸质拷贝或制成缩微品，以免系统发生意外情况时电子文件信息丢失。对于不同信息类型的电子文件，由于其技术特性不同，应分别采取措施保证其原始性、真实性和完整性。

二、电子文件收集的范围

根据来源不同，电子文件可分为网上流转的电子文件、非网上流转的纸质文件采取相应技术手段转换成的电子文件和其他门类的电子文件。

电子文件收集的范围可按照国家关于文件归档范围（参见第九章电子文件归档相关内容）的现行规定执行，但还应考虑电子文件的复杂程度、管理要求等因素的影响。具体来说，电子文件收集的范围应包括：

（1）记录了重要文件的主要修改过程和办理情况，有查考价值的电子文件及其电子版本的定稿均应被保留。

（2）当公务或其他事务处理过程只产生电子文件时，应采取严格的安全措施保证电子文件不被非正常改动，并将其存储在能脱机保存的载体上。

（3）对于在网络系统中处于流转状态，暂时无法确定其保管责任的电子文件，应采取捕获措施，集中存储在符合安全要求的电子文件暂存存储器中，以防散失。

（4）收集不同类型的电子文件还应注明格式、形成软件及相关信息，原则上要转换成通用格式，如不能转换，则须将相关软件或算法一并收集。文本文件以 XML、RTF、TXT 为通用格式，图像文件以 JPEG、TIFF 为通用格式，视频和多媒体文件以 MPEG、AVI 为通用格式，音频文件以 WAV、MP3 为通用格式。

（5）计算机系统运行和信息处理等过程中涉及的与电子文件处理有关的参数、管理数据等应与电子文件一同收集。

（6）定期制作电子文件的备份，并对电子文件进行登记，登记信息与电子文件一同保存。

三、电子文件收集的原则

为了防止信息的损失和变动，电子文件形成后要及时收集。对电子文件的收集要坚持以下原则。

（一）完整性

完整性是电子文件收集的基本要求，相对于传统文件，电子文件的完整性要求增加了新的内容。

1. 电子文件的要素齐全、完整

根据电子文件管理要求，收集的电子文件必须具有内容信息、结构信息和背景信息。内容信息用来准确反映在特定时间，在履行职责、参加活动或处理事务过程中发生的事实；与电子文件有关的结构信息和背景信息能使电子文件被人理解，甚至以电子方式恢复或重建。虽然电子文件的背景信息与内容信息相分离，但仍应将其与内容信息一样作为电子文件不可或缺的一部分一并保存。电子文件多样的数据类型增加了完整收集电子文件的难度。因此，要将分散的电子文件完整地组织起来。在电子文件形成过程中，由于文件信息类型的差异，计算机系统有可能将一份文件分散保存，如文件的正文和附件经常以两个文件的形式存在，存储在什么地方一般由计算机系统随机确定。为了保证电子文件的完整性，收集时应将同一文件不同部分的存储位置标注出来，将电子文件完整地组织起来，以便日后的查找利用。

2. 收集电子文件的软件环境及元数据

要将电子文件的软件环境、元数据一同收集。在收集电子文件时，除了要做到内容完整外，还要采集相应的技术信息、电子文件的支持软件、表达电子文件内容的基本格式及相关的元数据等。电子文件离开生成它的特定软件环境和体现其属性及运行过程的元数据，将无法准确再现。因此，只有把它们一同收集起来，才能保证电子文件的完整性。这是电子文件完整性的特殊体现。电子文件收集还包括对相应元数据的采集。元数据是描述电子文件数据属性的数据，包括文件格式、编排结构、硬件和软件环境、文件处理软件、字处理和图形工具软件、字符集等数据。在电子文件环境中，由于文件内容极易被删改、破坏而不留任何痕迹，为了保证电子文件信息的原始性和真实性，人们不得不借助于元数据。元数据可以记录电子文件在设计、形成、传递、维护这一运转流程中的全部情况，合理采集、维护并利用元数据是确保电子文件信息完整、真实、可靠和长期可读的有效措施。因此，在电子文件收集之初就要进行元数据的采集和添加工作，

将电子文件的结构信息、背景信息植入元数据中，最大限度地保障电子文件的证据力。

3. 收集电子文件的其他形态文件并做好关联

由于电子文件易改性的特点，必须将电子文件同相应的纸质文件等硬拷贝一同收集。在相当长的一段时间里，电子文件与纸质文件将并存，发挥着不同的作用。在收集电子文件时应同时收集纸质文件，并确保二者内容信息的完全一致。

（二）准确性

电子文件收集要注重准确性。准确性是保障电子文件真实性的另一基本要求。收集电子文件时应准确地区分稿本，确保收集的电子文件是准确的。电子文件在形成过程中会产生不同的稿本，有正本、定稿、草稿，还有历次修改稿。这些稿本分别承担着不同的职责，充当了不同的角色。收集的电子文件应是正本。电子文件与相应的纸质文件是文件依存的两种载体，也是文件的两种版本。为了保证电子文件的真实性，收集的电子文件要与其相应的纸质文件保持一致。对于重要的电子文件，还应收集历次修改稿。

（三）及时性

电子文件收集要强调及时性。电子文件所独具的特性决定了只有及时收集、积累，才能保证电子文件的齐全、准确、完整、有效。若不及时收集、积累，极有可能造成电子文件的散失，影响电子文件的完整性。在电子文件形成初期，各个部分分开存储，没有特定的存储位置和存储载体。此时，如果疏于管理，必将造成电子文件的散失。特别是在大多数单位尚处于办公半自动化阶段的情况下，文书处理以纸质文件为主体，电子文件只是纸质文件的副产品，纸质文件形成后，电子文件就完成了历史使命，很可能处于"自生自灭"的状态。如果电子文件由文本、图形、图像等多种媒体构成，那就更容易散失。另外，电子文件的非直观性决定了如果不及时收集、积累电子文件，极有可能造成失误。随着时间的推移，电子文件的存储位置和属性、版本等信息容易被遗忘，过后收集时易发生混淆，出现张冠李戴现象。另外，应归档保存的电子文件如果没有及时归档，很容易被改动，从而破坏电子文件的真实性。

四、电子文件收集的要求

《电子文件归档与电子档案管理规范》（GB/T 18894—2016）对电子文件及其元数据的收集要求做了明确规定。

（1）应在业务系统电子文件拟制、办理过程中完成电子文件的收集，声像类电子文件、在单台计算机中经办公、绘图等应用软件形成的电子文件的收集由电子文件形成部门基于电子档案管理系统或手工完成。

（2）应齐全、完整地收集电子文件及其组件，电子文件内容信息与其形成时保持一致，包括但不限于以下六个方面的要求：

① 同一业务活动形成的电子文件应齐全、完整。

② 电子公文的正本、正文与附件、定稿或修改稿、公文处理单等应齐全、完整，电子公文格式要素符合《党政机关公文格式》（GB/T 9704—2012）的有关要求。

③ 在计算机辅助设计和制造过程中形成的产品模型图、装配图、工程图、物料清单、工艺卡片、设计与工艺变更通知等电子文件及其组件应齐全、完整。

④ 声像类电子文件应能客观、完整地反映业务活动的主要内容、人物、场景等。

⑤ 邮件、网页、社交媒体类电子文件的文字信息、图像、动画、音视频文件等应齐全、完整，网页版面格式保持不变。需收集、归档完整的网站系统时，应同时收集网站设计文件、维护手册等。

⑥ 以专有格式存储的电子文件不能转换为通用格式时，应同时收集专用软件、技术资料、操作手册等。

（3）以公务电子邮件附件形式传输、交换的电子文件，应下载并收集、归入业务系统或存储文件夹中。

（4）应由业务系统按照相关要求，在电子文件拟制、办理过程中采集文书、科技、专业等类电子文件元数据。

（5）可使用 WPS 表格或电子档案管理系统按照相关要求著录、采集在单台计算机中经办公、绘图等应用软件形成的各门类电子文件元数据，以及声像类电子文件元数据。

第二节　电子文件捕获

一、电子文件捕获的含义

电子文件捕获是指对社会活动中某个特定瞬间形成的电子文件及其元数据进行实时记录或保存的行为。目前，对电子文件捕获与采集的界定及概念认知并没有形成共识，有些标准文献中使用捕获概念，有些则使用采集概念，理论界对此也没有形成定论。

国内外关于"捕获"的定义

电子系统中文件真实性永久保障国际合作项目认为："捕获是对数字对象在某个特定瞬间进行记录或保存的行为。"该项目术语词典还给出了一种解释："捕获就是在管理文件的系统中进行文件的登记、分类、附加元数据和存储。"《电子文件管理系统通用功能要求》（GB/T 29194—2012）将捕获定义为"按照既定要求将电子文件及其元数据纳入 ERMS（电子文件管理系统）加以管理的过程"。《电子档案管理基本术语》（DA/T 58—2014）将捕获定义为"适时获取电子文件及其元数据的方法与过程"。

电子文件捕获与一般信息捕获有所不同。在电子文件捕获过程中，构成文件的所有要素——内容、结构和背景必须作为一个整体紧密关联，在电子文件管理系统中始终作为一个对象加以管理、查询和处置；电子文件被捕获后，其内容被固定，不得随意修改、删除、销毁；电子文件管理系统开展捕获时通常要建立文件与分类方案、上位类目、所属案卷、其他文件之间的关联，将文件作为有机整体的一部分存入系统。

二、电子文件捕获的对象

捕获是在电子文件管理系统环境中实现的一项文件管理功能，是将业务活动中生成或接收的数字对象作为文件与其元数据一起保存到电子文件管理系统中的过程。电子文件捕获的对象包括电子文件、实体文件、混合文件及它们的元数据。然而，由于电子文件的构成要素相对分散，不像传统文件天然地集中在某个物理载体上，所以在捕获电子文件之前，首先要判断哪些数字对象（称为组件，指计算机系统管理的、需要特定保存措施的一个信息单元）构成一份文件，才能在捕获时将这些对象定义为一份文件。

根据构成文件的组件不同，电子文件可分为单组件文件、组合文件和复合文件。单组件文件的捕获是最简单的，是将一个组件作为一份文件来捕获。许多非结构化文件就是这种捕获的，如一张照片、一份票据扫描件、一份合同定稿、一段录音等。组合文件的捕获是因管理需要而将多个在业务上具有紧密联系的组件作为一份文件来捕获，如请示和批复、转发件和被转发件、正文和附件、多版本文档、多格式文档等。复合文件的捕获是因多个组件之间存在技术上的天然联系而将其作为一份文件来捕获，如嵌入了一个音频和一个视频的年度总结报告，由 HTML、CSS、JPEG 图片构成的网页，等等。

需要明确的是，捕获不是归档，捕获范围也不是归档范围，捕获的所有电子文件及其元数据，等纳入电子文件管理系统后适时进行鉴定，确定其是否具有归档价值。从理论上讲，电子文件捕获范围大于其归档范围，在实际工作中，可以归档范围为起点，适当扩大捕获范围。

三、电子文件捕获的流程

《信息与文献　文件管理　第 1 部分：概念与原则》（ISO 15489-1：2016）将文件系统（records system）定义为"对文件进行捕获和管理并能够长期访问的信息系统"。

一般来说，捕获是文件系统必须具备的一项基本功能。电子文件的捕获系统是具备文件管理功能的业务系统，或是独立的电子文件管理系统。电子文件捕获是一套"组合动作"，其流程包括文件和元数据的抓取、整合、验证、登记、分类组织、存储保管、跟踪（记录、警告）等。

（一）抓取

首先，应确定需要捕获的文件对象。电子文件在业务系统中可能以不同的形态存在，包括单组件文件、组合文件、复合文件等。例如，捕获一份电子邮件时，需要将邮件正文及其附件作为一份文件进行抓取。

其次，在捕获文件时要一并捕获与文件相关的元数据。元数据是保证电子文件真实、完整、可用、安全的有效手段，它可以跟踪和记录电子文件在整个生命周期中的状态、结构和完整性，并且能够揭示电子文件与其他文件的关系。

（二）整合

文件系统应在电子文件及其元数据之间建立紧密的关联，具体实现方式包括包含、链接、封装等。

（三）验证

文件系统抓取电子文件及其元数据之后，应对其进行验证，如检查电子文件的格式、电子文件是否携带病毒、电子文件及其元数据关联的有效性、元数据的完整性等。只有通过验证的电子文件才能被登记进文件系统。

（四）登记

电子文件通过验证之后，应对其进行登记。登记的主要目的是证明电子文件已经被捕获，正式进入文件系统中，同时便于日后的检索和查找。登记时文件系统会自动赋予文件一个系统唯一的标识符，并记录简要的著录信息。只有登记完毕后，才允许对文件进行下一步操作。在文件系统中，可对文件进行不止一个层次或集合的登记，如单份文件级登记、案卷级登记或全宗级登记。登记对象的层次通常与抓取电子文件的具体情况相匹配。

（五）分类组织

捕获的电子文件要根据分类方案进行归类并放入相应的逻辑案卷中，按照逻辑结构和顺序加以整理，便于日后的利用和参考。依据预先在文件系统中设置的分类方案对捕获的电子文件进行分类标识，以实现电子文件的恰当链接、命名、安全保护、检索、处置等。在某些情况下，为了更好地展示业务活动的完整性，文件系统应支持将同一份电子文件据其内容归入不同的案卷，但该电子文件在文件系统中只能有唯一的编号，如涉及两个业务活动主体的电子文件可同时归入这两个主体所属的相关案卷中。

（六）存储保管

抓取的电子文件及其元数据可存储在暂存空间中，登记后的电子文件及其元数据通常会放入特定的存储器或存储空间中，便于按照要求对其进行进一步的管理。

（七）跟踪（记录、警告）

文件系统应对整个捕获过程进行跟踪，记录捕获的结果，对一些可能出错的操作提出警告，如电子文件要素不完整、电子文件标题重复、修改或删除自动生成的元数据等，并记入审计日志。

四、电子文件捕获的要求

（一）捕获系统的要求

（1）在设置系统捕获功能时，应预先明确电子文件捕获的范围，并转换成系统可识别和执行的方式。

（2）能够捕获来自不同业务系统、不同格式、不同类型、不同结构的电子文件。

（3）分类方案的设置要遵循科学、合理、适用的原则，与捕获的电子文件建立有效关联。

（二）捕获文件对象的要求

（1）属于捕获范围的电子文件，不论其格式如何，允许在捕获时不改变其原格式。

（2）允许文件格式在捕获时转换为可被文件系统识别的新文件格式。

（3）当捕获的文件由多个要素构成时，应在捕获这些要素时，保持要素之间的有效联系。

（4）当捕获的文件有多种版本时，在登记、分类组织时，要记录并维持不同版本之间的联系。

（5）电子文件的内容在捕获前后不应发生改变。

（6）要将电子文件与其元数据一并捕获，并建立有效的关联方式。

（7）所有捕获的电子文件都要由文件系统进行登记，赋予唯一的标识符，登记规则要科学、合理，并尽量做到文件系统自动完成，过程透明。

（8）一旦电子文件及其元数据被捕获进文件系统，必须确保其不再被修改和编辑，确保其真实性。

（三）捕获元数据的要求

（1）应与电子文件捕获同步进行。

（2）必须与所描述的电子文件相匹配，保证元数据与分类表、文件、文件夹相联系。

（3）必须完整，电子文件形成单位应预先建立符合国家相关要求的元数据方案。

（4）可以通过多种有效方式与电子文件建立稳固关联。

（5）应由文件系统自动完成，并支持手工填写，文件系统可自行验证完整性。

（6）捕获的元数据内容如需更改，只能由电子文件管理员或授权用户更改。

（四）批量捕获的要求

（1）文件系统应支持主动或被动的批量捕获功能。

（2）能够支持不同类型文件的批量捕获。

（3）在不破坏电子文件内容和结构，保持电子文件各组件之间联系的情况下，以电子文件当前的格式进行捕获。

（4）捕获电子文件和与其相关的全部元数据，保持电子文件与其元数据之间的正确联系。

（5）捕获电子文件所属文件集合的结构和与其相关的全部元数据，保持电子文件与其所属文件集合的正确联系。

在电子文件捕获过程中生成、增加或获取的元数据宜符合授权的元数据方案，且与电子文件保持长期关联。宜固定电子文件捕获过程中记录文件背景的元数据，且保存为事务证据。唯一标识符宜长久使用。一份电子文件可在不同的文件系统中被多次捕获，如商业实体的合并事件。宜将每一个事件记录为一个过程元数据。一旦某一电子文件被捕获进文件系统，与影响或使用文件事件相关的元数据宜在一个持续性的基础上积累。

（五）捕获时机的要求

就文件生成系统而言，实时捕获电子文件及其元数据是最佳的选择。一份电子文件在文件生成系统中一旦生成，其相应的元数据就同时生成，这时不论其是否办理完毕、是否退出运行，均应按照既定要求进行捕获。

五、电子文件捕获的实现

（一）捕获协议

捕获最重要的是质量良好的电子文件与元数据。从现状来看，大多数文件生成系统并没有全面考虑长久保存生成的电子文件与元数据问题，没有足够适应长久保存需要的元数据，其封装方式也可能不同于档案馆。电子文件捕获的实现需要在文件生成系统与电子文件管理系统之间建立相应的捕获协议（Capture Protocol）进行必要的约束。捕获协议一般包括电子文件捕获的制度、规范或标准。

捕获协议规定了电子文件捕获的术语、环境、范围、类型、时机、动作、封装方式等，制定了电子文件元数据编码规则、捕获规程、捕获与保存规划、与审计跟踪之间的通信与反馈机制等。考虑到电子文件的特性和捕获的自动化程度，捕获协议还应有电子文件与其元数据的映射规程、电子文件的格式、日期、标识符、捕获安全规程、隐私与密级、元数据集标识与格式等内容（有些内容在相关标准中有具体规定，这些相关标准可引用，如元数据编码规则、电子文件保管期限表、捕获安全规程、捕获接口封装标准等）。

捕获协议应能用计算机语言进行描述并固化在程序中，以提高电子文件管理系统捕获的自动化程度。捕获协议相对固定的部分（如封装、移交安全规程、元数据标识等）应直接固化在系统编程中，灵活可变的部分则可用 XML 文件描述出来，通过对文件生成系统的改造嵌入系统功能模块中，同时建立与其他规范或标准的关联。

（二）捕获接口

要想实现电子文件及其元数据从文件生成系统捕获进电子文件管理系统，最好的做法是在两个系统之间建立接口。所谓接口，就是在文件生成系统与电子文件管理系统之间按照预定的数据交换格式建立数据导入/导出的软件模块，实现两个系统的数据流动与流程衔接。这样的导入/导出模块可以是手动操作的，也可以是系统自动进行的。

早期的档案移交过程就是一个手动操作的典型接口案例，如先从办公自动化系统导出电子文件到光盘，然后再将光盘内容导入档案管理系统，这个过程中的导入、导出功能实际上就是一个接口。随着技术水平的提高，电子文件的捕获逐渐向一体化、自动化转变，这要求不同系统之间能够实现流畅的数据交换，相应软件模块的设置可以实现电子文件及其元数据自动从文件生成系统捕获进电子文件管理系统，从而避免捕获过程中人为改动数据的可能性。通过将捕获协议嵌入捕获接口，实施捕获的各项任务，从而实现电子文件的前端控制。

接口是两个系统交换数据的工具，通过接口，业务系统传递数据，电子文件管理系统接收数据，所有要求必须在接口设计时得到满足。电子文件捕获接口可以通过利用 Excel 表格、数据库技术及 XML 封装来实现。一般推荐使用 XML 格式，以 Web service 技术来构建捕获接口，从而为文件形成单位与档案部门之间业务流程的集成提供一个通用机制，便于将来的扩展。

电子文件捕获是实现前端控制的一个重要环节。为了实现捕获的自动进行及最大限度的灵活性，必须在捕获前由文件形成单位与档案部门以捕获协议的方式明确捕获的内容、时机、功能等，档案部门应参与到系统的规划、设计与实施中，将捕获的相关功能充分体现在业务系统中。

第三节 电子文件积累

一、电子文件积累的含义

电子文件积累是通过日积月累逐渐将电子文件聚集起来，使之慢慢增长、完善的过程。电子文件采集是电子文件积累的一种手段，通过采集电子文件及其元数据实现电子文件的积累。

电子文件积累可分为两种类型：一种是在计算机系统中设置自动记录功能，记录电子文件的产生、修改、删除、责任者、进入数据库的时间等。在电子文件进入数据库之前，要对记有档案标识的电子文件进行鉴定、归档。另一种是用存储载体传递电子文件，要按规定进行登记、签署，对于需要进行更改处理的，要填写更改单，按更改审批手续进行，并存有备份件，防止出现差错。

电子文件积累必须从电子文件形成阶段就开始。档案部门要在电子文件形成初期就按档案管理工作的要求对电子文件实施控制，相当于将纸质文件归档程序中的后期工作移至文件形成阶段来完成，在电子文件形成初期就提前介入，以达到前端控制的目的。在电子文件积累过程中进行监督、检查和指导，认真登记电子文件形成单位名称、计算机名称，电子文件保存系统名称，共享访问口令，电子文件管理人员姓名、联系电话、E-mail 地址，等等。电子文件的采集、积累、登记等工作应指定专人负责，并要在服务器上建立电子文件保存系统，即设置备份服务器。备份服务器或保存归档文件的文件夹要设置访问权限，以便文件不被非法修改，同时便于档案部门监督、检查和指导。凡是在网上上传或下发的公务电子文件中有归档保存价值的，均应及时备份或联机下载到电子文件保存系统中，并不得随意删除、销毁，直到向档案部门实施物理归档。

在办公自动化系统或专业平台（CAD、GIS）上形成的电子文件可以由系统的采集模块自动进行采集，并将电子文件导入数据库中进行积累存储。在基于事务系统（OA、CAD）开发的，或者与事务系统集成的电子文件管理（软件）系统中，事务系统生成的电子文件经由逻辑归档模块自动导入事务系统的数据库及电子文件管理系统的数据库中实现积累。单机平台、电子邮件、纸质文件（需做数字化转换）及外单位移交来的电子文件大多需要人工（辅助）采集，并将电子文件保存至相关载体上的文件夹中实现积累。

二、电子文件积累的要求

电子文件必须由形成部门负责集中采集，不得由个人分散进行。文件必须具有内容，能准确反映在特定时间，某一机构、组织或个人履行职责、参加活动或处理事务过程中发生的事实。在需要时，能以电子方式再建，以便文件的每一个部分汇集起来，易于被人们理解。在某一背景下，能确认文件由谁产生，便于帮助用户对文件内容进行理解。采集必须包括对文件结构的采集，以便文件可以任意迁移。文件包含在某一文档一体化系统中。

第四节 电子文件接收

一、电子文件接收的含义

从理论上讲，电子文件接收是指档案部门按照国家规定收存归档电子文件的过程。电子文件的接收工作体现在档案室的接收与档案馆的接收两个阶段。其中，电子文件归档之后，由档案室与业务部门交接完成电子文件的移交与接收工作；在形成、整理过程中鉴定具有永久保存价值或在档案室保管一段时间后鉴定具有永久保存价值的电子文件，由电子文件的原形成单位——立档单位与电子档案的永久保管单位——各级各类档案馆交接完成电子档案的移交与接收工作。需要注意的是，在前一阶段的交接工作中，电子文件的管理权限没有发生变化，而在后一阶段的交接工作中，不仅是电子档案实体和信息转移了，更重要的是电子档案的管理权限、责任主体变更了。

电子文件的接收分为线上接收与线下脱机载体接收两种类型。线上接收通常是在统一的电子文件管理系统中实现，或者在机构内部业务系统与电子文件管理系统之间实现。由于档案室的接收工作是在机构内部完成，相关责任权限较简单，因此机构内部一般不对电子文件接收工作做专门规定，在执行具体移交与接收工作时，参考档案馆电子档案移交与接收的相关规范和要求。

二、电子文件接收的要求

目前，电子文件的接收工作主要参考《电子档案移交与接收办法》（档发〔2012〕7号）和《电子档案移交接收操作规程》（DA/T 93—2022）进行。档案馆（室）接收电子文件时应满足以下要求：

（1）建立电子文件接收平台，进行电子文件数据的接收、检验、迁移、转换、存储等工作。

（2）对所接收的电子文件数据及其载体的真实性、完整性、可用性和安全性进行检验，合格后方可接收。

（3）将电子文件交接、迁移、转换、存储等信息补充到电子文件元数据中。

（4）对电子文件数据迁移和转换前后的一致性进行校验。

（5）电子文件检验合格后办理交接手续，填写电子文件移交与接收登记表，由交接双方签字、盖章，各自留存一份；电子文件移交与接收登记表可采用电子形式并以电子签名方式予以确认。

（6）对所接收的电子文件载体保存5年以上。

（7）电子文件载体应当按照《档案级可录类光盘CD-R、DVD-R、DVD+R技术要求和应用规范》（DA/T 38—2021）和《磁性载体档案管理与保护规范》（DA/T 15—1995）进行管理。

三、电子文件接收的流程

电子文件接收的流程主要包括签收电子文件移交信息包、检测电子文件移交信息包、办理交接手续、入库电子文件等环节。

（一）签收电子文件移交信息包

档案馆（室）收到电子文件移交信息包后，应向移交单位进行确认。在线移交时，可通过应用系统签收功能或系统日志记录等方式进行确认。离线移交时，可将签收人、签收时间等信息记录到电子文件移交与接收登记表上。

（二）检测电子文件移交信息包

档案馆（室）应对签收的电子文件移交信息包的真实性、完整性、可用性和安全性进行检测。检测不合格时应将电子文件移交信息包退回移交单位，并将检测结果信息一并退回，移交单位应重新组织提交。

（三）办理交接手续

检测合格后，档案馆（室）与移交单位应办理电子文件交接手续，填写完成电子文件移交与接收登记表，由交接双方确认，各自留存。

如具备符合国家有关要求的电子印章系统或其他形式可确保电子文件移交与接收登记表上电子印章的有效性，电子文件移交与接收登记表可采用电子形式办理和保存；否则应以纸质形式盖章留存。

（四）入库电子文件

档案馆（室）将接收的电子文件纳入档案数字资源库管理，妥善保存电子文件移交信息包、电子文件移交清单和电子文件移交与接收登记表,完成电子文件移交与接收工作。

课后思考题

1. 阐述电子文件收集的含义、范围与要求。
2. 电子文件收集的原则有哪些?
3. 电子文件捕获的含义、对象、流程与要求是什么?
4. 电子文件积累的含义是什么?
5. 电子文件积累的要求有哪些?
6. 阐述电子文件接收的含义、流程与要求。

第六章 电子文件整理

学习目标

- 明确电子文件整理的含义
- 掌握电子文件整理的步骤
- 掌握电子文件分类与立卷的方法
- 明确电子文件标引的含义与类型
- 理解电子文件标引的过程
- 熟练掌握电子文件分类标引和主题标引的方法、步骤、规则与要求
- 明确电子文件著录与信息描述的关系
- 了解电子文件著录的原则与作用

第一节 电子文件整理概述

一、电子文件整理的含义

信息时代，电子文件信息成为重要的管理对象，电子文件各种信息要素价值突显，电子文件信息整序成为电子文件整理工作的重心。电子文件整理是指依据一定的规则与方法，将原本处于无序状态的电子文件（包括脱机实体和数字信息）有序化，使之具有系统性、规范性，便于管理与利用。电子文件整理包括电子文件信息整序和电子文件载体整理两个方面。电子文件信息整序是指依据一定的规则与方法，将大量原本处于无序状态的文件和档案信息资源（包括实体档案资源和数字档案资源）有序化，使之形成便于使用的信息系统。电子文件载体管理是对电子文件存储载体的序化过程。使电子

文件信息有序化，是电子文件保管的主要任务之一。电子文件信息整序不但为电子文件管理奠定基础，也是电子文件检索和提供利用的前提。电子文件信息整序主要通过电子文件分类、标引和著录实现。

二、电子文件整理的步骤

由于电子文件整理是一个信息整理的过程，因此总体上是先进行逻辑分类，然后再对电子文件实施逻辑归类，最后依据需要进行数据建库。电子文件整理工作的基本步骤如下。

（一）分类排序

依据机构档案分类体系，在档案管理部门的计算机平台上设置类目体系。多级类别逻辑卷的设置要遵循类目体系设置的可包容性、严整性及相对稳定性的编制规则，从而保障电子文件信息体系结构的科学性及稳定性，以满足后期资源开发的需要。

（二）审核汇总读入

对归档后移交的电子文件实施技术鉴定、统一存档格式、解压、解密、归类与编号。

1. 实施技术鉴定

所有以物理归档方式移交的电子文件首先统一实施技术鉴定，审核其是否真实、可读与完整，是否携带病毒，以及归档载体的质量状况是否合乎要求。技术鉴定中尤其不能忽视审核归档电子文件的元数据是否真实、完整。

2. 统一存档格式

检查电子文件是否符合存档格式要求，对于不符合存档格式要求的电子文件，要责成归档部门转换为统一格式，无法转换的要打包归档。

3. 解压、解密

通常情况下，考虑到后期文件管理、数据处理及技术维护的需要，要对电子文件解除压缩和加密。

4. 归类与编号

依据文件内容，将每一份电子文件保存至相应的逻辑卷，即类别文件夹，并对每一份电子文件依据档号的编制规则著录档号。

（三）编制目录

如有需要，可对编号后的电子文件分别编制总目录、分类目录、专题目录、图样目录等，以利于后期的检索、统计与利用。

（四）制作脱机备份

依据分类结果，为系统化后的电子文件选择合适的载体，制作脱机备份并科学保管。

（五）数据建库

依据实际需要和系统特点，对电子文件进行数据建库。可分别进行目录数据建库和全文数据建库，至此电子文件整理工作基本结束。

第二节 电子文件分类与立卷

一、电子文件分类

（一）电子文件分类的含义

《信息与文献 文件（档案）管理 概念与原则》（GB/T 26162—2021）规定，分类是指依据逻辑结构惯例、方法和程序规则，按照类目对业务活动和/或文件进行的系统标识和/或整理。电子文件分类是按照一定的原则，将电子文件分门别类形成一个逻辑体系的过程，是一项重要的文件管理活动。

（二）电子文件分类的目的

分类可以使整理变得简单。与纸质文件分类一样，电子文件分类也有两个目的：一个是将信息需求与信息资源匹配起来，方便用户检索和利用；另一个是将文件与业务活动匹配起来。

在传统环境中，分类被定位为一项便于文件信息检索的工作。一般的搜索引擎或文件管理系统建立在粗粒度的著录基础上，无法重现并维护文件所处的业务背景，难以充分说明文件形成的前因后果。然而，从文件所记录的社会活动的关联性来看，对单个文件的管理不能脱离文件集合体。因此，在电子环境中，面对文件管理环境和要求的变化，分类发挥着比在传统环境中更为重要的作用。电子文件分类不仅可以使电子文件的信息整序和载体整理变得简单，促进电子文件的检索和利用，更能够维护文件与形成文件的业务活动之间的关联，将文件置于其形成的业务活动背景之中，从而使一组相关联的文件能够重现形成文件的相关事件的"完整故事"。电子文件分类成为维护文件的真实性、可靠性、完整性的重要手段，成为整个文件管理活动的支撑工具，为一系列文件管理活动提供实施框架，包括识别需要捕获的文件、确定和实施保管期限、确定文件安全和存取权限等。

在传统文件和档案管理过程中，档案整理工作一般是在档案进入档案机构之后才开始的。电子文件是在各类电子文件管理系统中随业务流程流转的，电子文件分类工作必

第六章 电子文件整理

须在电子文件形成时就完成，才能确保前端控制、文档一体化和全程管理原则得到贯彻。在电子环境中，提前固化并维护文件之间的关联极为重要，而分类是最为关键的一种手段。电子文件的现行期往往是文件利用最为频繁的时期，此时进行电子文件分类，便于帮助员工快速、准确、完整地找到所需文件，提高工作效率。

（三）电子文件分类的方法

分类法可分为体系分类法和组配分类法两大类型，不同类型的分类法有不同的构成原理。体系分类法的构成原理是采用概念的划分与概括的逻辑方法，对电子文件内容所涉及的概念和事物进行逻辑分类，形成具有隶属并列关系的概念等级体系。组配分类法的构成原理是采用概念的分析与综合的逻辑方法，将一个复杂的电子文件主题概念用若干个表达简单概念的标识的组配来表达所形成的概念组配体系。从不同的角度对电子文件进行分类，可以形成不同的分类方法。比如，可以按形成时间、主题、发文机关、地点等对电子文件进行分类。

电子文件分类要求能真实地反映电子文件的内在联系。目前，电子文件分类常用的方法有职能分类法、年度分类法和保管期限分类法。这三种分类方法都鲜明地体现了历史主义精神，实现了电子文件整理的社会化。

1. 职能分类法

职能是人类社会或政权组织（如国家）赋予一个立档单位的社会功能或主要工作任务。在业务分类体系中，职能处于顶层，是组织机构为实现其目标而履行的职责。职能由若干业务活动构成，而业务活动由具体的事务组成，事务为业务活动的最小单元。职能作为组织机构为实现其目标而承担的主要职责，常常出现在整个组织机构的职责声明、工作计划和目标之中。

职能分类法也叫组织机构分类法，是根据电子文件形成和使用的业务背景对电子文件进行分类的方法，即根据电子文件为什么存在（产生电子文件的职能）而不是电子文件是关于什么的（电子文件的主题）对电子文件进行分类。在电子环境中，职能分类法（基于职能的电子文件分类方法）成为国际电子文件管理领域公认的最能反映电子文件本质、最能满足电子文件管理要求的分类方法。在英国、美国、澳大利亚等国的文件管理专家意见调查中，有83%的专家认为"基于职能的分类方法是唯一高效的文件分类方法"。职能分类法在电子环境中的广泛应用意味着文件管理方向的转变，即从在纸质环境中关注文件的内容，转变为在电子环境中关注产生文件的业务背景，并更加注重文件在动态的数字信息环境中为组织机构当前的业务运转发挥价值。职能分类法提供了一个不仅能说明组织机构做什么，更能说明组织机构如何做的文件体系结构。

从我国电子文件前端控制的需要来说，职能分类法是电子文件分类的首选方法，即"凡是来源于特定职能活动的电子文件应归为一类"，由此形成基于组织机构职能活动的电子文件分类方案。基于组织机构职能活动的电子文件分类方案是在全宗划分的基础上，依据职能活动对某一个（或某一类）具体立档单位电子文件进行细分。

2. 年度分类法

年度分类法是以电子文件的形成时间为分类依据，把一个年度或一段时间内形成的所有电子文件归为一类进行整理的方法。由于历史是具体的和线性的，不同时期的历史有不同的内容，同一时期的历史体现着继承性和联系性。时间分类法是一种历史唯物主义方法，反映社会发展的延续性。作为人类社会实践活动真实记录的电子文件，按时间进行分类，既可以反映不同历史时期的社会生活情况，也可以反映同一历史时期社会生活的连续性、完整性及历史的真实发展历程。

3. 保管期限分类法

保管期限分类法是按照电子文件的保管期限对电子文件进行分类的方法。电子文件保管期限通常依据电子文件的价值大小划分为永久和定期，定期又分为长期和短期。由于电子文件的价值通常与其形成主体的社会职能活动的重要程度具有正向关系，就国家机构来说，其职能活动的重要程度往往与其在国家机构体系中层级的高低具有正向关系，因此电子文件保管期限的划分常常可以通过判断其形成主体的社会影响力来实现。这种方法同样适用于社会组织及个人。当然，电子文件保管期限的划分有时不能仅仅依据其形成主体的社会层级高低及社会影响力，还要依据电子文件自身内容的整体价值。

二、电子文件立卷

（一）电子文件立卷的必要性

文件（书）立卷是传统纸质档案管理模式下文件归档前整理的重要环节，其基本目的是体现文件之间的历史有机联系，便于保管和利用。对于电子文件来说，计算机毕竟只是一种设备，只能从字面上判定文件之间的联系，并不能真正反映和体现文件之间的历史有机联系，不依靠人工干预，计算机是无法自动模拟文件之间的历史有机联系的。也就是说，文件之间的历史有机联系，如果不是由人们（可以通过计算机）在文件形成过程中加以记录和描述（著录），或者在信息整序过程中加以处理（按历史有机联系分类并以具体的事件为单位组织成虚拟的案卷），就不可能保持住或检索出来。而保持文件之间在同一具体事件上的有机联系对于体现文件的价值尤其是凭证价值是十分必要的。因此，从保持和维护电子文件的历史联系和凭证价值的根本需要出发，有必要对电子文件进行立卷。

（二）电子文件立卷的方法

电子文件立卷就是按照预先制订的电子文件分类方案，将电子文件汇集到所在的案卷、类别之中，形成数字形态的案卷。电子文件立卷在计算机平台上开展，也就是将密切相关的电子文件按一定的规则汇集在一起，建立一个"文件夹"，形成"虚拟卷"或

"电子卷",不再限于传统文件(书)立卷意义上的实体卷,而是一种"逻辑卷"。例如,国网浙江省电力有限公司便采取了这样的做法,在电子系统中为"一件事"建立一个"文件夹"(逻辑卷),给予每个"文件夹"唯一的流水号,使不同的"文件夹"可以根据建立时间的先后依次排序。通过标引形成或收到的电子文件归属的"文件夹"的流水号,就可以将处理同一具体事务过程中形成或收到的所有电子文件归入同一个"文件夹"中。

组织逻辑案卷的方法很多,在一定程度上可以借鉴纸质文件立卷的方法,如按照作者特征、问题特征、时间特征、名称特征、地理特征等来组织。电子文件组织逻辑案卷时,最常用的方法是按照事由(问题)特征进行组合,即将同一项活动或工作形成的电子文件组合在一起,以便反映该项活动或工作的全貌和来龙去脉,方便日后的检索和利用。此外,组织逻辑案卷同样要遵循合理容量、保管期限相同等原则。

第三节 电子文件标引

一、电子文件标引概述

(一) 电子文件标引的含义

电子文件标引是对电子文件的来源特征、内容属性及相关外部特征进行分析和选择,并赋予其规范化检索标识的过程,其实质与核心是把自然语言转换成规范化的检索语言。因此,电子文件标引是建立电子文件检索系统的基础和前提,电子文件标引的质量对电子文件检索的效率和质量产生决定性的影响。简而言之,电子文件标引就是用特定的检索标识揭示电子文件来源或内容的过程。电子文件标引与传统载体文件标引最大的不同在于,电子文件标引既是电子文件信息的整序,也是在建立电子文件检索系统。

(二) 电子文件标引的类型

电子文件的有序结构主要是通过标引实现的,标引在电子文件信息整序中起到至关重要的作用。信息标引通常需要使用标引语言作为标引者与检索者、人与检索系统之间交流信息的工具。标引语言和自然语言或其他人工语言一样,有自己的词汇和语法。标引语言的词汇往往由相应的分类表、词表、代码表规定,这些要素构成标引语言词典。如《中国档案分类法》《中国档案主题词表》等都是相应的标引语言词典。标引语言的语法是构造和使用标识以正确表达主题概念的一整套规则。标引语言一般分为分类语言和主题语言,按照所使用标引语言的不同,电子文件标引可分为分类标引和主题标引。

电子文件主题标引建立在对电子文件内容进行主题分析的基础上，是用主题语言表达所分析的主题内容，赋予其主题检索标识的过程。电子文件分类标引建立在对电子文件分类的基础上，以分类号或档号为标引语言对电子文件进行标识。需要说明的是，电子文件的分类号、档号是基于来源原则指导下的职能分类法形成的，不同于单纯的主题分类。

无论是主题标引还是分类标引，其关键是对电子文件内容进行主题分析，都属于基于主题的分类方法的具体实施，只是传统分类标引的语词是经过主题编码形成的分类号，而主题标引的语词是经过人工提炼形成的人工语言——主题词。

由于电子文件分类主要采用职能分类法、年度分类法和保管期限分类法，主题分类仅在具体的下位层面使用，并且随着人工智能、语义网络的不断发展，基于文件全文多维度、细粒度的信息检索成为现实，主题分析在电子文件信息资源开发领域具有一定的作用，但对于海量电子文件的分类、整理来说意义不大。从机构电子文件管理的角度来说，电子文件标引更多使用基于时间、职能分类标引的方法。

（三）电子文件标引的过程

电子文件标引过程一般包括两个环节：一是来源或主题分析，即在了解和确定电子文件来源层级或主题特征之后，将这些属性或特征概括为来源或主题并用自然语言表述，同时分析来源层级或主题概念之间的结构关系；二是转换标识，即用专门的符号体系或主题概念因素，构成一定形式的检索标识。实际上，在科学规范的电子文件分类标识与描述的基础上，电子文件标引可以通过系统对标识符号和电子文件语词的分析，实现自动化的分类标引和主题标引。

二、电子文件分类标引

（一）电子文件分类标引概述

电子文件分类标引是指以来源原则为指导，综合职能与主题分类，依据电子文件分类方案，采用分类号作为标识符号对电子文件进行标识的过程。与传统档案分类标引有所不同，电子文件分类标引可以依据科学、规范的前置性分类方案，结合档号编制规则，利用计算机系统自动实现。对于海量的电子文件来说，浏览正文内容及相关信息的做法显然难以通过人工方式实现。在此种情况下，电子文件分类标引前置及自动化实现的重要性显现出来，建立科学、规范、贯通全生命周期的电子文件分类方案并前置于电子文件与电子档案管理系统之中成为电子文件分类标引的关键。

对于进入档案保管阶段的电子文件——电子档案来说，其分类标引的符号在分类号的基础上增加了"案卷号/组号/册号"和"件号/页号"，从而形成了以"档号"为标识符号的"档号"标引。从全程管理的角度来说，从"分类号"标引到"档号"标引，存在着连接性。无论是电子文件管理阶段的"分类号"标引，还是电子档案保管阶段的"档号"标引，都高度依赖科学、适当的电子文件分类方案。

电子文件分类标引需要分析研究组织机构职能与业务活动特征，制订电子文件分类方案，揭示电子文件的来源特征，依据电子文件分类方案及档号编制规则，赋予电子文件唯一的规范化标识。其检索词汇是分类号/档号，检索词典是分类表/档号表、全宗划分方案、全宗分类方案和立卷类目。

目前，我国还没有专门针对电子文件分类标引的规范，电子文件分类标引主要参考《档案分类标引规则》（GB/T 15418—2009）实行。

1. 基本规则

（1）档案分类标引以国家机构、社会组织从事社会实践活动的职能分工为基础，结合档案记述和反映的事物属性关系，并兼顾档案的其他特征。分类标引时，应对档案文件进行周密的主题分析，把握所论述的对象，准确地给予分类标识。

（2）档案分类标引应依据《中国档案分类法》及其使用指南。

（3）档案分类标引时，要正确地理解类目含义和范围，避免脱离类目之间的联系和类目注释的限定片面地理解类目含义。

（4）档案分类标引应充分考虑实际的检索需求和检索方式，根据档案的具体内容和用途，选定适当的标引深度。凡一份文件或案卷涉及两个或两个以上主题者，除按第一主题或最重要的主题标出确切的分类号外，必要时可对其他主题附加相应的分类号。

（5）档案分类标引必须按专指性的要求，分入恰当的类目，切不可分入较宽的上位类或较窄的下位类。当分类表中无恰当的类目时，可分入范围较大的类目（上位类）或与档案内容密切相关的类目。

（6）档案分类标引应保持一致性。各种文本、载体类型的同一主题档案所标引的分类号均应一致。遇有某些难以分类和分类表上无恰当类目可归的档案，无论归入上位类或归入与其密切相关的类目，以及增设类目，都应做出记录，以后遇有类似情况，均按此处理。

2. 各种类型档案分类标引规则

（1）档案分类表的选用。

清代档案使用《清代档案分类表》进行分类标引。清代以前各历史时期档案的分类标引使用该表的一级类目。民国档案使用《民国档案分类表》进行分类标引。革命历史档案使用《新民主主义革命档案分类表》进行分类标引。中华人民共和国成立以后的档案使用《中国档案分类法》进行分类标引。其中，国家档案馆、党政机关档案室所藏的中华人民共和国成立以后的档案使用《中国档案分类法》进行分类标引。其他各类档案馆（室），在使用《中国档案分类法》进行分类标引时，本专业的档案可使用行业分类表进行分类标引。

（2）档案分类标引级次。

一般以文件级、案卷级为单元进行分类标引。若遇档案内容联系紧密或记述同一事物的几份文件或几个案卷情况，也可以作为一个单元进行分类标引。

(二) 电子文件分类标引工作程序

一般信息分类标引工作程序包括主题分析、辨类、归类、标识、审核等基本步骤。电子文件分类标引工作程序如下：

(1) 研读分类法。标引人员在标引工作开始时，应系统研读《中国档案分类法》的编制说明、主表、附表，了解该法的编制目的、适用范围、分类原则、体系结构、标识符号、类目注释，辨清上位类、同位类、下位类、理论与应用等关系，深入透彻地掌握其使用方法。

(2) 分析来源与内容。主要分析电子文件的来源、内容和其他一般性特征。应充分考虑机构的性质、职能和任务，通过分析题名、浏览正文、参考文件版头和案卷封面，从而了解电子文件的中心内容和涉及的主要问题，判明其属性特征，以便正确归类。

(3) 分析题名。文件和案卷的题名，是责任者或立卷人对电子文件内容的概括，在题名准确反映电子文件中心内容的情况下，分析题名能直观地把握电子文件的主题。但有些文件、案卷的题名，由于拟写上的缺陷，不能准确地、直接地揭示主题内容，所以不能作为分类标引的唯一依据，还应浏览正文。

(4) 浏览正文。通过分析题名不能确定电子文件的确切内容和类别时，应浏览文件、案卷的正文。重点阅读文头、文尾、段落题名，了解作者的撰写目的和意图，从而确定电子文件内容论述或涉及的主题。

(5) 查阅文件版头和案卷封面。党政机关行文都有固定的文件版头，标明发文机关的全称或通用简称、发文字号，文尾有发文机关、抄送机关、成文日期、盖印与签署。此外，附加标记有密级、缓急时限、阅读范围等。案卷封面上有机关全称和组织机构名称、案卷题名、年度日期、保管期限、档号及卷内目录、卷末备考表等。它对于了解文件、案卷的主题、起草目的、利用范围、使用价值等都能提供一定的参考。

(6) 判定类别。进行主题分析后，须确定对文件、案卷所论述的事物中，哪些主题应予以标引，能为利用者提供检索途径。然后根据主题性质，到《中国档案分类法》中查找其所属的类目。

(7) 标引分类号。用《中国档案分类法》中的类号来表达电子文件主题性质的标引，即将判定的类别赋予分类标识。给予分类号，应根据文件、案卷内容的属性、主题多寡、起草意图、利用对象、检索需求等特点，采用恰当的方式和方法，准确、一致、适度地标引出来。遇有难以分类的新事物、新主题的电子文件材料，分类表上无确切类目可归时，可增设新类目予以分类标引，同时上报《中国档案分类法》编委会确认，确保一致性。

(8) 审校。审校是分类标引的最后一道工序，是确保标引质量的最后关口。审校内容包括检查验证电子文件的内容是否得到全面的分析，主题概念是否准确、恰当，辨类是否准确，同类电子文件是否归类一致，标引的类号是否充分、完整、准确，书写是否正确无误。审校程序分为自校、互校和总校。自校是标引审校的第一环节。标引人员通过对自己标引结果的校对，遇有主题分析不准，前后不一致，应及时予以纠正。互校是标引审校的第二环节。标引人员通过对标引结果的校对，纠正因个人理解不同引起的错误，保持彼此之间标引的一致性。总校是标引审校的最重要环节。在自校、互校后，必须选派熟悉业务、通晓目录工作的人员担任总校。通过总校进一步消除电子文件主题分析与标引过程中的误差，保证标引工作的整体优化。同时可以对标引工作中所遇问题进行综合分析，统筹考虑合理的解决方案。

（三）电子文件分类标引的要求

确定电子文件类别之后，应当赋予电子文件规范化的标识符号，电子文件与电子档案一般采用档号进行规范化标识。2022年，国家档案局发布了《档号编制规则》（DA/T 13—2022），明确指出档号是指以字符形式赋予档案的一组唯一代码，用于反映、固定和识别档案排列顺序。

1. 档号编制的原则和要求

（1）唯一性原则。档案馆（室）内档号应指代单一。不同编号对象应赋予不同代码，一个代码只表示一个编号对象。

（2）一致性原则。档号结构应与馆（室）藏档案的整理分类体系保持一致。

（3）稳定性原则。档号一经确定，不应随意改变。

（4）扩充性原则。档号应预留递增容量，以便适应馆（室）藏档案扩充的需要。

（5）简单性原则。档号力求简短明了、减少代码差错，以提高处理效率。

（6）适用性原则。档号的编制宜适应不同的技术环境。

2. 档号的构成元素

档号的构成元素包括以下内容：

（1）全宗号。全宗号是档案馆（室）内每个全宗的代码，一般由档案馆（室）统一确定。（电子文件全宗可划分为主体全宗和客体全宗）

（2）类别号。类别号是按照分类方案赋予全宗内各层级档案类别的代码，由电子文件形成单位的档案室（馆）在编制全宗内分类方案时确定。

——一级类别号（档案门类代码）；

——二级及三级类别号；

——项目号；

——目录号；

——年度；

——保管期限代码；

——机构/问题代码。

（3）案卷号/组号/册号。案卷号是案卷排列的顺序代码。

（4）件号/页号。件号是案卷内文件排列的顺序代码。页号是案卷内文件每页排列的顺序代码。

三、电子文件主题标引

利用主题标引方法建立的检索系统，能以事物为中心集中相关信息或文献，适于揭示信息或文献中的新事物、新概念，而且标识直观、专指，便于检索者利用分散于不同学科中的有关某一特定事物或概念的信息或文献。

（一）主题标引的方法

主题标引的方法按其揭示信息资源主题的规范程度分为标题法、单元词法、关键词法和叙词法。

1. 标题法

标题词是从自然语言中选出并经过规范化处理，用以表达事物概念的标识。标题法将词语间的组配关系固定，是一种先组式的主题标引方法。它用一个标题词表达一个概念，对多义词加以限定和注释，避免了一义多词和一词多义的现象。同时，它还使用参照系统（"见""参见"）揭示标题词之间的相关关系。

2. 单元词法

单元词是指能够用来描述文献或信息资源所论及事物的最小、最基本的词汇单位。单元词法用不能再分解的概念单元来揭示文献或信息资源的主题，并将这些单元词加以规范化。它通过若干单元词的组配来表达文献或信息资源较为复杂的概念，是一种后组式的规范化主题标引方法。由于单元词法在表达一些文献或信息资源的复杂概念时受到很大限制，所以它几乎被叙词法代替。

3. 关键词法

关键词是文献作者或信息发表者使用的词，可以是题名、文摘、正文中所有具有实质意义的词，所以它是未经规范的自然语言。在所有主题标引方法中，只有关键词法使用未经规范的自然语言，但由于它能够直接表达文献或信息资源的主题概念，提供为读者所熟悉的检索途径，使用时不用查找词表而直接选用，所以这种方法被广泛应用于各种检索系统中，网络中的搜索引擎也大多采用这种方法。但也正是由于它的自然语言特性，使用中常常出现一词多义、一义多词现象，同一主题信息被分散于不同关键词下，检索时容易造成错检或漏检。

4. 叙词法

叙词是从自然语言中选出并经过规范化的名词术语。叙词法就是用单元概念的叙词的组配来揭示文献或信息资源的主题，它是一种后组式的规范化主题标引方法。叙词法继承了单元词法后组的灵活性，避免了其过分细分、重复组配的麻烦，使用了标题法的复合词和复合词组方法来表达事物概念。叙词法是一种应用广泛的主题标引方法。

（二）主题标引的一般规则

（1）了解所用主题词表的结构、标记符号及其使用方法，熟悉主表中的款目词结构和参照系统的功能，以及附表类型及辅助表（范畴索引、词族索引）的功能，以便迅速、准确地查到所需的主题词。

（2）电子文件主题标引必须客观地、直接地反映电子文件论述或涉及的事物和问题，不应掺杂标引人员的臆测和褒贬。

（3）电子文件主题标引应遵循专指性原则，用专指词标引，即选择词表中最专指、最恰当的主题词进行标引。当词表中有表达该主题概念的专指词时，不得选用其上位词或下位词，也不得进行组配标引。

（4）当词表中没有专指词时，应选择最直接、最关联的两个以上的主题词进行组配标引；当组配标引不能准确地表达主题概念时，再选用最邻近的上位词或近义词进行标引（靠词标引）；当用上位词、近义词标引也不合适时，可采用自由词标引。主题词标引的优先顺序如下：专指词标引—组配标引（交叉组配—方面组配）—靠词标引（上位词标引—近义词标引）—自由词标引。

组配标引是将两个或两个以上的主题词组合起来表达一个复杂的概念。

靠词标引有以下两种方式：① 用上位概念主题词进行靠词标引。依据词族索引选用最直接的上位概念主题词进行标引，不应使用越级上位主题词标引。② 用近义词进行靠词标引。依据范畴索引选用与主题概念含义最相近的主题词进行标引。

自由词标引又称增词标引或关键词标引。自由词（关键词）是主题词表以外的、未经规范化处理的自然语言语词。使用自由词标引应严格控制。下列情况可以采用自由词标引：① 某些概念采用组配标引，其结果出现多义时；② 某些概念虽可以采用靠词标引，但当这些概念的被标引频率较高时；③ 词表中明显漏选的词，包括词表中未收录的地名、人名、机构名、产品名等专有名称；④ 表达新生事物的词。自由词应尽可能选自其他词表或较权威的参考书、工具书，选用的自由词应符合词形简练、概念明确、实用性强的要求。使用自由词标引后，应加以记录，并反馈到所用电子文件主题词表的管理部门。

（5）选定的主题词应是词表中的正式主题词，书写形式要与词表中的词形一致，不能随意更改或省略。

（6）每一份电子文件的标引深度，原则上应以能准确、完整地表达电子文件主题内容，充分揭示出有检索意义的电子文件信息及检索系统的处理能力为依据。一个标引对象，标引用词一般为 2～10 个。

(7) 标引时要注意反映电子文件中出现的新事物、新政策、新成果，尽量向利用者提供更多的信息。

（三）主题词组配规则

所谓主题词组配，是指通过两个或两个以上主题词的逻辑组合来表达一复合主题概念。主题词组配规则如下：

（1）组配必须是概念组配，而不应是字面组配。概念组配基于概念逻辑原理，重在拆义，而字面组配以构词法为基础，重在拆词。例如，"键盘乐器的制造"这一主题概念，应用"键盘乐器—乐器制造"进行概念组配，而不能用"键盘—乐器—制造"单纯从字面上进行组配。判断是不是概念组配的标准为看被组配的主题词在单独使用时会不会产生意义失真和有无检索意义。

（2）概念组配包括以下两种类型：

① 交叉组配，即同级词组配。它是指用两个或两个以上具有概念交叉关系的同级主题词组配来表达相应的下位概念，组配符号用"："。例如，水生哺乳动物，用"水生动物"和"哺乳动物"两个具有概念交叉关系的主题词进行组配，标引结果为"水生动物：哺乳动物"。

② 方面组配，即限定组配。它是指由一个表示事物的主题词，与另外一个或几个表示事物某种属性或某个方面的主题词组配来表达相应的下位概念，组配符号用"—"。例如，《高考制度改革方案》，用"高考"和"规章"限定"教育改革"，标引结果为"高考—规章—教育改革"。

在组配标引时，应优先考虑交叉组配，然后考虑方面组配。

（3）应用词表中最专指的词进行组配，不能越级组配，如"业余学校的组织管理"应用"业余学校—学校行政"组配，而不能用"业余大学—学校行政"组配，也不能用"学校—学校行政"组配。

（4）当复合主题中含有多个主题因素时，应按其重要程度确定组配次序，并根据标引深度的要求对其加以取舍。当标引深度超过规定时，可略去次要的主题因素。

（5）当某一主题概念在词表中有组代主题词（先组复合词）时，应选用规定的组代主题词，而不应另选用其他主题词进行组配标引。

（6）当一份电子文件中有两个或两个以上主题，组配时可能产生假联系时，可以加关联符号区分不同的主题。其做法是：在主题词后用数字1，2，3，…表示分组符号，数字相同的主题词是一组相关联的组配概念。数字中的"0"，称作共同联号，表示该主题词可以和该电子文件中标引的任何一个主题词进行组配。例如，《关于安阳县棉花播种与玉米田间管理的情况报告》标引为"棉花1""播种1""玉米2""田间管理2""安阳县0"。

（7）组配的结果应概念清楚、含义确切、专一、逻辑合理，当组配有可能产生歧义时，应改用上位词或近义词标引，或者采用自由词标引。

（四）主题标引的步骤

主题标引一般包括以下步骤：

（1）主题分析。对所处理的电子文件内容进行全面分析，确定其内容的核心事物或核心论题。

（2）概括主题概念。

（3）转换主题标识。将对电子文件进行主题分析所得到的主题概念由自然语言表述方式转换为规范化的标引语言表述方式。在转换主题标识时，需要使用主题词表，较有代表性的主题词表有《汉语主题词表》《中国档案主题词表》《工程主题词表》等。

（4）审核。

第四节　电子文件著录

在数字时代，档案管理的对象已经由传统意义上的实体资源延伸到网络中的数字资源，电子文件和数字信息已经成为档案管理的重要信息资源。如何对数字档案信息资源进行整序，已经成为当代档案管理面临的一个重要问题。由于档案机构整理的资源对象已经包括传统意义上的实体文件与档案资源和数字档案信息资源，原有的"档案整理"概念，无论是内涵还是外延，都已经无法涵盖现有的档案管理对象与内容。随着信息资源管理领域中"信息组织""信息描述"等概念的产生与发展，其对普遍意义上的信息资源管理理论和实践的影响不断深入，加之在信息与网络技术的影响下档案管理面临数字化转型，更广泛意义上的信息资源面临深度规范与整合。因此，需要厘清信息资源管理领域中"信息组织""信息描述"与档案管理领域中"整理""著录"等概念，将数字时代电子文件的特点与传统档案管理理论和实践相结合，以清晰阐释适应数字时代档案管理理论和实践的概念与知识。

一、电子文件著录概述

在传统档案学理论中，著录（description）是指在编制档案目录时，对档案内容和形式特征进行分析、选择和记录的过程。这种著录的直接目的是编制档案目录作为检索工具；著录的对象包括档案的内容特征和形式特征（其中对内容特征的分析与提炼的过程即标引）；著录的时间是档案移交进馆（室）之后；著录的人员往往是档案工作者。传统著录一般称为"档案著录"。《档案著录规则》（DA/T 18—2022）规定，著录是指为检索和管理档案资源，对档案内容、结构、背景或管理活动进行分析、选择、组织和记录的过程。

电子文件著录是保持文件之间的历史有机联系，从而维护文件证据性的一种有效手段。2000年，国际档案理事会出版的《国际档案著录标准（总则）》［ISAD（G）］（第二版）对档案著录定义如下："通过捕获、分析、组织和记录用以识别、管理、定位和解释档案材料及其产生的背景和文件系统的信息，建立对著录单元及其组成部分（如果有的话）的准确描述。"该定义下的著录是一个动态过程，相较于传统的著录有两个基本的变化：由"编制"著录变为"捕获"著录；由著录文件变为著录文件及其背景和文件系统。这意味着著录信息并不是通过对文件信息的二次加工形成的，而是通过对已有信息的采集和组织形成的；著录信息不仅仅包含文件本身的内容，还包含文件形成的背景及文件管理系统等方面的信息。

电子文件标引对电子文件信息进行了初步分析，并提炼出能够表征电子文件信息的主题概念和唯一标识，但仅属于粗粒度分析。为了促进电子文件信息资源的整合、规范与集成，便于用户有效获取和利用电子文件信息资源，基于细粒度的电子文件著录应运而生。

电子文件著录是按照一定的规则、方法和技术、工具对电子文件的内容特征和外部特征进行分析、揭示与描述并予以记录的过程。其主要任务是依据通用或专用元数据标准，记录电子文件的内容属性、外部特征及其他信息。电子文件著录的结果是一条有关电子文件的数据记录，它由若干个著录项组成。每一个著录项都是电子文件的一组特征，如题名、责任者、成文日期、发文字号、发文机构、档号等。电子文件著录的过程实质是一个按照一定规则分析和选取数据项的过程。

电子文件著录依赖对电子文件形成和流转整个生命周期的信息描述，随着电子文件管理系统的功能不断完善，信息资源描述技术、方法的规范化不断推进，电子文件著录信息可以通过一些技术手段自动识别、提取，从而实现电子文件著录的自动化。这实际上是将传统档案著录工作前置到电子文件管理系统的设计环节，把原来的"后著录"变成"前预制"，利用元数据对电子文件进行描述，实现电子文件内容信息的结构化，进而实现电子文件著录信息的自动提取。因此，电子文件著录在一定意义上就是针对电子文件所进行的信息描述。

二、电子文件著录的作用

无论著录的对象是传统形态的文件，还是数字形态的电子文件，著录的最终目的都是对信息进行整序，形成文件/电子文件目录或电子文件信息数据库。而电子文件目录或电子文件信息数据库的主要功能在于揭示电子文件的特征，并为利用者提供检索途径。从这个角度来说，电子文件著录的作用与建立在其基础上的电子文件目录或电子文件信息数据库的作用是相通的。具体来说，电子文件著录的作用包括以下三个方面。

（一）揭示功能

（1）揭示电子文件的内容特征和形式特征。

（2）揭示某一知识门类或某一主题下的所有电子文件。

（3）揭示某一具体电子文件的所有版本。

（4）揭示某一责任者的所有著作。

（5）揭示全部实体信息资源的馆藏分布状况。

（6）揭示网络信息资源的分布状况。

（二）检索功能

电子文件整理的根本目的在于对组织机构的所有电子文件资源进行整序，并最终形成一个可供用户检索信息资源的工具。因此，电子文件目录或电子文件信息数据库具有完善的检索功能。

（1）能够满足用户从特定信息资源名称角度的检索。

（2）能够满足用户从特定责任者名称角度的检索。

（3）能够满足用户从某一知识门类角度的检索。

（4）能够满足用户从某一主题词角度的检索。

（5）能够满足用户从某一特定文献代码（如文号、档号）角度的检索。

（三）管理功能

电子文件目录或电子文件信息数据库的作用不仅在于为用户提供一个多途径检索电子文件的工具，还在于为组织机构自身的各种业务工作提供一个多用途的业务管理条件。

（1）完善的电子文件著录数据，可以帮助组织机构制订科学合理的电子文件资源管理建设方案。

（2）完整的电子文件著录数据，可以帮助组织机构很好地完成各种业务统计工作。

（3）电子文件著录的质量状况，可以作为组织机构业务水平评估的重要指标。

三、电子文件著录的原则

电子文件著录是电子文件信息整序的重要环节，是组织机构编制电子文件目录或电子文件信息数据库的基础性工作。为了确保电子文件目录或电子文件信息数据库的质量，根据《档案著录规则》，在进行电子文件著录时，必须遵循以下原则。

（一）层级性

根据电子文件整理结果，从文件级到全宗级分级著录电子文件信息，以反映部分与整体的层次结构。

（二）相称性

仅记录著录单元所在层级的相关信息。例如，当著录单元为全宗时，不提供案卷的详细内容信息；当著录单元为文件时，仅著录文件信息；当著录单元的责任者是某个单位的分支机构或下属机构时，不提供该单位的组织机构沿革信息。

（三）关联性

标识著录条目的著录层级，将其与上一级著录单元相连接，以明确著录单元在著录层级结构中的位置，揭示各层级之间的有机联系。可采用相应著录层级的档号或其他方式进行连接。

（四）动态性

著录项目的内容发生变化时，应重新著录。根据实际需要，保留原著录内容或重新赋值。例如，著录单元的开放审核意见发生变化时，开放标识项重新赋值；著录单元的密级发生变更时，密级项在保留原著录内容的基础上，补充变更情况。

除此之外，在电子文件著录过程中，应当注意客观性、实用性和规范性。首先，在对电子文件进行著录时，必须依据各著录项目的规定信息源信息如实地、客观地予以著录，必须遵循客观性原则。坚持客观著录原则，主要目的在于客观地记录和反映电子文件各种特征的原始状况，为用户鉴别和确认信息资源提供客观、可靠的依据，避免人为因素给识别和确认信息资源带来不必要的干扰。其次，在对电子文件进行著录时，应当忠实地体现"用户至上"精神，一切从用户的需要出发，选择最能满足用户识别和确认信息资源的著录项目，提供尽可能多的信息资源特征，选择尽可能多的检索点，尽可能地满足用户的各种检索要求。再次，电子文件著录是一项技术含量非常高的专业工作，必须遵循规范性原则。坚持规范著录原则，主要体现在：① 著录必须按照统一、标准的著录准则进行，以实现电子文件著录的标准化、规范化，为信息交流创造条件；② 在坚持客观性原则的前提下，对信息的选择做出必要的规范性补充；③ 规范检索点的形式，编制电子文件目录或电子文件信息数据库的规范文档；④ 不同稿本、版本的电子文件著录结果前后必须规范、一致。最后，电子文件著录是一项长期的基础性工作。为了保证此项工作程序、内容的连贯性和一致性，必须在著录工作中坚持制度化原则，制定严格、完整的电子文件著录政策。电子文件著录政策的具体内容包括：电子文件著录详简级次的确定，著录项目（或字段）的取舍，不同稿本、版本处理方式的确定办法，检索点种类和数量的确定办法，著录工作的程序，著录工作的质量标准，等等。

四、电子文件著录项目

根据《档案著录规则》，电子文件著录项目分为标识、背景、内容与结构、查阅与利用控制、相关电子文件材料、附注、著录控制 7 个大项，35 个小项。

（一）标识

标识项著录项目包括档案馆（室）代码（文件级、案卷级、类别级、全宗级）、著录层级、档号、题名、文件编号、日期等。

（二）背景

背景项著录项目包括责任者、组织机构沿革/人物生平、电子文件保管沿革等。

（三）内容与结构

内容与结构项著录项目包括范围和提要、人名、稿本、文种、附件、载体形态、计算机文件大小、计算机文件格式、生成方式、整理情况、保管期限、销毁情况等。

（四）查阅与利用控制

查阅与利用控制项著录项目包括密级、公开属性、开放标识、语言或文字、主题词或关键词、分类号、缩微号、存储位置等。

（五）相关电子文件材料

相关电子文件材料项著录项目包括原件存放位置、复制件存放位置、相关著录单元等。

（六）附注

附注项著录项目包括附注。

（七）著录控制

著录控制项著录项目包括著录者和著录日期。

其他相关著录细则、标识要求等内容参见《档案著录规则》。

课后思考题

1. 电子文件整理的含义与步骤是什么？
2. 电子文件分类的含义与目的是什么？
3. 电子文件分类的方法有哪些？
4. 电子文件立卷的必要性和方法有哪些？
5. 结合实例选择一份电子文件对其进行分类标引和主题标引。
6. 电子文件著录的含义是什么？
7. 电子文件著录的原则有哪些？
8. 电子文件著录的项目有哪些？

第七章

元 数 据

学习目标

- 明确元数据的含义
- 掌握元数据的作用与特性
- 了解元数据的类型
- 了解元数据在电子文件管理中的作用
- 了解国内外元数据标准概况
- 掌握电子文件元数据方案设计的方法

第一节 元数据概述

元数据是描述电子文件的背景、内容、结构及其整个管理过程的数据。元数据的设计、捕获和著录旨在对电子文件信息进行选择、识别、组织、管理、开发、利用和评价，进而追踪电子文件在管理和使用过程中的变化，实现电子文件的凭证价值、集聚整合与长期保存。

一、元数据与信息描述

所谓"元"，意为综合的、基本的、根本的。元数据（metadata）即"关于数据的数据"（data about data），是对信息对象编码式的结构化描述，描述信息对象本身及与其相关的各种特征，是从多个角度和多个层次对信息对象进行说明的信息集合。例如，找工作的时候，用人单位会要求应聘者填写并提交个人简历，这就是人事档案的元数据，而个人简历的填写项目及填写要求就是用人单位内部的元数据标准。把个人简历的填写项目作为一个个属性字段，可以建立一个关于元数据的数据库——元数据库。将一个应聘者的个人简历按照属性字段录入元数据库，便成为一条元数据记录。

元数据最初是指网络信息资源的描述数据，用于网络信息资源的组织，后来逐步扩大到各种以电子形式存在的信息资源的描述数据。在信息资源组织的实践中，网络信息资源的描述数据是元数据，电子文件的描述数据是元数据，传统出版形式的编目数据也是元数据。元数据描述的对象，包括各种类型的信息资源，它们可以是图书、期刊、录像带、缩微品，也可以是其中的论文、科技报告，以及各种形式的网络信息资源等；描述的成分，通常是从信息资源中抽取出来的用于说明其特征、内容的数据，如题名、版本、出版数据、相关说明等。从目前使用的情况来看，元数据的性质实际上与著录款目的性质相同，元数据是一种在电子环境中使用的著录数据。因此，本教材将元数据与描述记录作为同义词使用。信息描述的结果，是获得描述记录，亦即元数据，作为信息资源的代替物组织检索系统。一个元数据款目构成一个信息资源的基本数据，是检索系统的基本构成单元，它可以代表信息资源用来组织目录、索引、数据库、搜索引擎等检索系统。信息描述的目的，就是以元数据为中介，对信息资源进行各种操作，其作用包括：

（1）描述。根据元数据的定义，它最基本的功能是对信息对象的内容、特征和位置进行描述，从而为信息对象的存取和利用奠定必要的基础。对信息对象描述的详略和深浅，随具体采用的元数据格式的不同而不同。

（2）定位。由于网络信息资源没有具体的实体存在，因此确定它的位置至关重要。元数据包含网络信息资源位置方面的信息，由此可以确定信息对象的位置所在，促进网络环境中对信息对象的发现和检索，提高信息资源的查准率和查全率。

（3）搜寻。在著录过程中，将信息对象中重要的内容抽取出来并加以组织，赋予其语义，建立数据之间的联系，指出相关数据的存储地址和存取方法，以利于用户甄别信息资源的价值，发现其真正需要的信息资源。

（4）评价。元数据提供信息对象的名称、年代、格式、制作者等基本属性，使用户在无须浏览信息对象本身的情况下，就能够基本了解和认识信息对象，对信息资源的使用价值进行判断，作为存取与利用的参考。

（5）选择。根据元数据所提供的描述信息，参照相应的评估标准，结合使用环境，用户做出取舍信息对象的决定，选择适合自己使用的信息资源。

二、元数据的特性

元数据对电子文件管理具有重要的作用，关键还在于元数据本身的特性。元数据主要具有以下几个方面的特性。

（一）还原性

元数据最基本和最重要的特性是还原性。所谓还原性，是指一旦从文件中获取了元数据，那么该元数据就具有反映该文件原始记录的特性。在电子文件管理中，当元数据系统获取了电子文件的元数据时，它就对反映该电子文件的原始性信息进行了获取，也就是将该电子文件的原始性信息映射到了其元数据记录，当利用该电子文件时，元数据就能同时反映该电子文件的原始性，所以元数据具有还原性。

元数据记录中的元数据与电子文件中的背景、内容、结构信息构成了一一对应的映射关系。由于具有这一关系，有元数据记录的电子文件，其元数据就能完整地记录该电子文件的原始状态，因此元数据能够还原文件，进而还原历史。元数据也就使电子文件具有了凭证性。

（二）结构性

结构性是指元数据是高度结构化的数据。这种结构化表现在整体上，就是元数据之间的关系是经过精心构造的，而不是任意堆砌的；表现在个体上，就是元数据的构成是有规则的、统一的，而不是杂乱无章的。因此，元数据是经过结构化处理的信息，如每一个元数据在构成上都分为"元数据元素"与"元数据元素值"两部分。

这种结构化使各项元数据信息显示得清清楚楚，既便于识别又不会产生歧义，而在整体构成上元数据的排列顺序也是遵从电子文件的原始结构顺序。元数据的这种结构化特性，就使其能够映射电子文件结构的原始性。

（三）跟踪性

跟踪性是指元数据能在电子文件的整个生命周期中，即时地、动态地获取电子文件的有关信息，即能在动态中保证电子文件的原始性。元数据是在数字环境中生成的数据，所以能够跟踪记录电子文件从产生那一刻起的载体、设备及所用技术的变迁史，以及使用、干预电子文件的整个历史过程。也就是说，不论载体、设备、技术如何更新换代，不论使用者、使用人数有多少，都作为历史数据保存下来，年代越久远，积累的历史数据就越多。一个电子文件的产生、使用、载体和设备更替乃至销毁的历史全都可以记录在案，从而能够反映电子文件在整个生命周期中的历史变迁。

（四）系统性

系统性是指元数据不仅能够还原电子文件，而且能够系统地反映电子文件生成时所处的环境。从技术角度来看，元数据能够反映技术环境。如果电子文件是在单机上生成的，元数据能够反映单机环境；如果电子文件是在局域网系统中运作的，元数据能够反映局域网系统的环境；如果电子文件是在因特网中通信交流的，元数据能够反映因特网环境。从行政管理角度来看，元数据能够反映行政管理环境，如电子文件产生时所必须遵守的法律法规、规章制度、政策标准等。

由于元数据具备以上这些特性，所以可以说抓住了元数据就等于抓住了这份文件，进而就抓住了这段历史，人类的记忆就不会流失。

三、元数据的类型

从不同的角度，可以将元数据划分为不同的类型。

（一）按照元数据的功能划分

根据元数据的功能不同，元数据一般可分为管理型元数据、描述型元数据、保存型元数据、技术型元数据和使用型元数据，如表7-1所示。

1. 管理型元数据

管理型元数据（administrative metadata）是指用来管理信息资源的元数据，如文件捕获、移交过程的信息，文件的存储地址，文件的存取权限，等等。

2. 描述型元数据

描述型元数据（descriptive metadata）是指用来描述信息资源主题和内容特征的元数据，如题名、关键词、分类号等。描述型元数据是信息管理领域源远流长的一类元数据，在传统环境中，著录信息被视为描述型元数据的代表，早期的著录标准也被视为描述型元数据标准。这些标准在数字环境中不断拓展，其功能已不再局限在描述上。

3. 保存型元数据

保存型元数据（preservation metadata）是指用来支持信息资源长期保存的元数据，如描述文件物理存在状态的元数据、描述迁移等文件长期保存策略所需要的元数据、描述迁移等操作过程和结果的元数据等。

4. 技术型元数据

技术型元数据（technical metadata）是指用来描述信息资源技术属性的元数据，如文件的存储格式、生成软件名称、硬件名称、版本号、加密算法、压缩算法等。

5. 使用型元数据

使用型元数据（use metadata）是指用来描述信息资源使用层次和方式的元数据，如记录用户访问时间、访问对象、停留时间等信息的用户行为数据等。

当然，以上各类元数据并非截然分开，而是存在交叉，如技术型元数据对于电子文件长期保存至关重要，与保存型元数据有部分重合。

表 7-1 元数据的类型

类型	定义	示例
管理型元数据	以管理资源对象为目的的属性元素，包括资源对象的显示、注解、使用、长期管理等方面的内容	采购信息 权利和复制品追踪 法定检索所要求的文献 位置信息 用于数字化的挑选标准 版本控制
描述型元数据	用于描述一个文献资源的内容及其与其他资源的关系的元数据	编目记录 查找帮助 特殊化的索引 资源之间超链接的关系 用户的注解
保存型元数据	以保存资源对象为信息系统的开发目的，特别注重资源对象长期保存有关的属性	资源实体条件方面的文献 保存资源的物理和数字版本中所采取的行动，如数据更新和移植等方面的文献
技术型元数据	与系统如何履行职责或元数据如何发挥作用相关的元数据	硬件和软件文献 数字化信息，如格式、压缩比例、缩放比例等 系统反应次数的追踪 真实性和安全性数据，如密码、口令
使用型元数据	与信息资源利用的等级和类型相关的元数据	展览记录 使用和用户追踪 内容再利用和多个版本的信息

[资料来源：周耀林，王艳明. 电子文件管理概论［M］. 武汉：武汉大学出版社，2016：331－332. 有改动]

（二）按照元数据的形成阶段和形成目的划分

根据元数据的形成阶段和形成目的不同，元数据一般可分为支持电子文件形成业务的电子文件形成元数据（也称业务元数据）、支持电子文件管理活动的电子文件管理元数据和支持电子文件长期保存的电子文件保存元数据。这是国际文件管理领域对元数据的特有分类。

（三）按照元数据的适用范围划分

根据元数据的适用范围不同，元数据一般可分为通用元数据和专门元数据。通用元数据是指各种电子文件普遍使用的元数据，如作者、主题等；专门元数据是指专门针对某种电子文件的元数据，如电子邮件的发件人、电子合同的签约人等。

（四）按照元数据的来源划分

根据元数据的来源不同，元数据一般可分为来自系统（from application）的元数据，是将元数据捕获机制嵌入电子文件管理系统，依赖系统的元数据能够由系统自动生成；

来自文件（from document）的元数据，即可以从文件自身获取的元数据；来自环境（from environment）的元数据，即可以从计算机环境中获取的元数据；来自工作流（from workflow）的元数据和手工录入（manual entry）的元数据。

四、元数据在电子文件管理中的作用

（一）确保电子文件的凭证价值

元数据为结构化或半结构化的信息，支持在一个领域内或跨领域进行电子文件的创建、分类、利用、保存和处置。电子文件管理元数据，可用于电子文件及相关责任人员的识别、确认和描述；描述业务过程；描述用于电子文件创建、管理、维护和利用的应用系统；描述电子文件管理法规标准，将电子文件置于监控体系之中，确保电子文件的凭证价值。

电子文件管理元数据可以支持数字办公环境中业务决策和业务活动的开展，并进行实时记录；支持电子文件全程管理，对电子文件的形成、管理和利用进行控制，为组织机构（或个人）执行其职能提供凭证价值和情报价值。

（二）保障电子文件的全程、动态管控

电子文件管理元数据可以完整地实现电子文件著录，可以系统地、动态地记录电子文件跨越时空的运动轨迹；不但能在用户与电子文件之间建立枢纽，还能成为智能的"电子文件管理者"，通过其控制作用实现电子文件的全程管理。

在电子文件或电子文件集合的生命周期中，随着业务办理、文件处置和利用操作的发生，不断有新的元数据被添加进去。这意味着随着时间的推移，元数据将继续增加与业务办理、文件管理相关的信息。元数据可被追踪或被多个应用系统重用，不仅可在电子文件现行期发挥作用，而且可在电子文件非现行期发挥作用。

（三）支持电子文件的长久保存

科学的电子文件管理元数据体系是文档领域和计算机领域专家思维的直接体现，可以反映电子文件管理先进的学科理论及各类法律、法规和标准，具有较强的科学性、前瞻性和规范性，可以支持电子文件在不同环境或计算机平台之间的顺利迁移。在软件、硬件技术飞速发展的当代，具备可移植性的元数据对于确保电子文件的长久保存是必不可少的。

（四）支撑电子文件的科学组织、高效共享和持续可用

电子文件管理元数据可以全面而系统地描述电子文件，可以记录与反映电子文件个体之间、集合之间的复杂关联，可以对电子文件进行分类组织，并以结构化方式实现电子文件与其背景之间的关联。电子文件管理元数据可以捕获和形成相关著录信息，产生目录体系和检索系统，支持电子文件知识组织和高效检索。

借助于标准化的电子文件管理元数据，可以实现语义层面和语法层面互操作，保障电子文件在整个生命周期中的可用性，最大限度地实现电子文件资源共享。元数据从电子文件捕获开始，描述电子文件的内容及其与相应业务活动的关系，将电子文件置于相应业务背景之中，有利于对电子文件的理解，有利于提供多个检索入口，从而支持用户对电子文件信息的检索与资源共享。

（五）支持电子文件的风险管理

电子文件管理元数据可以直接支持电子文件的风险管理，记录与反映电子文件的风险评估结果、安全状态等，对电子文件管理和利用实施权限控制，防范未经授权的操作与利用。

（六）支持业务活动的顺利开展

电子文件管理元数据通过对电子文件的有效控制来支持数字办公环境中业务活动的顺利开展，尤其是在组织机构结构、职能或工作流程发生变化的情况下，电子文件管理元数据对于业务活动的持续性具有重要意义。

第二节 国外元数据标准概况

一、VRA Core

VRA Core（VRA 核心类目）是用于描述视觉文化作品和记录这些作品的图像的数据标准，由美国国会图书馆网络开发和 MARC 标准办公室（Network Development and MARC Standards Office of the Library of Congress）与视觉资源协会（Visual Resources Association）共同推出和维护。VRA Core 是在都柏林核心元数据元素集之上补充了用于描述和管理视觉资源的元数据项，分为描述作品本身（如建筑、雕塑、装饰艺术等）和记录这些作品的图像，并指明二者之间的关联。VRA Core 的元数据描述项包括作品、作品集或图像（work, collection, or image）、责任者（agent），文化背景（cultural context），日期（date），描述（description），题字（inscription），地点（location），材料（material），测量方式（measurements），关系（relation），版权（rights），来源（source），状态版本（state edition），风格时期（style period），主题（subject），技术（technique），参考文献（textref），标题（title），作品类型（work type），等等。该标准最新的版本是 VRA Core 4.0，以 XML 编码。VRA Core 4.0 有三类元素：作品、作品集和图像。作品是指建造或创作的物品，如一座建筑物、一个雕塑、一幅画；作品集是指

第七章 元数据

上述物品（作品）的集合；图像是指作品的图像，如艺术品或建筑物的照片。

二、RSS

简易信息聚合（Really Simple Syndication，RSS）是借助于 XML 技术，经过序列化及反序列化的处理，完成互联网站点间的信息自动传送的信息沟通标准。RSS 是 20 世纪 90 年代末美国网景公司最先提出的，它剥离了网站中的精美图像和布局，只取关键数据（如新闻摘要），并以纯文本格式发布，之后则可以很方便地将这种信息连同指向原站点的链接编入其他网站。对于用户来说，RSS 技术允许在很短的时间内查看大量的内容；对于信息发布者来说，RSS 技术允许即时分发内容。

三、MCF

元内容框架（Meta Content Framework，MCF）是一种内容格式规范，用于构建关于网站和其他数据的元数据。MCF 是由苹果公司的拉马纳坦·V. 古哈（Ramanathan V. Guha）在 1995—1997 年开发的，根植于知识表示系统，如 CYCL、KRL 和 KIF，试图描述对象、对象的属性，以及它们之间的关系。MCF 的一个应用是 HotSauce，它根据 MCF 的描述生成了一个 3D 可视化的网站目录。到 1996 年年底，数百个网站在创建 MCF 文件，HotSauce 允许用户以 3D 形式浏览这些 MCF 表示。后来，古哈加入网景公司，与蒂姆·布雷（Tim Bray）合作，将 MCF 改编为使用 XML，并创建了第一个版本的资源描述框架。

四、MARC

机读目录（Machine Readable Catalogue，MARC）是一种以代码形式和特定结构记录在存储载体上，可由计算机阅读、控制、处理和编辑输出的目录格式。自 1964 年美国国会图书馆开始实施 MARC 试验计划开始，经过几十年的发展，MARC 在世界各国图书馆领域广泛应用，目前是数字图书馆常用的元数据标准。该标准最新的版本是 MARC 21，MARC 21 不但是对 USMARC 的一体化改造，还是美国机读目录格式与加拿大机读目录格式协调的产物。MARC 21 涉及记录结构、内容标识和所记录的数据内容三个要素，一条 MARC 21 记录包括记录头标、目次区、数据字段三个部分。MARC 21 具有广泛的影响，在全球拥有众多用户，已有二十多种译本。

五、GILS

政府信息定位服务（Government Information Locator Service，GILS）又称政府信息指引服务、政府信息寻址服务，是美国联邦政府建立的，用来识别、描述政府信息资源及提供资源查询和获取方式的检索系统和资源目录系统。GILS 主要由三部分构成：① 核心，即描述联邦政府各机构所拥有的信息资源的记录集合。其基本构成要素是 GILS 的"定位记录"。记录的字段描述了可供公众识别、选择和获取的政府文件、记录、档案的指示性信息。系统对这些信息进行了识别和标引，以利于分类管理和检索。② 信息发布产品，指由各个政府机构向公众传播任何形式的文献资料。③ 定位器，即系统的检索模块，是供公众查找政府信息的一种工具。GILS 所有元数据包括 28 项核心元素，政府机构应用该标准描述其信息资源时，除了需要采用必备的核心元素外，还可根据具体情况在 GILS 规范中增加或减少元素和子元素。另外，该系统采用 Z39.50 作为信息检索和交换的标准，可在任何硬件或软件平台上运行。

六、TEI

文本编码倡议（Text Encoding Initiative，TEI）是 1987 年由美国计算机与人文科学学会（Association for Computers and Humanities）、文学与语言学计算学会（Association for Literary and Linguistic Computing）、计算语言学学会（Association for Computational Linguistics）等学术机构联合倡议，来自图书情报学、语言学和计算机技术学界的各国学者联合发起的一项旨在为学术研究准备和分发电子文本提供规范的项目，以解决资源开发者对文本中的特殊字符、文本逻辑结构编目及内容信息的编码不一致，造成数据资源可交换性和可利用性差的问题。该标准的最新版本是 2016 年发布的《电子文本编码和交换指南》（TEI P5），TEI P5 使用 XML 作为编码基础，定义了约 500 个项目的标签属性，这套标签具有高度灵活性、综合性和可扩展性，支持对各种类型或特征的文档进行编码，可以表达任何语言、时代、体裁和类型的文本。

七、ANSI/NISO Z 39.87—2006

《数据字典 静态数字图像技术元数据》（ANSI/NISO Z 39.87—2006）是国际档案领域出现的第一个适用于图像电子文件的技术元数据标准。该标准由美国国家信息标准组织（NISO）于 2006 年制定，经美国国家标准协会（ANSI）批准实施。该标准为栅格数字图像定义了一组元数据元素，使用户能够开发、交换和解释数字图像文件，旨在促进系统、服务和软件之间的互操作性，并支持对数字图像集合的长期管理和持续访问。

八、EAD

档案编码描述（Encoded Archival Description，EAD）是用于网络环境中档案检索工具编码的数据结构标准非专属事实标准。EAD 主要通过定义标签集及档案检索工具编码的结构化规则来实现档案资源的描述与检索利用。EAD 采用基于 SGML 或 XML 构建的检索语言，对档案检索工具的各结构化元素及其相互关系进行了定义，通过定义一套标准来描述档案特征信息，使得信息能以与平台无关的方式被方便地查询、检索、显示、交换、保存等，进而实现基于 SGML 或 XML 编码的检索工具能在互联网上方便利用。1998 年，美国档案工作者协会档案编码描述技术小组委员会（Technical Subcommittee for Encoded Archival Standards of the Society of American Archivists）发布了第一版 EAD，该标准最新的版本是 EAD 3，由 EAD 文件类型定义、元素属性及其定义、使用指南和实施概要等构成，其中包含 165 个元素，并提供了与 ISAD（G）、MARC 21、元数据对象描述模型（MODS）等标准的对照表。

此外，不同领域形成了很多具有领域特色的元数据标准，如 CDWA（Categories for the Description of Works of Art，艺术作品描述类目）、REACH element set（Record Export for Access to Cultural Heritage element set，REACH 著录单元集合）、CSDGM（Content Standard for Digital Geospatial Metadata，数字地理空间元数据内容标准）、CIMI（Computer Interchange of Museum Information，博物馆信息计算机交换）等。

第三节　典型元数据标准

元数据是电子文件管理的重要工具，元数据的标准化是提高电子文件管理质量的重要策略。元数据标准（Metadata Standards）是描述某类资源的具体对象的所有规则的集合。不同类型的资源可能有不同的元数据标准，元数据标准一般包括完整描述一个具体对象所需的数据项集合、各数据项语义定义、著录规则和计算机应用时的语法规定等。元数据标准是经过标准化组织认可的元数据方案。

为了规范描述资源的语句，人们设计出了元数据标准，以便完整地描述数据项。通俗地讲，元数据标准相当于参考词典，是对信息统一阐释的集合体，是规范的、统一的、具体的规定。世界上很多国家、地区和组织已经陆续出台了与电子文件管理相关的若干元数据标准，它们构成了纷繁复杂的元数据标准图谱。认识这些标准，明确其主要功效，是科学应用元数据标准的前提。

一、都柏林核心元数据元素集

都柏林核心元数据元素集（Dublin Core metadata element set，简称 Dublin Core）是一种国际通用的简单元数据标准。1995 年，由美国联机计算机图书馆中心（OCLC）和国家超级计算机应用中心（NCSA）联合主办的在美国俄亥俄州都柏林召开的第一届元数据研讨会（DC-1）上，产生了包含 13 个元素（element）的都柏林核心元数据元素集

(Dublin Core，DC)。在随后召开的多次研讨会上，来自图书馆界、档案界、计算机界、人文学界和地理学界的专家，以及 Z 39.50 和标准通用标记语言（SGML）方面的专家和学者对 DC 进行了不断的修正和完善，使得 DC 在结构和功能上不断完善。1996 年，第三届元数据研讨会（DC-3）上，又新增了 2 个元素：description（描述）和 rights（权限），使得 DC 由原来 13 个元素增加到 15 个元素。这 15 个元素是可选择、可重复和可扩展的，可分为与资源内容有关的元素、与资源知识产权有关的元素和与资源外部属性有关的元素三类，如表 7-2 所示。

表 7-2　都柏林核心元数据元素集

资源内容描述类元素	资源知识产权描述类元素	资源外部属性描述类元素
名称（title）	创建者（creator）	日期（date）
主题（subject）	出版者（publisher）	类型（type）
描述（description）	其他责任者（contributor）	格式（format）
来源（source）	权限（rights）	标识符（identifier）
语种（language）		
关联（relation）		
时空范围（coverage）		

1998 年，因特网工程专题组（IETF）正式接受 DC 的 15 个未结构化的元素，将其作为一个正式标准予以发布（RFC 2413）。2003 年，DC 成为美国 Z 39.85 标准。2009 年，DC 被批准为国际标准 ISO 15836。

DC 与目前互联网上使用的其他元数据相比，主要具有以下优点：

（1）简单易懂：15 个元素通俗易懂。

（2）运用灵活：既可以用于规范的资源描述领域，也可以用于非专业领域。

（3）国际通用：已有德语、日语、葡萄牙语、西班牙语等多个语种的版本。

（4）可修饰性：所有元素都可以重复使用，解决了多个著者和多次出版等重复元素的著录问题，对于需要详细著录的资料，引进了其他元数据元素连接使用。

（5）可扩展性：不但 15 个元素和子元素可扩展，还可与其他元数据元素连接使用。

二、《信息与文献　文件管理元数据》（ISO 23081）

《信息与文献　文件管理元数据》（ISO 23081）是文件管理国际标准家族中的一员，由国际标准化组织信息与文献技术委员会下的档案/文件管理分技术委员会（ISO/TC 46/SC 11）负责起草，以《信息与文献　文件管理》（ISO 15489）为核心。作为整个标准体系的核心，ISO 15489 详细规定了文件形成机构文件管理的职责、目标、流程和方法。ISO 23081 旨在引导文件形成机构以合适的元数据管理支撑 ISO 15489 的文件管理框架。ISO 23081 本身也是配套标准，共包括三个部分。

第七章 元数据

《信息与文献 文件管理过程 文件元数据 第 1 部分：原则》（ISO 23081-1：2017）阐明了文件管理中元数据管理的原则性、一般性问题，包括文件管理元数据的意义和作用、元数据管理的角色和职责、文件管理元数据与其他领域元数据之间的关系、元数据管理流程和要求、支持 ISO 15489 的元数据类型等。可以说，这是国际范围内文件管理元数据标准的元标准。

《信息与文献 文件管理元数据 第 2 部分：概念化及实施》（ISO 23081-2：2021）重申了文件管理元数据的功能与作用、元数据管理的政策与职责，着重阐述了元数据概念模型，以及元数据方案的制订与实施。其提出的元数据概念模型为很多国家、地区制定文件管理元数据标准提供了参考。该模型是一个多实体、多层级的模型，由五大实体组成。所谓实体，是指任何现在、过去或未来可能存在的具体或抽象事物，包括这些事物间的相互关系，我们可以将实体理解为元数据描述的业务环境的对象。这五大实体为：① 文件（records），可以是单份文件或文件集合；② 责任者［people（agents）］，即业务环境中的人员或组织机构；③ 业务（business），包括形成文件的业务和文件管理业务，两者是相互集成的；④ 法规标准（mandates），即约束业务执行和记录方式的规则；⑤ 关系（relation），即上述各实体之间的关系，这是一类特殊的实体。概念实体模型中的主要实体及其相互关系如图 7-1 所示。

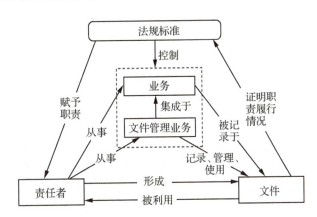

图 7-1 概念实体模型：主要实体及其相互关系

在该模型中，文件、责任者、业务、法规标准四个实体都具有多个层级，其中文件实体包括档案集合、全宗、系列、案卷、业务流、单份文件等层级，责任者实体包括机构、部门、工作组、个人/设备等层级，业务实体包括外部职能、职能、活动/过程、事务等层级，法规标准实体包括法律法规、政策、业务规则等层级。多层级实体模型如图 7-2 所示。

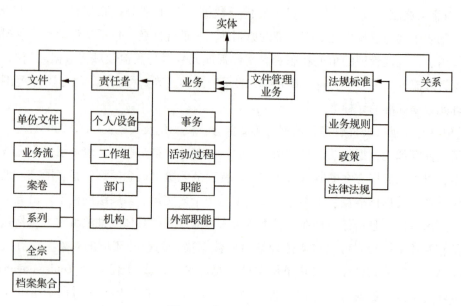

图 7-2 多层级实体模型

为了方便文件形成机构根据以上元数据概念模型定义元数据元素，ISO 23081-2 提出了模块化的设计思路，即每个实体的元数据被分为六大类（可视为实体的六大类属性），每一类元数据又被分为若干元数据元素。这六大类属性元数据为：① 标识类元数据，用于标识实体，如实体类型、实体层级、登记标识符等。② 描述类元数据，用于确认所需实体，如题名、摘要、外部标识符等。③ 利用类元数据，用于确保实体的长久利用，如技术环境、权限、语种等。④ 事件计划类元数据，用于管理实体，由多个顺序衔接的元数据元素和若干独立元数据元素组成。本类中和文件实体相关的元数据有类型、说明、日期/时间、事件触发、关系等。⑤ 事件历史类元数据，用于记录实体及其元数据的过往文件业务事件或其他管理事件。本类元数据采用顺序衔接的元数据记录某次事件，如事件日期/时间、类型、说明、关系（链接）等。⑥ 关系类元数据，用于指向实体关系或直接描述实体之间的关系。文件管理元数据通用模型如图 7-3 所示。

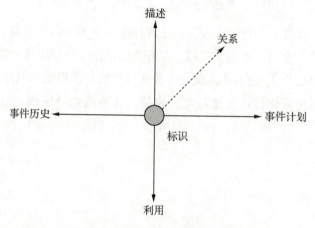

图 7-3 文件管理元数据通用模型

《信息与文献 管理文件元数据 第 3 部分：自我评估方法》（ISO/TR 23081-3：2011）是一个实施指南性质的标准，以 Excel 表格的方式提供了一个检查清单，供文件形成机构评估其元数据方案符合文件管理需求的程度。

三、《国际档案著录标准（总则）》[ISAD（G）]

《国际档案著录标准（总则）》[ISAD（G）]是由国际档案理事会制定的、面向档案保存机构馆藏的描述性元数据标准。它并非专门针对电子文件，而是面向所有载体形式的档案。该标准规定了七类元数据元素，分别是特征说明项、背景信息项、内容与结构项、查阅与利用条件项、相关档案材料项、一般性附注项和著录控制项，如表 7-3 所示。其中，特征说明项的目的在于揭示用于识别著录对象的主要信息；背景信息项的目的在于揭示有关著录对象的来源和流传历史的信息，包括形成背景和管理过程；内容与结构项的目的在于揭示有关著录对象主要内容和组织方面的信息；查阅与利用条件项的目的在于揭示有关著录对象可被利用的条件和范围的信息；相关档案材料项的目的在于揭示有关与著录对象有重要关系的其他著录对象的信息，它是一类特殊的背景信息；一般性附注项的目的在于揭示其他任何著录项都无法容纳的其他重要信息；著录控制项的目的在于揭示有关著录对象著录是如何、何时及由谁编写的信息。

表 7-3 《国际档案著录标准（总则）》元数据元素的类型

类型	元数据元素
特征说明项	参考代码、题名、日期、著录级别、著录对象的载体及形态（数量、尺寸或规格）
背景信息项	责任者名称、行政管理沿革/生平传记、档案历史沿革、直接收集来源或移交情况
内容与结构项	范围与内容，鉴定、销毁及保管期限，新增接收文件，整理体系
查阅与利用条件项	查阅管理条件、复制管理条件、语种/文字、物理特征与技术要求、检索工具
相关档案材料项	原件留存与收藏地、复制件留存与收藏地、相关著录对象、出版附注
一般性附注项	附注
著录控制项	档案工作人员附注、规则或惯例、著录日期

四、PREMIS

保存元数据：实施策略（Preservation Metadata: Implementation Strategies，PREMIS）是美国联机计算机图书馆中心（OCLC）和研究图书馆协会（RLG）联合制定的保存性元数据标准。该标准并非专门针对电子文件，而是面向各类数字资源。该标准的开发者基于国际标准《空间数据与信息传输系统 开放档案信息系统（OAIS）参考模型》（ISO 14721：2003）中的信息模型，将抽象的信息模型具体化为可实施的元数据方案，自 2003 年后陆续发布多个版本的数据字典和基于 XML Schema 的元数据。

PREMIS 数据字典建立了保存元数据的模型，模型中揭示了元数据实体，并据此定义了数字资源保存所需的一整套核心语义单元。PREMIS 数据字典 3.0 版本所建立的数据模型，明确了四类实体：对象（object）、事件（event）、责任主体（agent）和权利声明（rights statement）。对象是指以数字形式保存的离散信息单元，包括知识实体、表现、文件和比特流，知识实体、表现、文件和比特流是 PREMIS 由总到分地界定数字对象的四个层级。其中的环境（environment）是指以某种方式支持数字对象的软硬件技术，在数字保存系统中，环境被作为知识实体加以描述，并作为表现、文件或比特流被捕获并保存。事件是指至少涉及或影响数字保存系统中一个对象或一个责任主体的行动，如将 PDF 文件接收入库。责任主体是指在对象生命周期中与事件或权利相关的个人、组织或软件程序。权利声明是指对对象、责任主体的一项或多项权利或许可的声明。数据字典提供了与对象、事件、责任主体、权利声明实体相关的详细的元数据说明。从该数据模型可以发现，PREMIS 集合了管理、技术、保存等多种类型的元数据，以方便保存机构使用。PREMIS 数据字典 3.0 版本中的数据模型如图 7-4 所示。

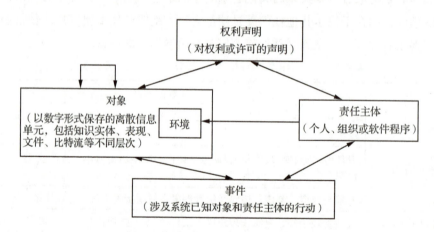

图 7-4　PREMIS 数据字典 3.0 版本中的数据模型

五、《档案著录规则》（DA/T 18—2022）

我国档案行业标准《档案著录规则》（DA/T 18—2022）是一个既面向文件形成单位也面向档案保存单位的元数据元素集。它规定了七类元数据元素，分别为标识、背景、内容与结构、查阅与利用控制、相关档案材料、附注和著录控制，如表 7-4 所示。该标准确立了档案多级著录模型和原则，明确了档案著录项目及其约束性、著录层级及著录主体，规定了各著录项目的著录要求，适用于档案馆（室）对各类档案的著录。

第七章 元数据

表7-4 著录项目清单

著录项目		约束性	著录层级	著录主体
标识	档案馆代码	必著	全宗级	档案馆
		选著	文件级、案卷级、类别级	档案馆
	著录层级	必著	所有	档案室、档案馆
	档号	必著	所有	档案室、档案馆
	题名	必著	所有	档案室、档案馆
	文件编号	有则必著	文件级	档案室
	日期	必著	所有	档案室、档案馆
背景	责任者	必著	所有	档案室、档案馆
	组织机构沿革/人物生平	选著	全宗级	档案室、档案馆
	档案保管沿革	必著	全宗级	档案室、档案馆
		选著	文件级、案卷级、类别级	档案室、档案馆
内容与结构	范围和提要	选著	所有	档案室、档案馆
	人名	选著	文件级、案卷级	档案室
	稿本	选著	文件级	档案室
	文种	选著	文件级	档案室
	附件	选著	文件级	档案室
	载体形态	有则必著	文件级	档案室
		选著	案卷级、类别级、全宗级	档案室、档案馆
	计算机文件大小	选著	文件级、案卷级	档案室、档案馆
	计算机文件格式	选著	文件级、案卷级	档案室、档案馆
	生成方式	选著	文件级、案卷级	档案室、档案馆
	整理情况	选著	类别级、全宗级	档案室、档案馆
	保管期限	必著	文件级、案卷级	档案室、档案馆
	销毁情况	有则必著	文件级、案卷级	档案室、档案馆
查阅与利用控制	密级	有则必著	文件级	档案室、档案馆
	公开属性	有则必著	文件级	档案室
	开放标识	必著	文件级、案卷级	档案室、档案馆
	语言或文字	选著	文件级	档案室
	主题词或关键词	选著	文件级	档案室
	分类号	选著	文件级、案卷级	档案室、档案馆
	缩微号	选著	所有	档案室、档案馆
	存储位置	选著	所有	档案室、档案馆

续表

著录项目		约束性	著录层级	著录主体
相关档案材料	原件存放位置	选著	所有	档案室、档案馆
	复制件存放位置	选著	所有	档案室、档案馆
	相关著录单元	选著	类别级、全宗级	档案室、档案馆
附注	附注	选著	所有	档案室、档案馆
著录控制	著录者	选著	所有	档案室、档案馆
	著录日期	选著	所有	档案室、档案馆

六、我国电子文件元数据方案

在电子文件生命周期全程，依托应用系统持续捕获、著录元数据是保证电子文件真实性、可靠性、完整性和可用性的重要措施之一。为此，国家档案局先后组织编制并发布了《文书类电子文件元数据方案》（DA/T 46—2009）、《照片类电子档案元数据方案》（DA/T 54—2014）、《录音录像类电子档案元数据方案》（DA/T 63—2017）等多个元数据方案。

（一）《文书类电子文件元数据方案》（DA/T 46—2009）

所谓文书类电子文件，是指反映党务、政务、生产经营管理等各项管理活动的电子文件。文书类电子文件是各级各类组织机构在日常业务活动中生成数量最多、应用范围最广的文件类型之一。DA/T 46—2009 参照 ISO 15489、ISO 23081、DA/T 18—1999、ISAD（G），并结合我国电子文件管理实际，规定了文书类电子文件元数据集及元数据元素关系间的逻辑架构。在概念模型上，采用了 ISO 23081 元数据概念模型中的四类实体。在实体层级上，主要规定了案卷、文件两个级别的文件聚合层次，以及单位、内设机构、个人三个责任主体层次。

整个元数据集包括 88 个元数据元素，其中文件实体元数据元素 75 个、机构人员实体元数据元素 4 个、业务实体元数据元素 5 个、关系实体元数据元素 4 个。元数据元素分为简单型、容器型和复合型。简单型是指不具有子元素的元素所对应的元素类型。容器型是指具有子元素且本身不能被赋值的元素所对应的元素类型。复合型是指本身可以被赋值且在一定条件下可以具有子元素的元素所对应的元素类型。88 个元数据元素中，20 个元素为必选，25 个元素为条件选，其余 43 个元素为可选。DA/T 46—2009 必选元数据元素及其部分属性如表 7-5 所示。

表 7-5　DA/T 46—2009 必选元数据元素及其部分属性

序号	编号	元数据中文名称	所属实体	可重复性	元素类型	数据类型
1	M1	聚合层次	文件	不可重复	简单型	字符型
2	M2	来源	文件	不可重复	容器型	—
3	M6	立档单位名称	文件	不可重复	简单型	字符型
4	M7	电子文件号	文件	不可重复	简单型	字符型
5	M8	档号	文件	不可重复	复合型	字符型
6	M11	年度	文件	不可重复	简单型	数值型
7	M12	保管期限	文件	不可重复	简单型	字符型
8	M21	内容描述	文件	不可重复	容器型	—
9	M22	题名	文件	不可重复	简单型	字符型
10	M33	日期	文件	不可重复	简单型	字符型
11	M38	密级	文件	不可重复	简单型	字符型
12	M40	形式特征	文件	不可重复	容器型	—
13	M65	存储位置	文件	不可重复	容器型	—
14	M67	脱机载体编号	文件	可重复	简单型	字符型
15	M70	权限管理	文件	不可重复	容器型	—
16	M77	机构人员名称	机构人员	不可重复	简单型	字符型
17	M80	业务状态	业务	不可重复	简单型	字符型
18	M81	业务行为	业务	不可重复	简单型	字符型
19	M82	行为时间	业务	不可重复	简单型	字符型
20	M85	实体标识符	关系	不可重复	简单型	字符型

(二)《照片类电子档案元数据方案》(DA/T 54—2014)

DA/T 54—2014 是为保障照片类电子档案的真实性、可靠性、完整性和可用性，有效记录照片类电子档案管理过程而制定的。它规定了照片类电子档案元数据实体及其元数据构成，以及照片类电子档案元数据设计、捕获、著录的一般要求，适用于各级综合档案馆、机关、团体、企业事业单位，可描述、管理以卷、件为保管单位的照片类电子档案，银盐感光材料照片档案数字副本的管理可参照执行。

DA/T 54—2014 规定了档案实体、业务实体、机构人员实体和授权实体四类元数据实体。聚合层次包括案卷、文件两个级别。整个元数据集包括 94 个元数据元素，其中档案实体元数据元素 73 个、业务实体元数据元素 12 个、机构人员实体元数据元素 5 个、授权实体元数据元素 4 个。

(三)《录音录像类电子档案元数据方案》(DA/T 63—2017)

DA/T 63—2017 是为保障录音录像类电子档案的真实性、可靠性、完整性和可用性，系统有效地记录其管理过程而制定的。它规定了录音录像类电子档案元数据设计、捕获、著录的一般要求，适用于各级档案馆、机关、团体及企业事业单位，描述、管理以卷、件为管理单元的录音录像类电子档案，经数字化转换形成的录音录像档案数字副本的管理可参照执行。

整个元数据集包括96个元数据元素，其中必选元数据元素18个、可选元数据元素45个、条件选元数据元素33个，覆盖了录音录像类电子档案的整个生命周期。元数据捕获方式主要有全自动、半自动和手工著录三种，有12个容器型元数据元素无须著录，47个元数据元素应由相关应用系统在不同业务节点和时间点全自动捕获，33个元数据元素可以半自动方式捕获，只有题名、责任者、摄录者、附注4个元数据元素需要手工著录，最大限度地实现了元数据标准化与著录自动化。

DA/T 63—2017规定了档案实体、业务实体、机构人员实体和授权实体四类元数据实体。其中，档案实体元数据用于描述录音录像类电子档案本身，为必选元数据实体，共75个元数据元素，涵盖了电子档案标识、内容、结构、背景、管理权限等多个方面；档号、题名、责任者、摄录者、时间、保管期限等18个必选元数据元素都位列其中。业务实体、机构人员实体和授权实体元数据为管理过程元数据，均为可选元数据实体；该标准推荐采用多实体方案，此时，业务实体、机构人员实体为必选元数据实体。将业务实体的管理活动元数据与另一个或两个元数据实体组配后即可描述一系列管理活动，使后人能够追溯任一电子档案管理过程，并与档号、原始载体、捕获设备等元数据一起解答"它从哪里来"等重要问题，为录音录像类电子档案的真实性和可靠性提供证据链。

第四节　电子文件元数据方案的设计与实施

一、电子文件元数据方案的设计

元数据方案的设计建立在组织机构资源管理需要的基础上，不同的数据资源对应不同的元数据方案。对于元数据方案的设计，学界提出了多种设计方法，如冯惠玲按照ISO 23081-2：2009为文件管理元数据方案的设计提供了基本路径，将元数据方案的设计分为七个阶段：确定元数据实体、确定元数据实体层次、确定元数据元素、确定元数据元素的编码体系、确定元数据语法规则和语义规则、确定元数据管理规则和确定元数据方案的机读表达方式。

(一)确定元数据实体

基于文件、责任者、业务、法规标准、关系五类实体的元数据模型,依次定义和标识实体及其层次。区分实体的意义在于准确定位元数据描述的对象,理解构成文件管理整体环境的各要素及其相互关系。区分实体的元数据描述,有助于实现系统功能的模块化设计及跨系统的互操作。可以选取其中一种或多种实体,也可以在五大实体之外扩展新的实体。

(二)确定元数据实体层次

区分层次的意义在于精确地定义各层次的元数据,同一实体不同层次的元数据,既有相同的部分,也有不同的部分。对于每个层次都有的元数据,不一定要全部重复描述,下位层次可通过链接继承上位层次实体的元数据,这在一定程度上精简了元数据方案及降低了其实施成本。文件实体是各种实体实施方式中必备的实体类型,因此在各种层次体系中,文件实体的层次最为关键。

(三)确定元数据元素

按照标识、描述、利用、事件计划、事件历史、关系六类实体属性的模块化设计思路,描述实体及其层次所必需的元数据,建立相关实体/层次元数据之间的关系。定义各个实体/层次下的具体元数据元素,包括:

(1)标识类元数据。用于标识文件实体,是每个文件实体层次都必备的属性元数据,如全宗号、类号、案卷号、文件号、组件号等。

(2)描述类元数据。用于描述文件的内容,以方便检索,是每个文件实体层次都必备的属性元数据,如全宗名、类名、案卷标题、文件题名、摘要、主题词等。

(3)利用类元数据。用于描述与文件利用、权限有关的信息,可细分为技术环境元数据、秘密程度元数据和访问权限元数据三类。

① 技术环境元数据:用于描述文件的软件、硬件、格式等方面的信息,如存储格式、计算机文件名、计算机文件大小、完整性等。

② 秘密程度元数据:用于标识文件实体内容的保密要求,如密级、开放等级等。

③ 访问权限元数据:用于记录文件利用的详细信息,一般要定义何文件能够由谁执行什么操作,通常由一组相互关联的元数据组成。

(4)事件计划类元数据。用于描述文件进入电子文件管理系统后将要发生的管理行为,体现对电子文件管理过程的事前计划和控制,比较典型的事件有创建、捕获、处置、调整开放等级、调整密级等。这类元数据通常包括事件时间、类型、描述等一组相互关联的元数据,可能由电子文件管理系统根据其他元数据自动产生,如某类文件的处置计划元数据可根据其应用的"保管期限与处置"规则自动产生。此类元数据是传统档案辅助管理软件相对缺失的部分。

（5）事件历史类元数据。用于描述电子文件管理系统已经发生的管理行为，通常即执行了的事件计划。由电子文件管理系统自动记录，可以支持对电子文件管理系统管理过程的事后监督和审计。

（6）关系类元数据。目前大部分电子文件管理系统规范和项目都将关系作为文件实体的属性。

确定元数据元素后，需要明确各元数据元素的名称、标识和定义。每个元数据元素都应有唯一的名称和标识。名称是管理人员和用户识别元数据元素的依据，标识是机器识别元数据元素的符号。名称和标识可能相同，也可能不同。定义是对元数据元素内涵与外延的揭示和说明。

（四）确定元数据元素的编码体系

编码体系是元数据值的权威来源，包括可选值列表、分类表、控制词表或分类法。使用正规的编码体系，能够保证元数据值的质量和一致性。编码体系通常包括词表编码体系和语法编码体系，前者定义元数据值，后者定义元数据值的结构或语法表达。

（五）确定元数据语法规则和语义规则

元数据语法规则包括元数据的数据类型、约束性、可重复性、相互关系等。数据类型是指为表达元数据值而规定的具有相同数学特性和相同操作集的数据类别，主要有字符型、数值型、日期型等。约束性是指元数据的必备程度，即元数据是必选项还是可选项。可重复性是指元数据是否可以重复出现。相互关系描述同一对象的不同元数据之间可能存在的母子关系、继承关系、时序关系、依赖关系等。

元数据语义规则包括值域、缺省值等。值域是指元数据允许值的集合，可以通过枚举、明确规则等方式来规定。缺省值是指系统指派给元数据的默认值，如"形成者"元数据的缺省值可设为组织机构名称。

（六）确定元数据管理规则

根据电子文件管理系统需要管理的文件的特点，以及系统实施单位业务和文件管理的情况，建立元数据管理规则。需要明确生成、捕获元数据的时间、方式和责任主体，明确元数据的存取权限。一个元数据方案只有具体定义到每个元数据何时由谁如何产生、修改、利用、删除的程度，方可实施。

（七）确定元数据方案的机读表达方式

应同时建立便于人工阅读和便于计算机系统阅读的元数据方案。前者的目的在于方便管理人员理解、使用、维护元数据方案；后者的目的在于方便在不同系统间自动提取和交换元数据记录。专用数据库、XML、JavaScript对象表示法是目前普遍使用的元数据机读格式。很多元数据元素集都有配套的 XML Schema。

二、电子文件元数据方案的实施

电子文件的凭证价值取决于元数据的整体性,如果某份电子文件的元数据整体中某一项元数据缺失,那么该份电子文件的凭证价值也就会丧失。因此,电子文件管理元数据标准化是电子文件管理元数据方案实施的前提。

(一) 在电子文件管理系统中配置元数据方案

文件、档案管理人员应在电子文件管理系统中为全宗、类目、案卷、文件、组件等多层次的文件实体配置元数据,确定手动捕获和系统自动生成元数据元素的范围,确定元数据的阈值,配置元数据取值的编码体系、下拉菜单,确定元数据之间的关系。在特定应用系统中配置应用的元数据方案也被称为元数据应用纲要(Metadata Application Profile)。

(二) 明确元数据与电子文件之间的关联方式

元数据可以作为文件的组成部分,也可以独立于文件存在,如果要通过计算机系统对元数据加以多种应用,最好以结构化的方式对元数据进行管理。目前,大多数电子文件的结构化程度不高,难以将结构化的元数据嵌入其中;有些结构化程度高的电子文件(如数据库),鉴于集中管理元数据的要求,也难以将全部元数据包含在文件中。因此,在电子文件管理系统中,应将电子文件的元数据独立于文件保存、维护,这就需要通过指针、链接等方式在两者之间建立关联,并始终维护其关联。

(三) 确定元数据记录的格式

元数据记录(metadata record)是指描述同一对象的元数据集合。元数据记录的格式是指元数据记录在系统中的表达方式。元数据记录可以和元数据方案采用相同或不同的格式。常用的格式有 MARC 格式、关系型数据库格式、XML 格式、JSON 格式、HTML 格式、文本格式等。

(四) 元数据方案的实施与资源描述框架

资源描述框架(Resource Description Framework,RDF)是基于资源、属性和值,以一系列语法标记和数据序列对 Web 资源的特性及资源之间的关系进行描述的通用框架,它实现了结构化元数据的编码、交换和再利用,是万维网联盟(World Wide Web Consortium,W3C)的推荐标准之一。

随着社会生产、生活各个领域的不断发展和进步,迅速积累的信息以几何倍数增长,而且信息越来越复杂和多样。国际互联网作为人类共有的巨大信息库,提供了丰富的数字信息资源。它不仅连接着各种各样的信息资源管理机构,而且里面包含的数据比档案机构馆藏复杂得多。与传统信息资源相比,网络信息资源呈现出动态性、分散性、多元性和无序性的特点。如果将国际互联网看作一个巨大的档案馆,那么一个明显的问题就是它没有档案馆里那样支持工作的元数据，如题名、责任者、档号、主题、收件人、发文日期等。使用元数据，可以提高电子文件信息的整合度，改善电子文件及电子档案信息资源的跨机构、跨区域发现、检索和利用。各电子文件形成机构、保管机构的数据库元数据格式不统一，就无法实现跨机构的数据交换，为了实现资源共享、打破信息孤岛，不同机构之间的元数据描述需要有一个标准，必须就元数据的语义、句法和结构达成共识，以规范各种元数据描述资源的方式，由此 RDF 便诞生了。简单地说，RDF 是用来规范各种元数据描述资源方式的统一标准。

RDF 的组成结构如下：

（1）RDF 数据模型：通过资源、属性和值来描述特定信息资源。其中，资源是指所有在 Web 上被命名的、具有 URI（Uniform Resource Identifer，统一资源描述符）的对象，属性用来描述资源的特定特征或关系，值可以是字符串、数字等表示的字面值或其他资源。特定的资源以一个被命名的属性与相应的值来描述称为 RDF 陈述，每个陈述的基本结构都是一个以主语、谓语、宾语为次序的三元组，可理解为"资源 R（主语）具有值为 V（宾语）的属性 P（谓语）"。

（2）RDF 架构：RDF 词汇描述语言，是 RDF 的语义扩展，使用机器可理解的体系来定义描述资源的词汇，提供了描述相关资源组和资源之间关系的机制，是一组为了构建 RDF 资源而使用 RDF 可扩展知识表示模型为 RDF 词汇提供基本元素的具有特定属性的类，通过核心类、核心属性和核心限制等来定义资源的属性类、语法、属性值的类型，定义资源类及属性所应用到的资源类，声明由一些机构定义的元数据标准的属性类。

（3）RDF 语法：RDF 标准提供了两种 XML 语法来对 RDF 数据模型进行编码，即序列语法和简略语法，前者是以正规的方式来表达完整的 RDF 数据模型，后者则以较精简的方式来表达 RDF 数据模型的一部分，基本思想都是将 Web 资源编码为元素、属性、元素内容和属性值。基本方法为：使用 XML 限定名来标识数据模型中谓语结的 URI 引用，限定名有一个命名空间名称，由一个 URI 引用和一个短的本地名称组成，它也可以有一个短前缀或默认的命名空间声明，再把主语结或宾语结的 URI 引用写作 XML 属性值，字面值结则作为原始文本内容或属性值。

RDF 作为一种元数据模型，具有较强的独立性，可嵌入各种类型的元数据，可跨越不同的计算机语言，增强了不同系统间的语义互通性，提高了都柏林核心元数据与其他元数据的互联能力。

RDF 为数据交换提供了符合标准的方法，其使用的描述语法 XML 弥补了 SGML 和 HTML 的不足，提高了人类可理解性和机器可处理性，是当前最具发展前景的一种标记语言。RDF 所包含的描述和查询数据的标准语法使得应用软件之间的信息交换更加容易，也加快了元数据软件的开发速度。迄今 W3C 仍在不断更新 RDF 的相关标准，使得

Web 资源更加便于管理和易于使用。

 课后思考题

1. 阐述元数据的含义、特性及类型。
2. 简述元数据在电子文件管理中的作用。
3. 阐述电子文件元数据方案设计的流程。

第八章

电子文件鉴定与处置

学习目标

- 明确电子文件鉴定的含义
- 理解电子文件鉴定的内容与特点
- 掌握电子文件内容鉴定、技术鉴定的方法与内容
- 明确电子文件处置的含义与内容
- 明确电子文件鉴定与处置的关系
- 掌握电子文件鉴定与处置的工作流程
- 熟悉电子文件保管期限与处置表

第一节 电子文件鉴定

一、电子文件鉴定概述

（一）电子文件鉴定的含义

鉴定（appraisal）是档案管理的重要业务工作，决定着文件或档案的存留，关系到历史记忆的真实性及其传承，并影响到档案效用的发挥。几百年来的档案工作实践形成了比较完善的档案鉴定理论，也产生了一些比较经典的对档案鉴定的认识。重新解读传统档案鉴定的内涵，认识档案鉴定内容的变迁，对界定电子文件鉴定具有重要意义。

档案鉴定就是对档案真伪的鉴别和档案价值的评估，并按照价值差别进行相应的处置。电子文件由于自身的特性无法像传统文件那样保持各种信息与载体相对固定的结合，电子文件形成过程的各种痕迹往往与其内容本身分别存放在不同的位置或区域，这

导致电子文件鉴定无法通过对其内容本身的鉴别和评估实现,而必须借助于其背景信息和元数据等相关信息记录。对这些信息记录的鉴定往往难以通过人工直接处理,而是要借助于一定的技术手段和工具。因此,法国档案学者哈罗尔德·瑙格勒(Harold Naugler)在深入分析电子文件鉴定与传统纸质档案鉴定的差异后提出,机读文件的鉴定包括文件所含信息的鉴定(内容鉴定)和文件技术状况的鉴定(技术鉴定),即电子文件双重鉴定的思想。在这种思想的启示下,中外档案学者对电子文件鉴定的研究不断丰富与充实。

档案鉴定经历了从单纯价值鉴定(内容鉴定)到价值鉴定与技术鉴定并举的过程。双重鉴定思想得到了档案界的普遍认同,它是档案鉴定理论与方法的重大创新,为电子文件鉴定指明了方向。

综上可知,所谓电子文件鉴定,就是对电子文件的价值及技术环境相关因素进行鉴别、评估,判断电子文件是否属于归档范围并划分其保管期限的过程,即鉴别电子文件的档案价值,并对电子文件的真实性、完整性、可靠性和可用性进行判断的过程。电子文件鉴定是档案工作中最难也是争议最多的环节。

(二)电子文件鉴定的内容

电子文件鉴定的内容主要包括判断电子文件是否具有保存价值和评估电子文件价值两个方面。一方面,从文件形成者与社会对文件的持续利用需要的角度,根据档案价值鉴定的若干标准,判断电子文件是否具有保存价值,是否应被纳入档案管理的范畴;另一方面,依据文件的内容、职能、形式、效益等标准,评估电子文件价值,确定其保管期限。

在不同的工作流程中,电子文件鉴定的内容有所不同,包括真伪鉴定、开放鉴定、密级鉴定、价值鉴定、技术鉴定等多个方面。一般来说,电子文件鉴定的内容与其管理方式密切关联,电子文件鉴定的内容因管理机构的不同而有所差异,作为电子文件形成的源头,机构电子文件鉴定工作的内容会比档案馆电子文件鉴定工作的内容复杂,但总体上电子文件鉴定可分为内容鉴定和技术鉴定两个方面。内容鉴定和技术鉴定在电子文件鉴定工作中相辅相成、缺一不可,符合特定技术要求且具有保存和利用价值的电子文件才能完成。内容状况和技术状况已成为判定电子文件保存价值的两个支点。

(三)电子文件鉴定的特点

就鉴定内容来说,电子文件鉴定与传统档案鉴定并没有本质差别,都是对文件进行档案属性的鉴别和档案价值的评估。由于电子文件所具有的各种特性,其内容与形成过程的相关信息和数据的分散性,使得对其档案属性的鉴别需要借助于一定的方法、工具和策略才能完成;对其档案价值的评估则可以通过技术手段自动完成。电子文件鉴定由此表现出鉴定对象多样化、鉴定时间实时化、鉴定手段自动化、鉴定主体协作化等特点。

1. 鉴定对象多样化

其一，随着信息技术的发展，不断出现新的文件类型，只要这些文件是社会活动中直接形成的信息记录，就有被纳入鉴定范畴的可能，如微博、博客等社交媒体文件；其二，那些在纸质环境中因保管空间的限制不予留存的文件，在电子环境中有被保存的机会；其三，那些对电子文件的真实性、完整性、可靠性和可用性起支持与保障作用的文件或信息被作为电子文件的必需品，同电子文件本身一起进入鉴定工作的视野，如程序文件、元数据文件等。

2. 鉴定时间实时化

电子文件鉴定需要实时进行。电子文件鉴定工作不是一蹴而就的事情，需要在整个文件运行过程中连续地开展。在电子文件形成、归档到存储、开放、利用、销毁的整个过程中，每个环节都需要对电子文件进行必要的鉴定。归档是鉴定结果的一项执行活动，归档的提前必然要求鉴定工作的提前，实时归档伴随着实时鉴定。

3. 鉴定手段自动化

对于电子文件而言，最理想的状况是由计算机自动执行实时鉴定，具体有两种鉴定方式：第一，文件一旦生成，其形成系统便将文件同保管期限与处置表的条款对照，然后文件才能进入正常的处理流程，这种情况要求保管期限与处置表已经内嵌于形成系统。第二，文件被捕获进电子文件管理系统，系统根据其类别自动判断该类别下文件的保管期限。如果系统不能自动判断文件的保存价值，它会及时提醒文件形成者或档案工作者进行人工鉴定。对于保管期限已满的文件，系统会自动提示用户以便进行下一步处置。实现计算机自动鉴定的前提是电子文件管理系统的设计和电子文件保管期限与处置表的制定，尤其是后者必须具体、可操作且符合计算机自动识别的要求。目前，真正实现计算机自动鉴定的案例还比较少。

4. 鉴定主体协作化

电子文件鉴定需要多方协作，而不是由档案工作者独立完成。电子文件归档前的鉴定工作主要由文件形成部门承担，电子文件归档后的鉴定工作主要由档案部门承担。同时，主要责任部门的工作人员还要会同技术人员、信息管理人员、安全保密人员共同来完成电子文件鉴定工作。在电子文件鉴定过程中，协作是主要的鉴定方式。

二、电子文件内容鉴定

（一）内容鉴定的含义

内容鉴定又称价值鉴定，是根据电子文件自身的状况和内容信息来确定电子文件的档案属性和档案价值。内容鉴定是对电子文件总体状况进行评估后所做的总体情况判断，其中文件内容是核心要素。

内容鉴定分为归档前的鉴定和到期鉴定两种。归档前的鉴定就是依据相关的原则与标准，评价电子文件的档案属性和档案价值，进而确定其保管期限。鉴定时间总体是在归档之前。根据机构信息系统设计的实际情况，归档前的鉴定又有两种实现方式：一种是在文件形成之前或文件形成的概念阶段由系统自动完成；另一种是在文件形成之后由人工或人工辅助完成。到期鉴定又称期满鉴定，一般是在电子文件管理系统或档案管理系统的提示下，由人工或人工辅助完成。其内容主要包括保管期限的调整及无价值文件的销毁等。

（二）内容鉴定的方法

由于信息系统产生电子文件的效率高、数据量大，而不同机构的信息系统设计的鉴定方式、归档方式各不相同，要找到合适的鉴定方法既能较为准确地评价电子文件的价值，又能与信息系统的海量电子文件归档及高效运行相匹配并不是一项容易的工作。目前，内容鉴定法和职能鉴定法是进行电子文件价值鉴定所采用的两种基本方法。

1. 内容鉴定法

内容鉴定法又称直接鉴定法，是通过直接审阅电子文件的内容来判断其价值，要求鉴定人员逐件、逐张地阅读电子文件原文。内容鉴定法是针对文件内容的，因此被视为直接鉴定法，鉴定对象可以是单份文件，也可以是类似内容的批量文件。这种方法通过直接审阅文件的内容来判断其价值，可以用来判断电子文件的价值，但从技术发展趋势及其要求来看，这种方法无法满足电子文件迅猛增长及系统高效运行的需要。因此，在鉴定思想上，许多学者提出应结合电子文件特点，健全制度，抓住时机，遵循前端控制原则，在电子文件的价值鉴定方法上另辟蹊径，谋求创新。

2. 职能鉴定法

职能鉴定法是在电子文件归档时根据文件形成者的职责和任务的重要程度来评价其产生的电子文件的保存价值。

职能鉴定法由波兰档案学者古斯塔瓦·卡林斯基（Gustaw Kalenski）于20世纪二三十年代提出，指按照立档单位在政府机关系统中的地位和职能的重要性来确定档案的价值和保管期限。电子文件的出现使职能鉴定法重新受到重视并有了新的发展。20世纪80年代末，加拿大档案学者特里·库克（Terry Cook）将之称为"宏观鉴定理论"，主张鉴定应首先了解整个社会的运行方式和文件的形成过程，应全面考虑社会结构、文件形成过程、文件形成者及其职能等多种因素，机构的各相关活动都是依据各自的职能来运转的，文件是相应职能活动的真实记录与客观反映，是体现机构职能与行为的"证据"。因此，文件的价值在很大程度上取决于职能活动的地位、重要程度及关联范围。以职能要素评价文件的价值能较为客观地反映各个历史时期社会及其机构组织与行为的真实状况。从历史的角度来看，世界上有几千年积累的档案遗存，从来源原则分析，这些遗存一般都是重要的社会职能机构或承担重要职能工作的人留存下来的。档案遗存是社会及其机构职能重要性的一种客观反映，是一种自然选择。

职能鉴定法从整体上判断机构形成有价值文件的能力，而不是对单份文件进行详细审阅。相对于传统的直接鉴定法对具体文件进行内容审查，职能鉴定法将鉴定工作的方向从对单份文件的推敲转向批处理，通过宏观鉴定文件形成者的职能、活动和事务来挑选应保存的文件，能够用于批量鉴定，大大减轻电子文件鉴定的负担。

由于机构管理、业务活动及电子文件的复杂性，在实际工作中，电子文件鉴定往往以职能鉴定法为主，并辅之以内容鉴定、风险分析等其他鉴定方法。在电子文件管理系统设计开发时，嵌入电子文件保管期限与处置表，设置文件生成节点的职能级别代码，即可实现电子文件的自动鉴定。

3. 对内容鉴定法和职能鉴定法的评价

总体上，内容鉴定法的思路是微观的、自下而上的，对每一份文件都要展开分析；职能鉴定法的思路是宏观的、自上而下的，需要总体考虑机构的全部职能。对于电子文件来说，职能鉴定法是基本方法，侧重判断有无保存价值。内容鉴定法是辅助方法，侧重评估价值大小。内容鉴定法和职能鉴定法是电子文件价值鉴定的两种基本方法。

内容鉴定法和职能鉴定法并非彼此孤立的关系，审阅文件的内容时也会考虑到其反映的职能因素，职能活动也会反映在文件的内容上。两者的主要区别在于，前者的思路是微观的，要对每一份文件的内容展开分析，并从内容分析的实践中总结出一些判断的因素，如职能、人物、时间等；后者的思路是宏观的，要对机构的全部职能进行研究，分析机构的哪些职能活动、哪些工作更重要，并把相关的文件保存下来。由于职能鉴定法反映了文件记录业务的本质，且比逐份审阅更有效率，因此无论是从方法的科学性还是从对电子文件的适应性来看，职能鉴定法都是更有效的鉴定方法，在数字时代得到了更多的认同。

面对海量电子文件的鉴定与处置，实现电子文件价值的计算机自动鉴定是未来的必然趋势。而要实现电子文件价值的计算机自动鉴定，电子文件的内容鉴定就应以自动鉴定为基础，结合人工鉴定共同进行。要制定电子文件保管期限与处置表，将其纳入电子文件管理系统并予以维护，在电子文件形成时做好即时鉴定，在电子文件保管期满后做好保管期满鉴定，在电子文件移交后做好进馆鉴定。

三、电子文件技术鉴定

（一）技术鉴定的含义

技术鉴定又称有用性鉴定，是从技术角度对电子文件的内容状况和存储特性进行评价,并依据评价结果进行相应的处置。内容状况评价是指鉴定电子文件的真实性、可读性、完整性等,存储特性评价是指鉴定电子文件有无病毒及存储载体的物理、化学、生物学状况等。技术鉴定没有固定的时间节点,一般只要有需要,就应实施技术鉴定,通常电子文件保管环境发生变换或变化时要实施技术鉴定,若事关电子文件的数据处理行为(如格式转换、技术迁移等),事前事后都要实施技术鉴定。

(二)技术鉴定的目的

技术鉴定的目的有以下三个:

第一,通过技术鉴定,确保归档时或接收时的电子文件是真实的、可读的、完整的、无毒的,存储载体的物理、化学、生物学状况是良好的。技术鉴定可以把好电子文件的归档关,可以通过归档时的技术鉴定明确移交方和接收方的责任。越是价值大的电子文件,越要重视其技术鉴定,要保证价值大的电子文件更安全、更可靠、更易于维护。

第二,在电子文件的长期管理、利用、维护过程中,通过技术鉴定可以了解电子文件的存储管理状况,确保电子文件的安全。

第三,针对技术鉴定发现的问题,制定相应的措施和方法,或者启动应急机制,及时弥补、恢复、抢救相关的文件、数据及载体。

(三)技术鉴定的内容

技术鉴定主要包括真实性鉴定、可用性鉴定、可靠性鉴定、完整性鉴定、病毒鉴定和载体状况鉴定六项内容。电子文件的可靠性是指电子文件的内容完全和正确地表达其所反映的事务、活动或事实的性质。在具体鉴定过程中,可靠性鉴定常常依赖对电子文件真实性、可用性和完整性的综合判断,故本教材不做单独探讨。

1. 真实性鉴定

真实性是指电子文件的内容、逻辑结构和形成背景与形成时的原始状况相一致的性质。传统文件的真实性判断主要依据文件的"原生"性。所谓原生,是指文件的内容是当时活动的原始记录,载体是当时活动的原件,即文件的内容和载体都是原生的。电子文件的真实性鉴定主要是判断电子文件的内容及显示形态是否与形成时的状况相一致,是不是文件形成者当时留下的原始记录。

除了可以通过身份验证、签名技术、加密技术、设置防火墙等技术措施来判断电子文件的真实性外,电子文件的版本也是真实性鉴定的重要线索,非正式版本的电子文件不具有法定的证据价值。电子文件的版本不像纸质文件的稿本那样易于识别,需要借助于计算机中记录的相关元数据信息,如文件形成日期、形成机构、责任人、格式等进行分析和鉴别。重要元数据信息直接影响到电子文件的真实性,一旦丢失将会导致真实性鉴定无法进行。

国内外许多项目及机构都设计了电子文件真实性鉴定的方法。电子文件真实性鉴定工作可以采取以下步骤：

（1）检查电子文件是否符合预先设定的格式标准和模板标准。在电子文件生成之前，电子文件管理系统会根据机构业务活动特点和国际国内标准，设定电子文件的格式和模板。在无任何特殊情况下，只有符合该格式标准和模板标准的电子文件，才是机构电子文件管理系统产生的真实电子文件，这是判断电子文件真实性的前提。

（2）分析所记录的电子文件元数据，确定影响电子文件真实性的关键因素。背景信息是电子文件的重要组成部分，元数据所描述的背景信息是由电子文件管理系统在文件形成、处理、流转、归档等过程中自动生成的，它随电子文件的产生而产生。完备且不可修改和删除的元数据能够证明电子文件的真实性。

（3）根据所记录的元数据确认电子文件是否为最终版本。版本影响电子文件的真实性，拷贝件或复制件在拷贝或复制过程中容易同原件产生差异。这些差异一般体现在载体、格式、内容等方面，即使拷贝件或复制件在载体、格式、内容等方面均与原件一致，其背景信息和元数据也难以与最初形成时一致。

（4）对应电子文件管理系统中的文件生成和管理过程记录，检查是否出现非法操作。电子文件管理系统技术可靠、管理严格、操作规范，才能生成真实可靠的电子文件，一旦出现非法操作，将直接降低电子文件的真实程度。

（5）分析电子文件归档、移交、保管等过程中的各种操作记录，追踪检查各类影响电子文件真实性的关键因素是否在迁移过程中发生变化。判断电子文件的真实性是一个动态过程，真实性在电子文件形成、传输、接收、处理、归档、保管、管理、利用等任何一个流动环节均可能发生变化，因此追踪检查整个过程的记录十分必要。

真实性鉴定可以发生在自文件形成到利用直至永久保管的任何时期，除了归档、移交、技术迁移、格式转换等环节必须进行真实性鉴定外，日常管理中还可以通过抽查来鉴定部分电子文件的真实性。当电子文件管理系统或脱机库房的保存环境出现异常时，也要立刻对电子文件的真实性进行鉴定，了解系统中、库房里电子文件的真实性维护状况，发现问题时应立刻启动应急保障机制，并分析原因，制订恢复方案。

 2. 可用性鉴定

可用性是指电子文件可以被检索、呈现或理解的性质。一方面，信息技术发展迅速，电子产品的生命周期缩短，个性化的信息产品层出不穷，满足了信息生成、传输的多种需求；另一方面，信息系统不断升级、软硬件不断更新换代也为信息的共享和长期保存带来麻烦，文件一旦离开生成系统，在另一个系统中可能会出现错码、乱码、漏码，甚至完全无法呈现、还原、理解的现象。可用性鉴定须确保所保存的电子文件的内容信息在保管期限内可以正常地读出，无丢失、乱码或出错信息。彻底丧失可用性的电子文件即使具有极大的保存价值，也没有保存的意义。采取防写措施，即将电子文件设

第八章　电子文件鉴定与处置

置为"只读"状态,但"只读"并不等于"可读"。可用性鉴定不但要确认电子文件在形成时处于可用状态,还要分析其是否具备多次读取且无差错的技术性能,即在以后的保存和利用过程中仍处于可用状态。

电子文件经过传输、存储、压缩、加密、迁移、转存等处理后还能通过现有或将来的软硬件系统读取、利用,即被认为具有可用性。电子文件可用性鉴定的内容主要包括以下几个方面:

(1) 检查程序文件的收集情况。程序文件主要是指与归档电子文件相配套的软件、数据复杂的关系型数据库的相关数据库、相关的文字材料等。如果一些特殊的计算机程序文件没有被收集进入文件保存系统,就会造成相关电子文件无法读取。对于加密电子文件,还要检查读取密码是否一同保存。

(2) 检查电子文件的信息存储格式是否符合归档标准,电子文件归档或迁移时填写的支撑文件运行的软硬件环境、版本号等信息是否正确,这些信息将直接影响电子文件的可存取性。

(3) 检查文件的可处理性。检查电子文件在生成平台上是否能被准确地读出、是否可以获得所需要的文件、是否易于得到所需要的文件、得到的文件是否可以被识别,如果读出的文件错误信息过多,应打印一套纸质文件同时保存。

(4) 检查文件保存系统是否具有适当的文件保存功能,是否稳定可靠。在选择文件保存系统用于保存电子文件时,应选择已长久使用的、功能可靠的稳定系统,切勿在调试之前将电子文件直接存入系统中。

可用性鉴定与真实性鉴定一样,可以发生在自文件形成到利用直至永久保管的任何时期,在实际操作中,两种鉴定同时实施。这样不仅事半功倍,而且更利于保证具备可用性的文件是真实的文件。

3. 完整性鉴定

完整性是指电子文件的内容、结构和背景信息齐全且没有被破坏、变异或丢失的性质。一份电子文件的内容、结构和背景信息是分散的,可能分布在不同地方;系列或专题电子文件产生于不同的主体、时间、地点或不同的设备及技术环境,往往也是分散的。完整性鉴定就是要确保同一份电子文件的要素齐全、完整,同一案卷、专题或系列的所有电子文件收集齐全且相互关联。

鉴定电子文件是否完整主要是分析数据或文件的相关性。电子文件管理系统中所保存的电子文件通常包括文字、图表、数据等格式类型,这些格式类型的电子文件因生成的软件不同可能分布在不同的物理位置,在进行完整性鉴定时须认真核对。电子文件的完整性鉴定应遵守以下检查准则:

(1) 对照归档目录和元数据模型,检查一组电子文件的各组成部分是否齐全、相互联系是否得以保持。记录同一社会活动的、具有有机联系的系列电子文件称为"一

153

组"。在进行完整性鉴定时，首先，应根据产生电子文件的机构之间的业务关系、电子文件的形成规律和保存状况，通过电子文件管理系统或人工监控，审查记录同一社会活动的所有电子文件是否收集齐全。其次，应分析联系一组电子文件各组成部分、一份电子文件各要素的技术手段（如超链接、标记语言等）是否有效，审查相关电子文件之间的联系是否得以保持。

（2）检查一份电子文件的各要素是否完备，与其他相关电子文件是否建立关联。电子文件是一个由组成要素及其相互关系构成的复合体，各要素及其相互关系完备的电子文件才算是完整的电子文件。一份电子文件不同的组成部分应集中保存、形成整体，判断一份电子文件是否完整，可以通过外部要素、内部要素、注释、介质和背景五类要素来衡量。其中，外部要素构成电子文件外观式样，主要包括数字时间印戳、电子签名、特殊符号、数字水印等外表特征；内部要素是构成电子文件内部智能格式要素的总和，能够表达电子文件所参与活动的相关信息，包括收发时间、当地时间、收文者、标题、主题、形成者等；注释是在电子文件处理和管理过程中形成的重要附加要素，包括文件处理意见、运转记录等；介质是指文件的支撑载体；背景辅助说明电子文件产生的领域、意义、技术环境等信息，也是证明电子文件完整性的重要证据。另外，一份电子文件也可能与其他若干份电子文件具有互参关系，鉴定时应注意具有联系的电子文件是否建立链接，形成逻辑上的关联。

此外，还应注意审查数据库中数据与目录是否吻合，核实相关数据和元数据是否收集齐全，结构是否正确；某些结构比较复杂的关系型数据库还应有相应的说明文件，以保证文件与相关数据库的顺利连接。完整性鉴定主要发生在归档、移交、到期鉴定等环节，如果在管理和利用过程中出现异常状况，也要鉴定与评估电子文件的完整性，尤其要检查电子文件元数据的完整情况。

4. 病毒鉴定

病毒通过网络链接、介质拷贝、磁盘读取等多种途径潜伏在计算机的存储介质或程序中，当达到某种条件被激活时，对计算机资源进行破坏。相对于产生电子文件的业务部门而言，电子文件保管部门尤其是各级档案馆接收的电子文件来源广泛，遭受病毒侵害的概率自然也大大增加。某些木马病毒、黑客病毒等损害性、传染性、复制性极强，电子文件保管部门一旦遭受这些病毒侵害，其损失将无法估量。

因此，需要运用各种病毒检测软件检测已归档的电子文件和载体介质是否携带病毒，确保电子文件本身和支撑电子文件的计算机软硬件环境是安全可靠的。如发现异常，应立即做杀毒处理。电子文件鉴定部门在选择病毒检测软件时，还应注意软件自身的安全性，切勿选用不稳定、不可靠的病毒检测软件，防止因检测病毒而使归档电子文件受到二次攻击和伤害。

5. 载体状况鉴定

为了妥善长久地保存和利用电子文件，载体状况鉴定已成为电子文件鉴定的一项重要内容。目前，常用于电子文件存储的载体包括只读光盘、一次写光盘、磁带、可擦写光盘、硬磁盘、半导体存储载体等。挑选载体存储电子文件出于备份、提供利用、传递等多方面的目的，但不管出于何种目的将电子文件存储在载体上，载体都是电子文件信息的依附体。载体质量直接决定了电子文件的存储质量，载体质量出现问题会直接损害存储在上面的电子文件信息，载体一旦出错，电子文件信息将"满盘皆无"。对电子文件载体状况的鉴定主要包括以下几个方面：

（1）载体物理、化学、生物学状况的鉴定，如载体是否出现技术衰退，以及载体表面是否光滑、无褶皱、无磨损、无划伤、无变形、无霉菌等。

（2）载体运转是否正常，在指定的系统中是否能正常读取，有无错码、漏码，信噪比是什么状况。

（3）载体规格是否符合国际和国内标准等。

在进行载体状况鉴定时，应先仔细观察载体外观、检查载体的规格和生产厂家，对应鉴定要素进行综合判断；如果没有发现问题，接着可在有关设备上演示或检测电子文件，确认归档电子文件载体质量是否良好，运行是否正常。由于新型载体对保管环境的要求较高，容易损坏，因此，除了正常的鉴定程序外，管理人员还要定期对电子文件的存储载体进行检测或复制，以确保电子文件可读出、可存储、可处理、可利用。这些对电子文件存储载体的检测或复制实质就是对电子文件载体状况的鉴定。

第二节　电子文件处置

一、电子文件处置的含义与依据

处置（disposal）是文件形成机构文件管理的重点工作之一，处置这一概念是国内外文件、档案管理领域的常用术语之一。

电子文件处置是按照电子文件保管期限与处置表或其他规定，对电子文件实施移交、销毁或续存的一系列过程。按照实施主体不同，电子文件处置可分为机构内电子文件处置和档案馆电子档案处置。目前，我国档案馆仅保存具有永久保存价值的电子档案，故档案馆电子档案处置不涉及销毁。

处置关系到电子文件的最终归属，对电子文件的未来状态起决定性作用，是电子文件管理工作中一项十分重要的活动，其实施必须有依据。目前，电子文件处置的依据主要有两个：其一是电子文件保管期限与处置表。该表对电子文件是否保存、保存多久进行详细的规定。其二是经过有关部门或领导签字的鉴定报告。鉴定报告是关于文件价值鉴定的正式文件，其内容包括产生文件的业务活动的具体内容、文件的类别及对保管期限和处置行为的详细说明。鉴定报告应提交有关部门或领导批准，依据鉴定报告实施的处置，其权威性和合法性得到一定程度的保障。

二、电子文件处置的内容

电子文件处置是对经过鉴定的电子文件采取相应处理措施的过程。鉴定与处置的关系密切，就实际工作而言，二者在工作流程上衔接紧密。在传统文件鉴定过程中往往会同步实施处置，但电子文件的特殊性决定了其鉴定与处置有所分离，需要根据实际情况选择处置的方式、方法与时间。电子文件处置有两个关键环节：一是电子文件的归档处置；二是电子档案的保管期满处置。就处置形式来说，电子文件处置有移交、续存、销毁三种形式。

（一）移交

从理论上说，移交（transfer）是指将电子文件从电子文件管理系统转移到电子文件长期保存系统或其他系统（包括其他电子文件管理系统或第三方机构）的过程。《电子档案移交接收操作规程》（DA/T 93—2022）规定，移交是指按照国家规定将电子档案的保管权交给档案馆的过程。机构可以单独将文件实体的保管权或文件信息的管理权交给其他机构，也可以将二者一起交给其他机构。事实上，移交与接收是一项交接活动。关于移交的方式和要求可参考《电子档案移交与接收办法》和《电子档案移交接收操作规程》的相关规定，本教材将在第十章具体介绍。

（二）续存

续存是指电子文件继续保存在形成文件的机构中，机构拥有文件实体的保管权和文件信息的管理权。具体的续存方式包括原地保存和脱机保存两种。

1. 原地保存

原地保存是指将电子文件保存于原文件形成系统/单位，保存在电子文件的形成之处。文件管理系统或信息系统中形成大量电子文件，经过鉴定后，可将系统中形成的电子文件保存到系统的归档文件存储数据库中。对照保管期限表和鉴定报告，归档电子文件一般分为永久保存和定期保存两类，相应地，一般将电子文件分别存储在永久文件数据库和定期文件数据库中。根据系统成熟度的不同，可自动区分数据库保存或手动迁入数据库保存。

对于期满鉴定需要留存的电子文件，应根据调整后的保管期限将其保存到相应的数据库中。调整电子文件保管期限实质是将已保存的电子文件延长保存年限或缩短现有保存年限，一般发生在保管期限表调整后，对应保管期限表，将保存年限调整的电子文件延期销毁或提前销毁。在保管期限表没有发生更改的情况下，期满鉴定的结果显示电子文件还应再留存一段时间的，也应调整相应的保管期限。

2. 脱机保存

脱机保存是指将电子文件信息拷贝到计算机以外的载体上进行保存。暂存一段时间后待销毁的电子文件、涉密电子文件、现行作用较小的永久性电子文件及需要进行备份的重要电子文件均需要脱机保存。脱机保存应注意对载体的选择，宜选用可靠厂家生产的质量优良且符合行业标准的载体作为脱机保存的存储介质。脱机保存的主要载体包括一次写光盘、磁带、缩微胶片等。根据不同的保存用途，选用不同类型的载体。例如，对于大批量的电子文件备份，推荐采用一次写光盘进行脱机保存；对于一些极为重要的电子文件或在目前客观条件下无法保证真实性得到长期维护的电子文件，可以考虑采用缩微的方式予以处理，将其制作成能够长期存储的缩微品，以保证存储质量。

（三）销毁

销毁是指消除或删除电子文件，使之无法恢复的过程。电子文件销毁一般在计算机中进行，要严格履行电子文件销毁的批准制度和监销制度，销毁前应登记造册，批准后销毁，在销毁过程中实行严格的监督。对于需要销毁的非保密电子文件，为了防止误操作造成不可挽回的损失，在执行删除操作前应先进行备份，待审查确定无误后，再将备份和原件一并删除。具体方法为：对计算机硬盘内的电子文件直接执行"删除"指令，对存储在移动介质上的电子文件执行"格式化"指令。对于需要销毁的涉密电子文件，应由相关工作人员操作，以防止泄密。除了将电子文件删除或格式化外，必要时还应注意连同载体一起销毁，在计算机和网络中彻底清除。

从不同的角度，可以将电子文件销毁分为不同的类型。根据对象不同，电子文件销毁可分为信息销毁和载体销毁。信息销毁（数据销毁）是将电子文件信息从记录载体上彻底消除，适用于可重复使用的记录载体。载体销毁是将电子文件信息连同载体一起销毁，主要适用于一次写入不可更改的记录载体及受损伤不可修复的载体。根据载体不同，电子文件销毁可分为磁性销毁、电子半导体及其记录数据的销毁、光盘及其记录数据的销毁。根据销毁方式不同，电子文件销毁可分为软销毁和硬销毁。软销毁也叫逻辑销毁，是通过数据覆盖等软件方法销毁数据。硬销毁是通过理化方法直接销毁存储介质及其中的数据。硬销毁可进一步分为物理销毁和化学销毁。

针对不同的对象、载体和方式，信息销毁和载体销毁的要求及所采用的方法不同。我国电子文件销毁工作起步较晚，电子文件销毁制度尚在探索建立阶段。电子文件销毁制度的建设可从以下方面考虑：

（1）由技术部门选择符合保密要求的专业销毁设备，指定专人进行管理。

（2）载体销毁应履行批准、登记手续，并对相关情况进行记录。

（3）载体在故障维修、更换、淘汰、报废及放置到安全风险不可控的环境之前，应进行销毁处理，尤其是硬盘在保修、报废之前必须进行消磁处理。

（4）建立分级信息消除机制。涉密的应按规定销毁，注意确保涉密电子文件的信息保密，并制订相应的应急预案。

（5）建立健全定期监督检查机制，定期进行评估。

第三节 电子文件鉴定与处置的关系及工作流程

一、电子文件鉴定与处置的关系

鉴定与处置的关系非常密切，鉴定决定哪些文件需要保存及需要保存多久，处置是对保存到期的文件进行移交、销毁或续存处理。没有鉴定，处置无所依据；没有处置，鉴定有始无终。二者共同决定文件的最终归宿。因此，一些国家将处置看作鉴定工作的一个环节，如美国将鉴定定义为"决定联邦文件价值及其最终处置行为（暂存或永久保存）的过程"。

从我国的档案实践来看，传统档案鉴定工作中虽然没有处置的概念，但实际上包含了处置的工作内容。按照鉴定的目的和发生的时间顺序，文件鉴定工作通常包括归档鉴定、期满鉴定和进馆鉴定三种。归档鉴定就是对文件是否归档（是否留存）所开展的鉴定，其任务是确定文件的保管期限，鉴定时间视各单位的具体情况而定，可以在文件形成之前（系统设计阶段），也可以在文件形成之后、归档之前。期满鉴定的任务是检查到期的文件是否有继续保存的价值，根据分析的结果执行相应的处理，如销毁或重新划分保管期限。进馆鉴定就是对文件是否向档案馆（机构内部的档案馆除外）移交所开展的鉴定，在电子环境中，移交包括将电子文件以离线或在线的方式从机构的电子文件管理系统转移到档案馆的电子文件长期保存系统中。

电子文件鉴定与处置工作与机构管理方式具有密切关联，电子文件的形成是一个以多种方式处理多种来源信息的动态过程，电子文件的易逝性、信息非人工识读性等特点决定其鉴定与处置工作不同于传统纸质文件。电子文件前端控制、全程管理等原则及模式使得其鉴定与处置工作比传统纸质文件更加丰富和烦琐，并且具有与传统纸质文件迥然不同的特点。

二、电子文件鉴定与处置的工作流程

总体上，可以把电子文件鉴定与处置工作作为一个连续的操作流程来看待。虽然电子文件鉴定与处置工作的具体内容因机构的不同而有所差异，机构内的电子文件鉴定与

第八章　电子文件鉴定与处置

处置工作的内容要比档案馆复杂，但总体上电子文件鉴定与处置工作包括以下内容。

（一）鉴别档案属性

档案属性是事物所具有的可以作为档案保存的属性，也是档案所具有的不同于其他事物的根本属性。对电子文件档案属性的鉴别，是对其是否具有档案价值的初始判断。档案的根本属性是原始记录性，对于电子文件来说，基于现有技术水平的原始性认定相对困难。传统文件的过程性记录往往以各种直接或间接的方式与文件本身紧密结合，但电子文件的过程性记录往往不与电子文件自身融为一体，而是分散在不同的位置或区域，故而常通过保障其整个生命周期中形成的背景信息、元数据等的完整性来实现对电子文件原始性、真实性的辅证。目前，对电子文件档案属性的鉴别，往往表现为对电子文件真实性、完整性和可靠性的鉴定。

（二）确定是否归档

依据归档范围，将具有档案属性的电子文件纳入归档程序。对于具有档案属性的电子文件，由于保管条件及其他方面的原因，也并非全部纳入归档范围。目前，在确定是否归档方面，多数国家都制定了一定的参考依据，有的将归档范围与保管期限、处置，乃至分类方案融为一体，有的则针对不同类型的文件材料专门制定相应的归档范围和保管期限与处置表等作为鉴定工作执行的标准。具体的鉴定标准由于受历史、文化、法律、社会、业务等多种因素的影响，在不同的国家、地区和机构可能有所不同。

（三）划分保管期限

应纳入档案管理范畴的电子文件，其价值的大小表现在保管期限的长短上。不同国家划分保管期限的方式有所区别，大体有精细型和粗略型两类。精细型的特点是档次多，区分细致，短则几个月、几年，长则数十年乃至永久，如美国国家档案与文件署颁布的《通用文件保管期限表》（GRS）标明的文件保管期限包括 1 个月、3 个月、6 个月、1 年、2 年、3 年、4 年、5 年、6 年、7 年 6 个月、15 年、20 年 6 个月、56 年等。粗略型的特点是档次少，如我国国家档案局规定的机关文书档案、企业管理类档案、会计档案都采用 10 年、30 年和永久三档保管期限。

（四）处置电子文件

对鉴定后的电子文件按照相关规定开展移交、销毁或续存等工作。处置在电子文件鉴定程序结束之后进行，是对电子文件鉴定的结果所做的处理工作。

（五）记录鉴定与处置过程

为了保证鉴定与处置合乎规范，遵守有关程序、政策和标准，并及时纠正某些不当行为，需要采取一定的监控措施，对电子文件鉴定与处置过程进行记录，从前期鉴别档案属性到后期处置电子文件的整个过程都需要工作人员予以记录，形成鉴定与处置过程记录。记录鉴定与处置过程，便于监督鉴定与处置的工作流程和操作步骤及方法是否符合法律规定、是否合乎规范、是否客观科学，通过查询鉴定与处置过程记录，能够帮助改正一些不当操作，在发现问题时，也能帮助尽快找到问题的根源、及时解决问题。

记录电子文件鉴定与处置过程的文件包括电子文件管理系统中的操作日志、鉴定报告、销毁记录、迁移登记、缩微记录等。电子文件鉴定与处置过程记录可分为自动记录和人工记录两种。自动记录是指在电子文件管理系统设计之初，就将鉴定与处置过程记录功能嵌入系统之中，使系统具有自动记录的功能，在内容鉴定和技术鉴定之后将销毁、调整保管期限等部分处置工作的过程和结果自动地记录在系统中。人工记录是指由工作人员记录在纸上，通常是一些无法由电子文件管理系统自动完成的鉴定项目和处置工作，如迁移更新成缩微品。这些在系统之外完成的鉴定与处置工作的过程和结果则通过人工记录的方式保存。鉴定与处置工作的证据，应由机构统一保管。

三、电子文件保管期限与处置表

保管期限表是根据档案价值对某类文件或文件组合进行的描述，用于说明文件保管时间的长度，如表 8-1 所示。处置表则是在保管期限表的基础上，规定文件保管期满后，是销毁、续存还是移交。MoReq 2010 中规定的文件处置方式主要包括永久保存、保管期满后再次鉴定、保管期满后移交和保管期满后销毁。保管期限表和处置表是开展电子文件鉴定与处置工作的依据，在电子文件管理系统设计阶段，需要同步制定保管期限表和处置表。在实际操作中，由于保管期限表和处置表高度相关，所以常将其合二为一，同时涵盖保管期限和处置要求。

表 8-1　企业管理类档案保管期限表示例

序号	归档范围	保管期限
1	本企业设立、变更、解散过程文件材料	
1.1	本企业筹办和设立的申请文件材料、政府相关部门批准设立本企业的相关文件材料	永久
1.2	本企业设立登记相关证照、证照变更登记文件材料	永久
1.3	本企业章程送审稿、批准稿及正式文本	永久
1.4	企业合并、分立、改制、上市、破产、解散或其他变更公司形式等过程中形成的文件材料	永久
2	本企业董事会、监事会、股东会构成及变更等方面的文件材料	
2.1	本企业董事会、监事会、股东会构成及变更文件材料，发起人协议	永久
2.2	董事会、监事会、股东代表大会会议形成的文件材料	
2.2.1	会议通知、议程、报告、决议、决定、公报声明、记录、领导人讲话、总结、纪要、讨论通过的文件材料、参加人员名单	永久

续表

序号	归档范围	保管期限
2.2.2	讨论未通过的文件材料	10年
2.3	董事、监事、股东履职和维护权益过程形成的文件材料	
2.3.1	重要的	永久
2.3.2	一般的	30年
3	本企业资本登记、资本变动、融资文件材料	
3.1	国有资产管理部门对本企业国有资本金核算、确认、划转、变更的文件材料	永久
3.2	其他非国有组织或机构资本对本企业投资、投入核算登记、确认文件材料	永久

我国档案部门通常使用文件（档案）保管期限表，主要由文件类别及其保管期限组成，没有规定保管期满后的处置行为。在电子环境中，这种形式的保管期限表弊端突显，因此需要整合文件保管期限和保管期满后的处置行为，同时还需要标明文件在本单位内部的保存期限，以及触发处置行为的时间或事件，如表8-2所示。

表8-2　电子文件保管期限与处置表示例

文件类别	保管期限	内部保存期限	触发时间或事件	处置行为
合同——金额大于100万元的合同	永久	10年	合同生效之日	向综合档案馆移交

美国电子文件档案馆（ERA）文件保管期限表条款示例

审计案卷（Audit Case Files）

0001 总部案例案卷

处置建议：暂存。案例结束后年底封卷。封卷后15年期满销毁。

0002 现场情况案卷

处置建议：暂存。案例结束后年底封卷。封卷后10年期满销毁。

（资料来源：http：//www.archives.gov）

 课后思考题

1. 电子文件鉴定的含义、内容与特点是什么？
2. 电子文件内容鉴定的方法有哪些？

3. 简述电子文件技术鉴定的目的与内容。
4. 阐述电子文件处置的含义、依据与内容。
5. 简述电子文件鉴定与处置的工作流程。
6. 简述电子文件保管期限与处置表的内容及其制定与实现。
7. 影响电子文件鉴定与处置的因素有哪些?

第九章 电子文件归档

学习目标

- 明确电子文件归档的含义
- 了解电子文件归档的特点
- 理解确定电子文件归档范围的原则与基本思路
- 明确电子文件归档的方式及其特点
- 掌握电子文件归档程序、方法与要求

第一节 电子文件归档的含义与特点

一、电子文件归档的含义

电子文件归档（archiving）是指将具有凭证、查考和保存价值且办理完毕、经系统整理的电子文件及其元数据管理权限向档案部门提交的过程。关于电子文件归档，不仅不同的诠释有很多，而且归档后的名称也有所差异。有的将归档后的电子文件称为电子档案，有的将归档后的电子文件称为数字档案，有的将归档后的电子文件称为归档电子文件，也有的不改变归档后的电子文件名称，仍将其称为电子文件。

就国际标准及现行趋势来看，国际上通常不区分归档前后电子文件的名称，一般电子文件归档后仍称为电子文件，其目的是要建立这样一种理念：电子文件的运行是一个自然整体，不能割裂电子文件运行的过程，将其划分为不同主体控制的阶段，归档只是电子文件生命周期的一个阶段而已。无论是国内还是国外，对这一理念本身大多是认同的，但由于各国档案工作的历史与实际情况差异较大，在理念与实践结合的维度上存在较大差异。

我国理论工作者和实践工作者一般认为电子文件归档是电子文件管理前端即文件形成阶段的最后一个环节,属于业务活动的一部分,涉及电子文件的移交与管理责任的转移,意义重大。我国基层单位和档案部门通常将归档后的电子文件称为电子档案,电子档案的说法在社会大众中也较为流行。实际上,电子文件归档的含义有广义和狭义之分。广义的电子文件归档是包括电子文件形成、收集、积累、鉴定、著录、标引和向档案部门移交等在内的一个完整过程。狭义的电子文件归档是将应归档的电子文件经过整理,确定其档案属性后,从计算机存储器或网络存储器上拷贝、刻录到可脱机保存的存储载体上向档案部门提交,或者通过网络将电子文件信息转存、登录到由档案部门控制的计算机系统中以便长期保存,或者仍存储在原单位而将管理权限提交档案部门,由档案部门控制的工作过程。应尊重实践的现实需求,区分电子文件与电子档案这两个概念,并体现在具体的理论和实践中。电子文件归档的含义具体包含以下内容:

(1) 只有具有凭证、查考和保存价值的电子文件才能归档。

(2) 电子文件必须办理完毕后才能归档。

(3) 只有经过系统整理的电子文件才能归档。

(4) 只有满足归档技术要求,即真实、可用、完整、无毒、存储可靠的电子文件才能归档。

(5) 电子文件及其元数据应一起归档。

(6) 电子文件的归档标志着电子文件的实体保管权、信息控制权及法律保管权的转移,电子文件归档后这些职权同时移交档案部门。

二、电子文件归档的特点

从管理的目标与责任来看,电子文件归档与纸质文件归档在本质上没有区别,都是将文件的实体保管权、信息控制权及法律保管权交给档案部门。电子文件的流转速度快、变动性大,决定了电子文件归档与纸质文件归档相比具有许多不同的特点。纸质文件归档是实体性的,各机构在业务活动中产生的文件处理完毕后,由文书部门或业务部门整理立卷,定期移交机构档案室(馆)保存。其归档时间、程序、方法等均具有单线性特点,思路较为明确。而在电子环境中,用传统的方法和程序进行电子文件归档显然是行不通的。电子文件归档具有以下特点。

(一) 归档时间提前

电子文件在文件形成时就要归档(预归档),在文件办理完毕后正式归档。电子文件归档不单纯在文件办理完毕后,在文件形成时也要实施。在设计和开发电子文件管理系统时,就应规定凡满足归档要求的电子文件,在形成时就要归档,以便系统能有效地保管，并使文件的内容、背景信息、上下文关系和结构成为责任者活动的可靠证明，使具有档案价值的电子文件得到保存和维护。

（二）归档方式多样化

电子文件的存在形式决定了可用多种方式对其进行归档。电子文件归档前的存在形式有记录在信息载体上和分布在网络中两种，具体包括：① 存放在个人计算机中，以设备为单位，设备之间并未联网；② 脱机保存在移动介质上；③ 在网络中以数据库的方式存在。这种存在形式的分散性增加了电子文件归档的难度，加之电子文件信息可以在网络中直接传递，电子文件多途径归档成为可能。电子文件归档工作不但要依靠手工时代的经验，还要有信息技术和环境来支撑。因此，电子文件归档的方式包括脱机介质递交、网络信息传送和逻辑归档、物理归档等多种。

（三）归档范围扩大

相比于纸质文件，电子文件的归档范围有所扩大，不仅电子文件本身，而且电子文件生存的软硬件环境，以及电子文件的背景信息、元数据等皆需要归档，有时还需要归档电子文件的"过渡性版本"。

（四）归档难度增加

电子文件归档具有动态性，而动态文件归档需要适时捕获信息，并进行合理存储，这在一定程度上增加了文件归档的复杂性和难度。对于电子文件归档工作，应学会"在流动中把握永恒"，给予电子文件必要的归档管控。

电子文件归档是电子文件管理的关键环节之一。我国机构电子文件的前端控制水平、生成状况、积累模式、系统运行特点等差异很大，电子文件归档从制度的设计到归档的方式、方法各有不同，这给归档后电子文件的管理、利用、长期维护设置了许多障碍。面对这样的挑战，国家档案局科技管理和研究部门从20世纪90年代中期就开始关注电子文件归档问题。1996年，国家档案局档案科学技术研究所等单位提出了"办公自动化对档案工作的影响及电子文件归档管理方法研究"课题，并作为攻关项目列入国家档案局年度科技项目计划，这是我国档案部门第一次全面系统地对电子文件归档问题进行立项研究。1998年以后，国家档案局年度科技项目计划课题中有关电子文件归档与电子档案管理的课题不断增多，2000年达8项之多，可见我国档案部门及整个档案领域对此问题的重视程度之高。21世纪以来，我国档案理论与实践领域在电子文件归档方面取得了一批研究成果，制定了一系列标准规范。国家档案局于2003年发布了《电子公文归档管理暂行办法》（国家档案局令〔2003〕第6号），2005年发布了《公务电子邮件归档与管理规则》（DA/T 32—2005），2008年发布了《电子文件归档光盘技术要求和应用规范》（DA/T 38—2008），2016年进一步修订了《电子文件归档与管理规范》（GB/T 18894—2002）。

总体上，我国正在逐步制定、完善包括电子文件归档在内的电子文件管理统一标准、政策与制度，用于指导我国电子文件归档与电子档案管理的具体实践。

第二节　电子文件归档范围与方式

一、电子文件归档范围

在纸质环境中，人们通常反对"有文必档"的做法。在电子环境中，信息量大且增加迅速，不同价值的信息混杂在一起，这就需要从大量信息中鉴别出哪些具有档案价值，明确电子文件的归档范围。归档范围是电子文件归档制度的重要内容，归档范围是否科学不仅决定着电子文件的去留，而且还会对留存下来的电子文件未来的命运及利用状况产生重要的影响。

（一）确定电子文件归档范围的原则

文件形成机构确定电子文件归档范围时应遵循以下原则。

1. 价值决定原则

电子文件是否需要归档主要取决于电子文件的价值，只有具有保存价值的电子文件才能列入归档范围，经内容鉴定确认具有保存价值的电子文件是归档范围的主体。文件的价值主要由来源、内容、职能、形式等因素决定。20世纪末以来，职能因素越来越受到人们的重视，特别是对电子文件的鉴定需要着重考虑其反映的职能。职能论是电子文件管理中一个至关重要的理论方法，归档范围往往是借助于职能分类方法进行描述的。

2. 一致性原则

与纸质文件内容完全相同的电子文件归档范围应与纸质文件归档范围保持一致。因此，对于电子文件归档范围的确定，必须在纸质文件原有归档范围的基础上进行，而不是另起炉灶搞一套与纸质文件毫无关系的电子文件归档范围。

3. 适度放宽原则

一方面，由于电子文件存储的高密度性，对于可归档可不归档的纸质文件，在电子文件归档时可以适当考虑加以归档。比如，纸质文件归档强调结论性和总结性的材料而忽略过程性、具体性的材料，但在电子文件归档时可以将两类材料同时归档。另一方面，值得注意的是，除了内容上适当弹性拓展外，出于维护电子文件真实性及长期可用性的需要，对于保证电子文件长期真实、完整、可用、安全的其他相关材料，如电子文件的收发登记表、机读目录、相关软件、其他说明等，应与相对应的电子文件一同归档保存。

（二）确定电子文件归档范围的基本思路

确定电子文件的归档范围需要综合考虑电子文件在业务活动中所起的作用及其所具备的法律效力、是否双套保存、电子文件真实性及长期可用性要求等。归档范围过宽，会增加管理的难度和成本，降低管理效益。归档范围过窄，则可能漏掉有价值的电子文件，造成档案资产的流失；也可能漏掉保障性或安全性文件，给有价值的电子文件的长期维护造成困难。确定电子文件的归档范围，可以从以下不同角度进行综合考虑。

1. 稿本角度

除了正式文件外，对于需要保存草稿或历次修改稿的电子文件，应采取版本保护措施和利用版本留痕技术，将重要的草稿、修改稿、定稿一并归档。凡记录了重要业务办理情况、有查考价值的过程稿和定稿，均应被妥善归档保存，记录了主要修改过程的元数据应与电子文件一起归档。

2. 格式角度

《电子文件归档与电子档案管理规范》（GB/T 18894—2016）规定：

（1）电子文件归档格式应具备格式开放、不绑定软硬件、显示一致性、可转换、易于利用等性能，能够支持同级国家综合档案馆向长期保存格式转换。

（2）电子文件应以通用格式形成、收集并归档，或在归档前转换为通用格式。版式文件格式应按照 DA/T 47—2009 执行，可采用 PDF、PDF/A 格式。

（3）以文本、位图文件形成的文书、科技、专业类电子文件应按以下要求归档：电子公文正本、定稿、公文处理单应以版式文件格式，其他电子文件、电子文件组件可以版式文件、RTF、WPS、DOCX、JPG、TIF、PNG 等通用格式归档；或电子文件及其组件按顺序合并转换为一个版式文件。

（4）在计算机辅助设计与制造过程中形成的科技类电子文件应按以下要求归档：二维矢量文件以 SVG、SWF、WMF、EMF、EPS、DXF 等格式归档；三维矢量文件，需永久保存的应转换为 STEP 格式归档，其他可根据需要按上述二维矢量文件要求归档。

（5）以数据库文件形成的科技、专业类电子文件，应根据数据库表结构及电子档案管理要求转换为以下格式归档：以 ET、XLS、DBF、XML 等任一格式归档；或参照纸质表单或电子表单版面格式，将应归档数据库数据转换为版式文件归档。

（6）照片类电子文件以 JPG、TIF 等格式归档；录音类电子文件以 WAV、MP3 等格式归档；录像类电子文件以 MPG、MP4、FLV、AVI 等格式归档，珍贵且需永久保存的可收集、归档一套 MXF 格式文件。

（7）公务电子邮件以 EML 格式，网页、社交媒体类电子文件以 HTML 等格式归档。

（8）专用软件生成的电子文件原则上应转换成通用格式归档。

3. 附带材料角度

除了电子文件外，还应归档以下材料：

（1）《电子文件归档登记表》。电子文件形成或办理部门、档案部门可在归档过程中基于业务系统、电子档案管理系统完成电子文件及其元数据的清点、鉴定、登记、填写《电子文件归档登记表》等主要归档程序。应依据清点、鉴定结果，按批次或归档年度填写《电子文件归档登记表》，完成电子文件归档。

（2）电子文件支持软件。对于特殊格式的电子文件，应在其存储载体中同时存入相应的各种支持软件。

（3）电子文件生成和处理过程中形成和积累的各类元数据。这些元数据是电子文件的有机组成部分，必须与电子文件一同纳入归档范围，以保证电子文件的真实性、完整性、可用性和安全性。

4. 双套制归档角度

双套制归档是指同一文件在归档时具有电子和纸质两个版本，既可以对具有重要凭证作用和长远查考价值且能够转换的电子文件制作纸质拷贝，也可以对利用率较高的纸质文件进行数字化，这样可使机构保持两套文件一同存储的状态。

如果生成的是电子文件，据此打印输出的纸质文件及其他相关文件应列入归档范围，如电子文件积累过程中形成的登记表、使用权限保护登记表，与电子文件配套或相关的纸质文件，等等。如果生成的是纸质文件，业务部门或保管部门已完成数字化工作，则转换后的电子版本应当保留。双套制归档时，要注意在文件内容、相关说明及描述上保持电子文件与纸质文件等其他载体文件的一致性、完整性和相关性。由于双套制归档只是规定了归档环节对文件的要求，而在前端业务开展阶段，即文件形成、办理阶段，某些业务活动要么基本上依靠业务系统及电子文件来开展（如日常办公中的公文），要么主要依靠计算机打印输出的纸质文件来开展（如工程建设中的施工图纸），这样在归档环节极易出现两套归档文件不一致的情况，给日后档案的利用带来麻烦。因此，在双套制归档的环境中，应加强对纸质文件与电子文件内容一致性的核查，发现问题时应及时予以解决。

与此同时，在条件允许的情况下，可以考虑单独归档电子文件。这些电子文件包括规范化单轨运行的电子文件、在纸质环境中不予归档的微观文件、已实现计算机辅助生产的 CAD 文件、某些数据量大且保存年限短的数据文件、多媒体文件、电子邮件文件、网站文件、超文本文件、社交媒体文件等。这种只归档电子文件的做法建立在科学管理的基础之上，通过必要的手段来保证电子文件的真实性、完整性、可用性和安全性。随着信息技术的发展，独立的电子文件归档会越来越多，著名视频网站 YouTube 将所有视频数据以电子的方式存储和提供利用，YouTube 采用冷热数据分类存储方式，保证数据安全并降低存储成本。

第九章 电子文件归档

（三）电子文件的具体归档范围

关于电子文件的具体归档范围，《信息与文献 文件管理 第1部分：通则》（GB/T 26162.1—2010）① 指出，提供机构方针及行动的证据和信息的文件，提供机构及其服务的客户群体之间相互关系的证据和信息的文件，记录个人和机构的权利与义务的文件，有助于建立机构的科学、文化和历史记忆的文件，以及包含关于机构内外相关利益方权益活动的证据和信息的文件等均应归档并长期保管。电子文件的具体归档范围可以概括为以下几个方面：

（1）在执行本机构行政管理、业务管理、经营管理等职能的活动中形成的各种文本、图形、图像、音视频、数据库、程序文件、网页及其他专门格式的文件。此部分可参照传统实体文件归档范围的相关规定，如国家档案局颁布的《机关文件材料归档范围和文书档案保管期限规定》中有关机关文件材料归档范围的规定和其他有关科技文件等专门文件归档范围的规定。对于需要保存草稿及过程稿的电子文件，应当按照版本管理的要求添加版本号，并同最终正本一并归档。

（2）有助于保证电子文件长期真实、完整、可用、安全的其他相关材料，如电子文件的收发登记表、机读目录、相关软件、其他说明等应与相对应的电子文件一同归档保存。

（3）新型电子化业务中形成的电子文件，如机构网站、电子邮件系统或微博系统中生成的电子文件。要根据内容价值判定这些活动中生成的电子文件的归档范围，可单独制定归档范围，也可纳入机构整体文件归档范围之中。

（4）在业务活动中与电子文件一起形成的其他载体文件。在双套制归档的情况下，归档电子文件与纸质文件要保持归档范围的基本一致，并在电子文件管理系统或电子档案管理系统中建立二者的关联。

此外，按照《电子文件归档与电子档案管理规范》的要求，我国电子文件归档按照门类划分，包括文书类、科技类、专业类、声像类、电子邮件类、网页类、社交媒体类和其他类八个基本门类。对于不同行业、领域乃至具体单位来说，适应本单位、本领域、本行业的电子文件的归档范围因其社会活动、职能范围、存续历史的不同而存在诸多差异，在电子文件归档的具体门类和范围上均有不同之处。

（四）电子文件元数据的归档范围

严格来说，归档电子文件的元数据需要纳入电子文件的归档范围，但并非所有元数据都需要纳入归档范围。《电子文件归档与电子档案管理规范》在规定电子文件归档范围的同时也对电子文件元数据的归档范围做了较为明确的规范。

---

① 该标准被《信息与文献 文件（档案）管理 概念与原则》（GB/T 26162—2021）代替，新标准未明确文件归档范围。

（1）应归档电子文件元数据应与电子文件一并收集、归档。

（2）文书类电子文件应归档元数据按照 DA/T 46—2009 等标准执行，至少包括：

① 题名、文件编号、责任者、日期、机构或问题、保管期限、密级、格式信息、计算机文件名、计算机文件大小、文档创建程序等文件实体元数据。

② 记录有关电子文件拟制、办理活动的业务行为、行为时间和机构人员名称等元数据，应记录的拟制、办理活动包括：发文的起草、审核、签发、复核、登记、用印、核发等，收文的签收、登记、初审、承办、传阅、催办、答复等。

（3）科技、专业、邮件、网页、社交媒体类电子文件应归档元数据可参照文书类的要求执行。

（4）声像类电子文件应归档元数据包括题名、摄影者、录音者、摄像者、人物、地点、业务活动描述、密级、计算机文件名等。

二、电子文件归档方式

按照电子文件存储位置是否发生变化，可将电子文件归档方式分为逻辑归档和物理归档。按照电子文件传递方式的不同，可将电子文件归档方式分为在线归档和离线归档。

（一）逻辑归档

1. 逻辑归档的含义

逻辑归档（Logical Filing）是指在计算机网络上进行的、不改变原存储方式和位置而实现的将电子文件的管理权向档案部门移交的过程。逻辑归档的电子文件仍然存储在业务系统中，通常要求将其元数据移交到电子文件管理系统（或电子档案管理系统，下同）中，业务部门可以查阅这些归档电子文件并负责其保管工作，档案部门负责对业务部门的管理工作进行指导和监督。逻辑归档实质是文件形成部门将需要归档的定稿电子文件的登记、著录信息（包括元数据）及物理存储地址传送给档案部门，并将这些信息保存在电子文件管理系统相关的数据库中，而归档电子文件的物理实体仍然保存在业务系统中。此外，逻辑归档在理论上同时移交了电子文件的控制权，文件形成部门除了依据相应流程和权限查阅电子文件外，不能再对电子文件进行非授权操作，尤其是不能有修改、删除、非法拷贝等行为。

电子文件完成逻辑归档后，档案部门及其合法用户就可以在电子文件管理系统的利用平台上查阅这些电子文件。采用分布式电子文件管理模式的机构，完成电子文件逻辑归档后，电子文件归档工作即告结束，归档电子文件的物理实体保存在业务系统中，档案部门对电子文件进行宏观控制与管理。采用集中式电子文件管理模式的机构，逻辑归档只是电子文件归档的第一阶段，后期待工作结束或告一段落，或者文件办理完毕，出

第九章 电子文件归档

于安全管理和资源开发利用的需要，仍然要将电子文件的物理实体转移到档案部门的电子文件管理系统中，以实现对电子文件的集中管理。我国的电子文件管理基本上采用集中式管理模式，所以完成电子文件逻辑归档后，仍须在合理的时间内将电子文件的物理实体移交档案部门保存与维护。

2. 逻辑归档的条件

逻辑归档是电子文件归档的高级形式，代表着电子文件归档的未来发展趋势。要实现较理想的电子文件逻辑归档，必须具备一定的条件。

一是要具备逻辑归档电子文件传输所需要的计算机网络。

二是要具备一体化系统或衔接接口。要有能够支持电子文件逻辑归档的文档一体化管理系统或相应接口。必须超前控制业务系统的开发和升级，以及对业务系统与电子文件管理系统进行整合。电子文件管理系统通过技术接口与业务系统（如办公自动化系统）的相应流程和节点连接，待电子文件生成定稿及签署后，业务系统的相关逻辑归档模块将电子文件的登记、著录信息（包括元数据）及物理存储地址传输到电子文件管理系统中。

三是要具备电子文件数据库。电子文件管理系统必须具有归档电子文件的著录信息、元数据信息及物理存储地址信息数据库。

3. 逻辑归档的特点

逻辑归档强调管理权的移交，相对于其他电子文件归档方式而言，具有以下特点：

（1）超前控制、实时（提前）归档、自动鉴定、自动归类、同步利用、安全高效。逻辑归档是电子文件管理超前控制理论、文档一体化管理理论、流程重组理论等的重要体现，也是电子文件管理先进管理模式与创新管理理念的一个缩影。逻辑归档实现了业务系统、电子文件管理系统的功能，整个流程得到重构，由于有逻辑归档模块的控制，逻辑归档能够同步准确地捕获元数据、省略技术鉴定，实现了电子文件的实时归档与自动鉴定，后续还可以进一步实现自动归类。同时，逻辑归档将电子文件的利用提前到文件形成时，从而在电子文件最有价值的时间段实现了电子文件的同步利用。此外，这种整合归档、鉴定与利用的新方法对于电子文件的安全管理而言非常有利，也能大大提高电子文件管理效益。

（2）在移交电子文件著录信息及物理存储地址的同时，电子文件的管理权与控制权也交给了档案部门。

（3）电子文件逻辑归档后，文件形成部门可以使用，但不能进行非授权操作。

（4）逻辑归档实际上是一种两段式归档，待工作结束或告一段落，或者文件办理完毕后，必须实现电子文件物理实体的归档。

采用逻辑归档方式，档案部门能够及时掌控归档电子文件信息，归档电子文件的著录信息及物理存储地址自动保存到档案部门的数据库中，可以提高档案工作效率。同时，文件形成部门仍可方便地使用这些电子文件（但不能修改和删除）。通常，逻辑归档与物理归档可以结合使用，如对综合办公系统中的电子文件开展物理归档，而对数据量大、对形成系统依赖程度高的电子文件开展逻辑归档。

需要注意的是，逻辑归档时，应采取相应的措施，防止网络瘫痪、崩溃时电子文件的丢失及维护电子文件的真实性和完整性。一方面，可以采取备份措施，把电子文件纳入机构的数据备份方案，永久保存的电子文件应有脱机保存的备份；另一方面，可以定期进行物理归档，定期将有长久保存价值的电子文件从网络上下载下来，进行物理归档，以减少网络的载荷，提高网络的速度。

（二）物理归档

1. 物理归档的含义

物理归档（Physical Filing）是指将计算机系统中或网络上电子文件的物理实体向档案部门移交的过程。物理归档是一种类似于传统载体文件归档的方式，业务部门通过网络或脱机载体将电子文件存入电子文件管理系统中，这个系统通常由档案部门负责维护和管理，技术部门提供必要的技术支持。

2. 物理归档的方式

按照数据传输方式的不同，物理归档可分为在线归档（网络传输归档）和离线归档（脱机载体归档）两种方式。

（1）在线归档。

在线归档是通过计算机网络或其他通信网络将电子文件传输到档案部门，仅仅利用网络来传递文件与数据。在网络上，凡是可以实现文件转移的方法都支持在线归档。当然，档案部门也需要具备在线接收的条件与能力。在线归档通常伴随着文件在不同服务器之间的转移，或从文件形成部门的服务器直接转移到档案部门的服务器，或先从文件形成部门的服务器暂时转移到中间服务器，然后再从中间服务器转移到档案部门的服务器。

（2）离线归档。

离线归档也叫卸载式归档，是将需要归档的电子文件拷贝到脱机载体上，并将脱机载体移交档案部门，档案部门再将脱机载体上的电子文件鉴定后读入本部门的计算机系统。当电子文件的形成系统没有在线归档功能或缺少与电子文件管理系统的网络连接时，或者当电子文件形成部门与电子文件归档管理部门属于不同的机构时，较多地采用离线归档的方式。例如，在工程建设中，工程建设单位通常会在建设项目结束后将电子文件统一拷贝到光盘或硬盘上交给工程的业主归档。

3. 物理归档的要求

电子文件物理归档，应符合以下要求：

（1）凡在网络中逻辑归档的电子文件，均应定期完成物理归档。

（2）把带有归档标识的电子文件集中拷贝到耐久性好的载体上，一式三套，一套封存保管，一套供查阅使用，一套异地保存。对于加密电子文件，应解密后再制作拷贝。

（3）电子文件归档载体的选择应符合国家相关规定，按优先顺序依次为只读光盘、一次写光盘、磁带、可擦写光盘、硬磁盘等。不允许用软磁盘作为归档电子文件长期保存的载体。

（4）存储电子文件的载体或装具上应贴有标签，标签上应注明载体序号、全宗号、类别号、密级、保管期限、存入日期等，归档后的电子文件的载体应设置成禁止写操作的状态。

（5）对于特殊格式的电子文件，应在存储载体中同时存入相应的查看软件。

（6）将相应的电子文件机读目录、相关软件、其他说明等一同归档，并附《电子文件归档登记表》。归档电子文件应以盘为单位填写《电子文件归档登记表》。

（7）对于需要长期保存的电子文件，应在每一个电子文件的载体中同时存入相应的机读目录。

（8）归档完毕后，电子文件形成部门应将存有归档前电子文件的载体保存至少1年。

4. 物理归档的特点

（1）归档方式灵活。凡是可以实现文件转移的方法都可以作为归档方式。

（2）随意性大，归档电子文件质量难以控制。

（3）所有物理归档方式都必须进行技术鉴定。

（4）难以保证电子文件元数据的准确性、完整性及安全性。

（5）必须对归档电子文件重新进行整理与编目。

（6）档案管理人员任务重、工作量大、效率低。

物理归档不同于逻辑归档的主要表现在于，物理归档是将电子文件的物理实体向档案部门移交，实际上是传统纸质文件归档方式在电子文件归档上的延伸。此外，物理归档由于没有电子文件管理系统归档模块的支持，因此基本不具备提前归档、提前鉴定、自动归类、同步利用等特点。物理归档相对于逻辑归档来说是一种低水平模式的归档方式，或者说是一种过渡方式。由于没有应用先进的管理理论与理念，物理归档对电子文件归档质量的控制难度远大于逻辑归档，归档验收审核的工作量也很大，归档效率较低。

无论采用哪种方式，电子文件形成部门在完成归档任务后，都可以根据需要选择删除或保留原服务器上的电子文件。

第三节 电子文件归档程序与方法

一、电子文件归档程序

电子文件形成或办理部门、档案部门可在归档过程中基于业务系统、电子档案管理系统完成电子文件及其元数据的清点、鉴定、登记、填写《电子文件归档登记表》等主要归档程序。

（一）清点

清点、核实电子文件的门类、形成年度、保管期限、件数及其元数据数量等。

（二）鉴定

对电子文件的真实性、可靠性、完整性和可用性进行鉴定，鉴定合格率应达到100%。鉴定内容包括：

（1）电子文件及其元数据的形成、收集和归档符合制度要求。

（2）电子文件及其元数据能一一对应，数量准确且齐全、完整。

（3）电子文件与元数据格式符合相关规定的要求。

（4）以专有格式归档的，其专用软件、技术资料等齐全、完整。

（5）加密电子文件已解密。

（6）电子文件及其元数据经安全网络或专用离线存储介质传输、移交。

（7）电子文件无病毒，电子文件离线存储介质无病毒、无损伤、可正常使用。

（三）登记

档案部门应将清点、鉴定合格的电子文件及其元数据导入电子档案管理系统预归档库，自动采集电子文件结构元数据，通过计算机文件名建立电子文件与元数据的关联，在管理过程元数据中记录登记行为，登记归档电子文件。

（四）填写《电子文件归档登记表》

依据清点、鉴定结果，按批次或归档年度填写《电子文件归档登记表》（表9-1），完成电子文件的归档。

表 9-1　电子文件归档登记表

单位名称					
归档时间		归档电子文件门类			
归档电子文件数量		卷　　件　　张　　分钟　　字节			
归档方式		□在线归档　　　□离线归档			
检验项目		检验结果			
载体外观检验					
病毒检验					
真实性检验					
可靠性检验					
完整性检验					
可用性检验					
技术方法与相关软件说明 登记表、软件、说明资料检验					
电子文件形成或办理部门（签章）		档案部门（签章）			
年　　月　　日		年　　月　　日			

注：归档电子文件门类包括文书、科技、专业、声像、电子邮件、网页、社交媒体、[其他]。

无论是采用逻辑归档方式还是采用物理归档方式，都可由系统自动生成《电子文件归档登记表》，打印后交接双方签字盖章，作为归档凭证留存。若采用物理归档方式，交接双方按照《电子文件归档登记表》清点归档材料，对归档电子文件进行全面的检查验收，在确认归档电子文件的技术状况合格、相关材料齐全后，交接双方在一式两份的《电子文件归档登记表》上签字盖章，各留一份，保存备查。对于与电子文件同时归档的配套纸质文件，以及双套制归档的纸质拷贝，应履行纸质文件归档手续，即填制一式两份的移交清单，交接双方按清单清点后签字，各留一份，以备查考。

二、电子文件归档方法

传统文件规范的归档方法是将文件组织整理成相对独立的保管单位后向档案部门移交。行政文书是以"件"为单位进行整理，最后装"盒"形成保管单位；科技文件是依据特定的关系将一组紧密联系的文件组织成案卷，形成"案卷"式保管单位。这种以保管单位为单元进行归档的方法构成传统档案的基本逻辑体系。电子文件的属性和形成特点与纸质文件不同，其管理更具多维性，因此电子文件归档方法自然就具有新的特点。从电子文件管理的实践来看，电子文件归档方法根据归档单元的不同，可分为以下四种。

（一）单份文件归档

单份文件归档实际上就是逐份文件归档，即在系统中待每一份归档文件定稿及签署后由归档模块将其归档至档案部门。单份文件归档通常只能在文档一体化管理系统中实现，它由逻辑归档模块实时完成。

（二）逻辑卷归档

纸质文件整理是将若干具有有机联系的文件组织成案卷，电子文件的案卷是虚拟的逻辑卷——文件夹，一个文件夹就是一个案卷、一个保管单位。逻辑卷归档通常是以物理归档方式完成的，既可以采用在线归档方式，也可以采用脱机载体归档方式。逻辑卷具备传统案卷的特征，采用类似传统保管单位的组织方法，将一组具有某种有机联系的电子文件组织成一个逻辑卷，即文件夹。文件夹的名称类似于传统案卷的标题，文件夹的组织可以采用机构档案分类的逻辑秩序。逻辑卷依据电子文件形成规律及管理需要确定，可以是一个问题、一个年度、一个课题（或专题），也可以是一个项目、一个机构，甚至可以是一个类别。逻辑卷以传统的案卷组织理论与逻辑方法为基础，不失为电子文件管理的一种有效方法，也为后期的数据建库奠定了基础。目前，许多基层单位的电子文件归档就是采用这种以文件夹为基本单元的逻辑卷归档方法，归档后也以这种逻辑卷为管理的逻辑基础。

（三）信息包归档

当一个机构的电子文件管理系统或电子档案管理系统是基于"开放档案信息系统参考模型"（简称OAIS参考模型）开发的时，采用信息包（Information Package，IP）的方式实现电子文件归档将是必然选择。在OAIS中，信息包作为信息模型的基本要素，是实现OAIS功能的基本保障。OAIS功能模型定义了三类信息包：SIP（提交信息包）、AIP（存档信息包）和DIP（分发信息包）。每个信息包包含以下四类信息对象：

（1）内容信息：被保存的原始信息对象。

（2）保存描述信息（PDI）：描述内容信息的特征并使其得以完全保存的必要信息，具体包括来源信息、背景信息、参考信息、固化信息，这类PDI又被称为元数据。

（3）封装信息：将内容信息和保存描述信息联系、封装和识别的信息，也称为打包信息。内容信息、保存描述信息通过打包信息构成一个信息包，三者绑定成一个整体。

（4）描述信息：描述信息包的特性和属性并帮助定位和检索用户所需信息包的信息。

在电子文件归档中，归档电子文件是以SIP进入OAIS的。归档时，电子文件的形成部门或系统,将归档电子文件及其元数据封装为 SIP 提交给 OAIS。OAIS 收集功能模块收集 SIP,对 SIP 进行质量确认及数据解析,生成符合系统数据格式和文件标准的 AIP。OAIS 模型并没有制定信息包的存在形式,因此对信息包的封装可以考虑采用 XML、数据表、交换格式等方式进行。XML 的出现大大方便了数据的交换和传递,因此它也被国家电子政务标准化总体组指定为电子文件封装首选技术。电子文件归档时,将内容文档、对象元数据、签名块作为一个电子文件对象,按照洋葱结构,通过 XML 技术进行封装。封装对象的每次修改都进行电子签名,所有层次的电子签名形成证书链,保证修改后的封装对象有效,实现电子文件法律证据价值。基于 XML 的电子文件对象封装格式,是适用于各种类型电子文件长期保存的记录格式,具有良好的自描述性和自我证明性,保证了电子文件的真实性、完整性、可靠性和长久可读性。

(四) 数据库归档

随着时间的推移和技术的不断进步,电子文件以数据库形式归档的情况逐渐增多,它也是未来电子文件归档的重要方法之一。档案部门将来要接收各种不同的技术系统在业务及管理活动中形成的数据库,这些数据库的架构各不相同,那么档案部门必将面临异构数据库的合库问题。

引入数据仓库技术来处理数据库归档问题是一种主要技术选择。数据仓库是一个面向主体的、集成的、不可更新的、与时间相关的数据集合。档案部门对归档移交的各种数据库进行鉴定、抽取、转换、加载,形成一个数据仓库。数据仓库技术是数字档案馆(室)的核心技术。

第四节 电子文件归档的要求

一、电子文件归档的总体要求

电子文件归档工作的目标主要有两个:一是保证归档文件质量;二是保证归档工作顺利进行,并逐步提高归档工作水平。电子文件归档要求包括电子文件归档工作要求和电子文件归档质量要求两个方面。事实上,前文所涉及的电子文件归档范围、归档方式、归档程序等工作规范包含了电子文件归档工作的诸多要求。

(一) 工作要求

1. 前端控制思想

归档是档案部门正式接管电子文件管理工作的起点,为了保证电子文件质量,电子文件归档时点提前至电子文件形成或初次传递时，这必然要求档案部门对电子文件管理工作的介入向前延伸，从电子文件生命周期的"前端"就开始控制电子文件的归档活动。

（1）前端控制的必要性。

前端控制是至关重要的。电子文件具有易流失、易更改等特性，很容易出现差错，而且损失难以挽回。针对电子文件"稍纵即逝"的特点，防止失误、控制差错的时机应延伸至电子文件生命周期的"前端"，从电子文件形成阶段就注重维护工作，可有效防止电子文件的损伤和毁坏。前端控制原则正是强调将管理措施介入电子文件形成之初，从源头抓起，确保电子文件的真实与完整。

（2）前端控制的实施条件。

电子文件管理系统是计算机信息系统的一种特殊类型，它必须考虑保存电子文件的各种特殊需要。这些需要包括电子文件的形成、跟踪、检索和维护，把电子文件作为活动凭证安全地存储，使那些具有持续价值的电子文件能够不断被提供利用，等等。因此，相较于传统纸质文件管理，电子文件管理的难度要大得多。在建立电子文件管理系统，实施前端控制时，必须具备充分且必要的外部条件。

第一，加强立法，建立严密的法规体系。严密的法规体系是有效实施前端控制的基本条件。在电子文件管理系统中，电子文件的设计、形成、流动、维护等要素涉及人员众多，关系到方方面面，如何将这些多向的、杂乱的要素系统化，进行有效的排列组合，关键在于法规体系是否完善。有了严密而有效的法规体系，就可以明确电子文件的设计要求、处置方法和权限，保管和存储的责任归属，从而为提前干预电子文件奠定基础，使电子文件管理系统正常发挥其功能，而不至于发生障碍。

第二，档案工作者要有较高的综合素质。随着信息技术向各个领域渗透和全面发展，档案工作需要有学识、懂档案、精通计算机的"通才型"人才，即具有较高档案理论和业务水平的计算机系统操作人员。在未来，档案工作者不但要利用计算机技术等信息技术独立进行工作，还要与信息技术专家合作开发电子文件管理系统，这些工作需要档案工作者提高以档案理论知识、计算机技术水平为主的综合素质。

第三，提高全社会的档案意识。在电子文件的形成、管理、传输过程中，具有强烈使命感和责任感的档案意识占主导地位，就会使电子文件前端控制管理模式的形成与发展的各种要素得到强调，从而强化各要素之间的排列组合，整合成为得以快速发展的电子文件管理系统。假如淡薄的甚至熟视无睹的档案意识占主导地位，即使政府投入巨大的物力和财力，电子文件前端控制管理系统也难以形成。

第四，高效的档案行政管理运行机制。只有高效的档案行政管理运行机制，才能使有关领导按照既定目标和计划对下层的活动进行指导，通过协调和监督的过程，实现前端控制的目标；只有高效的档案行政管理运行机制，才能引导与电子文件形成、保管、传输有关的机构、组织、个人之间建立良好的相互协同、相互配合的关系，有效地解决各种矛盾，使整个电子文件管理系统的效率最大化。

（3）前端控制的实现方法。

总体上，要构建合理的责任分配机制。前端控制的主体应由三部分人员组成，即档案专业人员、计算机专业人员和项目设计人员。档案专业人员负责处理所有与档案有关的问题；计算机专业人员负责选用设备、软件、实施的环境，保证选用的数据传递、存储方法等计算机技术方法的先进性、合理性；项目设计人员负责配合档案专业人员和计算机专业人员的工作，判断档案专业人员和计算机专业人员选择的方法、采取的措施是否会影响设计工作，向他们提出要求。

具体来说，电子文件管理系统是电子文件管理制度、方法和策略的实际执行者，因此在电子文件管理系统设计阶段就应结合元数据模型，按照归档要求，明确规定归档对象、归档范围、归档步骤、归档方法和检验标准等；将归档与系统捕获功能结合起来，及时将有保存价值的电子文件及其元数据纳入档案管理范畴；设计结构合理的归档电子文件数据库及其目录数据库，并保持二者之间的有机联系；制定规范的工作流程，要求特定流程结束后必须将相关电子文件归档；要求用户及时著录和鉴定电子文件，并在电子文件信息和电子文件归档前的著录、鉴定信息之间建立联系，保证在电子文件归档的同时，将相关信息移交或发送给电子文件管理系统；等等。

2. 全程管理思想

电子文件的形成是一个动态的、不断叠加累积的过程，归档活动很难一次完成，因此，电子文件的归档还要强调"全程管理"，尤其是对于"实时归档"的电子文件来说，必须随着文件处理的开展，不断补充记录和归档相关的文件内容及其元数据。对于"定期归档"的电子文件来说，则必须注意对办理完毕的电子文件及时进行捕获和积累，防止电子文件在归档前丢失或被非法篡改。

（1）全程管理的必要性。

全程管理是现代文件、档案管理理念的重要内容，它以文件生命周期理论为基础，把文件从形成到永久保存或销毁的不同阶段看作一个完整的过程。在这个过程中，文件的形成是前端，处理、鉴定、整理、编目等是中端，永久保存或销毁是末端。传统文件、档案管理的特征是分阶段、分环节控制，文件管理和档案管理作为两个相对独立的系统分别运行，文件、档案管理的全部目标和要求被分解到不同的阶段、环节和步骤之中。全程管理则是对整个管理过程的目标、要求和规则进行系统分析、科学整合，把需要和可能在文件形成阶段实现或部分实现的管理功能尽量在这一阶段实现。

通过全程管理，可抑制文件生命周期各阶段威胁电子文件真实性与完整性的风险因子产生，并及时识别文件环境中各种可能出现的风险，有针对性地及时调整管理策略，达到维护电子文件真实性与完整性的目的。电子文件的全程管理是一种全面、系统、动态的过程管理，涉及电子文件的形成流程、管理规则、管理方法及质量要求，要求整个管理体系无缝连接，通过对电子文件形成、流转、利用、保管等每一项管理活动实施具体的过程监控，及时发现与解决问题。在这个过程中，将电子文件管理活动与职能活动紧密联系起来，建立涵盖电子文件全部管理活动的目标体系、程序体系和技术方法体系，通过过程控制实现结果控制。

（2）全程管理的实现方法。

必须对电子文件的整个生命周期进行监控和记录，做到事前控制、跟踪记录、事后审查。电子文件的真实性和可靠性只有在保存文件的程序性规则被嵌入整个文件管理系统中时，才能得到有效确保。因此，对电子文件的任何操作都要有相应的机构和管理制度制约，并须加入不可去掉的标识信息；要对电子文件生命周期的每一环节进行监控，并留存相应记录，以严密追踪电子文件的现时状况及来龙去脉，从而确保电子文件的真实性与完整性。

（二）质量要求

1. 质量检查与技术检测同步实施

质量检查主要是为了保证归档电子文件满足真实性、完整性、可用性方面的要求。归档电子文件的质量首先由电子文件形成部门负责，电子文件形成部门必须保证归档的电子文件是对业务活动真实、完整的记录。技术检测主要从载体、病毒、软硬件环境、格式等方面对归档的电子文件进行可用性检测，保证电子文件在归档后可以被长期使用。质量检查和技术检测在实际工作中可以同时在归档时进行，主要依靠具备捕获、归档功能的电子文件管理系统完成，有时需要借助于第三方工具或依靠人工方能完全实现。质量检查和技术检测共同构成捕获流程中"验证"的工作内容。

2. 归档电子文件应满足真实性、完整性、可靠性和可用性方面的质量要求

（1）归档电子文件必须是当时当人当事形成的，符合归档格式要求且为准确版本。在归档时应由电子文件形成部门对归档电子文件内容的可靠性、稿本的准确性及双套文件的一致性进行确认并负责。特别要注意的是，归档时经过格式转换的电子文件，如果发生了形式上的变化，则须认定这种变化不影响电子文件内容的真实性。

（2）归档电子文件及其相关文件齐全，元数据完备，且归档电子文件与相关文件、元数据的链接手段有效。

（3）归档电子文件在长期保管过程中能够被正常地找到、显示和阅读，没有丢失和差错。一方面，需要保证电子文件能够及时、准确地被检索到，这就要求电子文件归档时要经过系统整理、著录，电子文件命名符合要求；另一方面，需要保证电子文件在电子文件管理系统或其他系统中能够被打开且有效表现所有内容，尤其是经过格式转换的电子文件，其展示的内容没有乱码，可以被人阅读并理解。

（4）电子文件、电子档案的内容应完全和正确地表达其所反映的事务、活动或事实。

二、电子文件归档的具体要求

电子文件归档的具体要求包括归档时间要求、归档载体及份数要求、归档格式要求、归档接口要求等方面的内容。

（一）归档时间要求

电子文件应当在形成或办理完毕后实时或定期归档。实时归档是指电子文件形成或办理完毕后即刻归档。定期归档是指按照机构有关规定，在电子文件形成一段时间后再向档案部门移交。电子文件归档应根据业务需要和电子文件管理要求选择适宜的归档时间。《电子文件归档与电子档案管理规范》规定，电子文件形成或办理部门应定期将已收集、积累并经过整理的电子文件及其元数据向档案部门提交归档，归档时间最迟不能超过电子文件形成后的第 2 年 6 月。在双套制归档过程中，原则上电子文件应与纸质文件同时归档。机构业务活动信息化程度较高，电子文件办理完毕后实时归档，而纸质文件可定期归档，此时可将实时归档的电子文件放入暂存区，等待与纸质文件一并正式归档。

（二）归档载体及份数要求

电子文件应当以国家规定的标准存储格式进行归档，属于国家秘密的电子文件应当使用专用保密存储介质存储，并按保密规定办理归档手续。离线归档的电子文件应采用一次写光盘、磁带、硬磁盘等离线存储介质，电子档案离线存储介质至少应制作一套，可根据异地备份、电子档案珍贵程度和日常应用需要等实际情况，制作第二套、第三套离线存储介质，并在装具上标识套别。归档光盘按查阅使用频度，分成普通级和频繁级。普通级归档光盘一式三份，一份供查阅使用，一份封存保管，一份异地保存。频繁级归档光盘一式四份（或更多份），两份供查阅使用，一份封存保管，一份异地保存。

（三）归档接口要求

结合业务系统、电子档案管理系统运行网络环境及本单位实际，确定电子文件及其元数据归档接口并做出书面说明，归档接口通常包括但不限于 webservice 归档接口、中间数据库归档接口和归档电子文件及其元数据的规范存储结构。通过规范电子文件及其元数据的数据存储结构，实现归档电子文件数据规范、统一，从而能够满足无须特别接口即可实现在线归档的要求。

（四）归档格式要求

电子文件归档格式要求包括电子文件本身及其元数据两方面的归档格式要求，其中电子文件本身的归档格式要求在前文已详细介绍，在此不再赘述。

（1）根据电子文件归档接口及元数据形成情况确定电子文件元数据归档格式。

（2）声像类电子文件元数据、在单台计算机中经办公、绘图等应用软件形成的电子文件，可以 ET、XLS、DBF 等格式归档。

（3）经业务系统形成的各门类电子文件元数据应根据归档接口确定归档格式：选择 webservice 归档接口或归档电子文件及其元数据的规范存储结构时，可以 ET、XLS、DBF、XML 等任一格式归档；选择中间数据库归档接口时，可与电子文件一并由业务系统数据库推送至中间数据库，也可再由中间数据库导出数据库数据文件。

课后思考题

1. 阐述电子文件归档的含义与特点。
2. 如何确定电子文件归档范围？
3. 电子文件归档范围包括哪些具体内容？
4. 什么是逻辑归档？逻辑归档的条件及特点是什么？
5. 什么是物理归档？物理归档的方式、要求及特点有哪些？
6. 阐述电子文件归档程序。
7. 电子文件归档方法有哪些？
8. 阐述电子文件归档的要求。

第十章 电子档案移交与接收

学习目标

- 明确电子档案移交与接收的含义
- 明确移交、接收、归档的关系
- 了解电子档案移交与接收的环节
- 掌握电子档案移交与接收的流程和要求

第一节 电子档案移交与接收概述

电子档案是具有永久保存价值的电子文件,是电子文件的延续,具有电子文件的基本特点。电子档案的移交与接收是国家档案资源能否最终通过法定途径被集中保管并安全维护的关键环节,应遵循严格的工作流程,办理相关交接手续,保证交接过程权责明确,杜绝安全隐患,从源头上保证电子文件的可靠性和可信性。

一、移交与接收的概念

(一) 移交的概念

移交(transfer)是指文件形成机构向各级国家综合档案馆或专业档案馆转移电子档案的活动。移交是电子文件归档后按有关规定移交档案馆等档案部门进行集中保管的过程,是电子档案进入永久保存状态的开始,也是机构保存电子文件的最后环节。

(二) 接收的概念

接收(accession)是指档案馆、档案室按照国家规定收存电子档案的过程。接收至少包含档案室对归档电子文件的接收和档案馆对移交电子档案的接收两种含义。从理论上说,接收是从档案部门的主体视角对实现电子档案收存过程的概括,其内容应不拘于归档和移交的电子档案,也包含其他主体或以其他方式向档案部门提交的具有保存价值的电子文件。各级国家综合档案馆是党和国家永久保管档案的基地,是电子文件的最终归宿,接收具有永久保存价值的电子文件是新时期档案馆工作的一项重要内容。

二、接收的特点与意义

(一) 接收的特点

从形式上看,电子档案接收是把分散在各单位的电子档案集中到档案部门保存的过程。电子档案接收是档案接收在数字时代的发展,是档案数据库建设的重要途径之一。

1. 接收要求的复杂性

传统纸质档案的内容与存在形式一般合二为一,在接收过程中比较注重档案的存在形式,只要档案符合接收质量要求,在办理一定手续后即可完成接收。电子档案在接收过程中,更注重数据内容,而不是载体或记录形式。由于电子档案具有可分离性、易更改性等特点,其接收要求相对比较复杂,必须通过建立各种接收检验和保护技术手段,确保电子档案数据的真实性、完整性、可靠性和可用性。

2. 接收手段的依赖性

档案部门接收纸质档案的方式相对比较简单,但是电子档案对系统、设备等软硬件环境具有依赖性,使得其接收必须依赖计算机进行,一旦所依赖的计算机设备发生故障,势必造成难以挽回的损失。

3. 接收对象的完整性

纸质档案接收要求各立档单位定期将本单位具有长久保存价值的档案实体移交档案馆,包括相应完整的案卷目录、全引目录、全宗介绍等目录检索工具,而电子档案接收,除了要接收电子档案数据和相应的目录外,还要同时接收与之相关的背景信息和元数据,这样才能确保所接收电子档案的真实性、完整性、可用性和安全性。

4. 接收过程的安全性

纸质档案的接收比较直接,对档案接收的安全性没有过多的要求。电子档案的接收尤其是在线接收,需要借助于一定的软件和硬件设备,这些设备、载体、系统在一定程度上存在着大于纸质文件环境的安全隐患。在电子档案接收过程中,需要充分考虑各项安全问题,采取必要的安全保护措施,确保电子档案在接收过程中处于安全的环境,防止电子档案信息受到威胁或发生泄密等安全事故。

(二) 接收的意义

电子档案接收是各级各类国家档案馆的法定工作,是档案收集工作的主要内容之一。《中华人民共和国档案法》明确规定:"机关、团体、企业事业单位和其他组织应当按照国家有关规定,定期向档案馆移交档案,档案馆不得拒绝接收。"《电子文件管理暂行办法》(中办国办厅字〔2009〕39号)规定:"各级国家综合档案馆负责接收和保管本馆接收范围内各单位形成的具有永久保存价值的电子文件,并依法提供利用。"这些规定不但明确了各单位向档案馆移交电子文件和档案馆接收电子文件的法定义务与责任,也进一步明确了各类应长期和永久保存的电子文件的最终归宿。

积极做好电子档案接收工作对于保存社会记忆、传承人类文明,推动社会信息资源数字化转型,推动智慧国家、智慧社会建设具有深刻而长远的意义。随着各种技术的不断进步,电子文件逐渐成为社会主流的信息交流工具,成为承载社会实践活动记录的主要载体,做好电子档案接收工作是数字时代档案人义不容辞的责任。

三、移交、接收、归档的关系

(一)移交与接收的关系

电子档案的移交与接收是电子档案管理流程的重要环节,是电子文件转变为电子档案的重要工作环节,二者统一于文件管理系统。移交与接收的工作对象相同,都是具有档案价值的电子文件;但实施主体不同,移交的主体是文件形成部门,接收的主体是档案部门。电子档案的移交与接收是针对电子档案的涉及不同主体的交接过程。

电子档案的移交与接收不仅是电子文件实体和信息的转移,更重要的是电子文件管理责任主体的变更,即从电子文件的形成单位——立档单位,变成电子档案的永久保管单位——各级各类档案馆,如国家综合档案馆和专业档案馆等。

在我国综合档案馆的移交与接收工作中,承担移交与接收业务指导职责的主体包括档案主管部门、档案馆及其他相关部门,而承担接收验收职责的主体主要为档案馆。在省级层面,承担移交与接收业务指导职责的主体包括档案主管部门和档案馆。承担接收验收职责的档案馆内设部门大多为接收征集处/接收保管处、收集鉴定处(部门名称略有差异,但职能类似)。部分档案馆由信息技术处/电子档案管理处单独开展电子档案移交与接收工作,少数档案馆由其他部门(如党政档案管理处、管理利用处)接收电子档案。在市县级层面,承担移交与接收业务指导职责的主体包括档案主管部门、档案馆及其他相关部门。承担接收验收职责的档案馆内设部门通常为一个部门,少数为两个或三个部门,包括保管/管理利用科/股、档案管理科/股、电子档案/信息科/股等。

(二)归档与移交的关系

归档发生在文件形成机构内部,由文件形成部门将具有保存价值的电子文件的管理权交给档案部门;移交发生在不同机构之间,文件形成机构将具有永久保存价值的电子文件交给档案馆或其他机构。归档前后电子文件的存储位置可能改变,也可能不改变;

移交前后电子文件的存储位置发生改变。归档的对象是具有保存价值的电子文件，其保存价值有大有小；移交的对象一般是具有长期或永久保存价值的电子文件。

电子文件移交意味着电子文件的管理责任由文件形成机构转向档案馆，同时移交的电子文件将转入档案馆的电子文件长期保存系统进行保存。因此，在移交与接收时，电子文件必须符合长期保存的要求，交接双方必须对移交的电子文件状态进行认定，并履行必要的手续。

四、移交与接收的要求

（一）移交的要求

（1）移交时间。档案移交单位一般自电子档案形成之日起 5 年内向同级国家综合档案馆，或者按照有关规定向其他专业档案馆移交。对于有特殊要求的电子档案，可以适当延长移交时间。涉密电子档案移交时间，可参照国家相关规定或与档案馆进行协商确定。对于电子档案的移交时间，我国综合档案馆普遍采取"定时制"，即规定电子档案自形成之日起满一定年限后移交。

（2）移交格式。电子档案移交格式应当符合国家规定的电子文件长期保存格式。

（3）移交载体。我国现行规范要求脱机移交时，将光盘作为电子档案移交载体。实际操作时可根据情况，双方协商移交载体的类型、型号等参数。

（4）元数据应当与电子档案一起移交，一般采用基于 XML 的封装方式组织档案数据。

（5）电子档案有相应纸质、缩微制品等载体的，应当在元数据中著录相关信息。

（6）采取技术手段加密的电子档案应当解密后移交，压缩的电子档案应当解压缩后移交；特殊格式的电子档案应当与其读取平台一起移交。

（7）档案移交单位应当将已移交的电子档案在本单位至少保存 5 年。

（8）电子档案的移交可采用离线或在线方式进行。

（9）离线移交电子档案应当满足下列基本要求：① 档案移交单位一般采用光盘移交电子档案，光盘应当符合归档要求；② 档案移交单位一般向同级国家综合档案馆（或其他专业档案馆）移交一套光盘，光盘应当单个装盒；③ 档案移交单位应当按照有关要求进行光盘数据刻录及检测；④ 存储电子档案的载体和载体盒上应当分别标注反映其内容的标签；⑤ 移交载体内电子档案的存储结构应当符合国家和地方的有关要求。

（10）在线移交电子档案的单位应当通过与管理要求相适应的网络传输电子档案，传输的数据应当包含符合要求的电子档案及其元数据，数据结构一般为一张或多张光盘内电子档案的存储结构组合，单张光盘的数据量小于光盘的实际容量。

（11）档案移交单位在向国家综合档案馆（或其他专业档案馆）移交电子档案之

前，应当对电子档案数据的真实性、完整性、可用性和安全性进行检验，合格后方可移交。

（二）接收的要求

档案馆接收电子档案时，应满足以下要求：

（1）建立电子档案接收平台，进行电子档案数据的接收、检验、迁移、转换、存储等工作。

（2）对所接收的电子档案数据的准确性、完整性、可用性和安全性进行检验，合格后方可接收。

（3）将电子档案交接、迁移、转换、存储等信息补充到电子档案元数据中。

（4）对电子档案数据迁移和转换前后的一致性进行校验。

（5）对所接收的电子档案载体保存 5 年以上。

（6）对电子档案载体应当按照《档案级可录类光盘 CD-R、DVD-R、DVD+R 技术要求和应用规范》（DA/T 38—2021）和《磁性载体档案管理与保护规范》（DA/T 15—1995）进行管理。

五、移交与接收的环节

从理论上说，电子档案移交与接收工作通常包括交接联络、整理与自检、交接准备、交接验收和交接后处理五个环节。

（一）交接联络

档案移交单位在移交电子档案之前需要提前至少 3 个月向档案部门提出移交申请，以便档案部门上门指导、确定移交事项及准备接收检查、存放库房和存储空间。档案部门在接到移交申请后应尽快派相关工作人员与档案移交单位进行联系，时间最长不可超过 1 个月。联系事项主要包括：确定上门指导时间；确定预检的比例和范围；确定移交电子档案的初步日期，待档案部门预检之后根据检查情况再确定具体日期；确定全部移交电子档案的大小，以准备存放库房和存储空间；确定在线移交可衔接的软硬件；等等。

档案部门在移交工作开始之前应当与档案移交单位积极联系，在电子档案准备过程中就主动介入，指导整理工作，在一定程度上保证电子档案整理的规范，尽量减少错误，进而避免在移交过程中出现大范围的问题而延缓移交进程。在指导工作中，档案部门应当按照规范对档案移交单位已整理的电子档案进行抽样预检评估，抽样比例为 1%，主要目的是检查是否按照规范整理电子档案，以便针对发现的问题开展指导工作。

为了降低风险，同时保证档案移交单位电子文件的日常使用与电子档案的整理工作顺利开展，电子文件归档一般应当在 3 个月内完成，向档案部门移交已归档电子文件则在不超过 5 年的时间内完成，鼓励提前移交。有相应纸质档案的，尽量同时移交，不能同时移交的需要在《电子文件归档登记表》中注明原因。档案部门必须对及时和未及时移交的电子档案与纸质档案建立一定的联系，日后进馆的纸质档案也需要及时与相应的电子档案建立联系。

（二）整理与自检

整理与自检是指档案移交单位应将准备移交的电子档案按照相关规定整理妥当，并进行检测，保证待移交的电子档案符合相关要求。档案的生命是原始记录性，电子档案的原始记录性需要由数据的真实性、完整性、有效性来保证。此环节的主要任务就是对电子档案进行规范化整理，并按照要求进行全方位自检，以确保电子档案长久可用。

电子档案的规范化整理是电子档案管理的基础工作，只有拥有了高质量的数据信息，移交、接收和日后的管理工作才更加有意义。自检是为了保证电子档案信息的准确无误，确保电子档案的内容、背景和结构元数据完整无缺失、真实无篡改、可读无障碍，主要检查内容包括真实性、完整性、有效性及载体检查。档案移交单位应当将已按照规范整理的电子档案与原始数据对比，进行校验，核对内容、元数据、封装包的完整性，防止在迁移或转存过程中出现信息错误；应当在标注的运行系统平台上打开电子档案，确保每份电子档案可读；应当保证存储载体、电子档案本身不含病毒，防止病毒恶意篡改；应当确定电子档案无加密、无压缩处理，若必须进行加密、压缩处理，则要检查密钥和压缩软件是否一并移交；应当检查是否与相应纸质档案建立有效的联系，确保内容及其表现形式一致，处理过程无差错；应当检查电子档案是否严格按照分类方案合理有序地排列。载体检查主要是确保移交载体在记录后的状态变化符合相关规定，并且保证载体表面清洁、无划痕，同时注意载体及装具上标签内容的完整与清晰。

（三）交接准备

在交接工作开始前，为了有效衔接，交接双方还需要准备移交和接收设备。根据档案移交单位提供的信息，档案部门要预留合适的库房容量及存储空间来接收离线或在线移交的电子档案，避免在接收过程中出现容量不足而不得不中断移交的状况。新移交的电子档案需要有一定的隔离期，以便对其是否带有病毒等进行检验，因此档案部门需要将接收服务器、存储载体与本单位存储系统进行物理隔离。为了对电子档案进行高效的检验，档案部门还需要准备相应的读取设备及相关的检验软件。

此外，档案移交单位在准备好电子档案和完成自检之后应当填写《电子文件归档登记表》和《电子档案移交接收登记表》。《电子文件归档登记表》能够反映电子文件的归档信息与检验情况等。《电子档案移交接收登记表》能够反映归档电子文件移交前在移交单位的自检结果和移交后在接收单位的验收结果。此表格在交给档案部门之前由移交单位填写移交前的自检结果。

第十章 电子档案移交与接收

（四）交接验收

在做好准备工作之后，档案移交单位应与档案部门在商定的时间内进行交接工作。档案部门在接收电子档案的过程中，需要对其进行全面检查以保证馆藏安全，并且交接双方要办理交接手续以确认电子档案管理主体的变更及移交工作的结束。

档案部门对移交电子档案的检查是电子档案进馆之前的最后一道关口，档案部门需要对每一件电子档案的质量负责，其重要程度可想而知。每一件电子档案都必须经过外观、真实性、完整性、有效性和载体检查，只有合格率达到100%时，档案部门才能确认接收，否则应将有问题的电子档案退还给档案移交单位并指出问题，要求其重新制作，如果存在大范围的问题，则要求其全部重新整理。

（五）交接后处理

在移交验收完成之后，交接双方需要履行交接手续，正式确定电子档案管理权的转移及管理主体的变更。主要工作就是在档案部门验收后，交接双方确认《电子文件归档登记表》和《电子档案移交接收登记表》的内容正确无误后签字盖章，一份由档案部门留存，一份交还给档案移交单位。

至此，归档电子文件管理权由档案移交单位正式转移给档案部门，标志着交接工作的结束。交接工作完成后，电子档案管理工作进入下一阶段。

第二节 移交与接收环节电子档案检测

一、真实性检测

电子档案真实性检测包括电子档案来源真实性检测、电子档案元数据准确性检测、电子档案内容真实性检测、元数据与内容关联一致性检测及移交信息包真实性检测五个方面。

（一）电子档案来源真实性检测

电子档案来源真实是判断电子档案真实与否的重要条件，电子档案来源信息是电子档案真实性的佐证，验证电子档案来源信息的真实性具有重要的法律意义。电子档案来源真实性检测一般通过对电子档案的固化信息进行有效性检测来实现，以保证电子档案的来源是真实的。其中，电子档案的固化信息一般包括电子档案中包含的数字摘要、电子签名、电子印章、时间戳等技术措施所形成的信息。

（二）电子档案元数据准确性检测

电子档案的元数据非常丰富且复杂，是保障电子档案真实性、完整性、可用性和安全性不可缺少的数据项。对电子档案元数据准确性的检测主要依据各门类电子档案元数据方案中所规范的电子档案元数据项或自定义的元数据项开展，所涉及的内容主要有以下几个方面：

（1）元数据项数据长度检测。检测元数据项数据长度是否符合要求，包括：对数据库中电子档案元数据项进行数据长度检测；对移交信息包中元数据项进行数据长度检测。

（2）元数据项数据类型、格式检测。检测元数据项数据类型、格式是否符合要求，包括：对数据库中电子档案元数据项进行数据类型和格式的检测；对移交信息包中元数据项进行数据类型和格式的检测。

（3）设定值域的元数据项值域符合度检测。检测设定值域的元数据项的数据是否符合值域要求，包括：对数据库中电子档案元数据项进行值域范围的检测；对移交信息包中数据项进行值域范围的检测。

（4）元数据项数据值合理性检测。检测元数据项数据值是否在合理范围内，包括：对数据库中电子档案元数据项进行数据值是否在合理范围内的检测；对移交信息包中元数据项进行数据值是否在合理范围内的检测。

（5）元数据项数据包含特殊字符检测。依据《信息技术 中文编码字符集》（GB 18030—2022）中的双字节非汉字符号或自定义的特殊字符，检测元数据项数据中是否包含特殊字符，包括：对数据库中电子档案元数据项进行数据值是否包含特殊字符的检测；对移交信息包中元数据项进行数据值是否包含特殊字符的检测。

（6）档号规范性检测。依据《档号编制规则》（DA/T 13—2022）和用户自定义的档号编制规则，检测电子档案编制的档号是否符合规范，包括：对数据库中的档号进行检测；对移交信息包中的档号进行检测。

（7）元数据项数据重复性检测。此项检测主要是为避免立档单位重复移交电子档案而开展的。依据用户自定义的元数据项（如档号、文号、题名）进行数据库记录和移交信息包的数据重复性检测。

（8）元数据项（全宗号、目录号、分类号）与档案馆要求的一致性检测。依据《档号编制规则》和用户自定义的全宗号、目录号、分类号编制规则，对数据库中全宗号、目录号、分类号的编制规范性，以及移交信息包中全宗号、目录号、分类号的编制规范性进行检测，以保证移交单位和接收单位元数据项规则的一致性。

（三）电子档案内容真实性检测

电子档案内容是电子档案的核心构成要素，电子档案内容真实与否是判断电子档案

第十章 电子档案移交与接收

真实性的核心指标。电子档案内容真实性检测一般通过捕获电子档案内容数据的电子属性信息（如计算机文件名、文件大小、文件格式、文件创建时间等），与电子属性信息中记录的数据进行比对来实现，以保证电子档案内容数据电子属性的一致性。

（四）元数据与内容关联一致性检测

元数据与内容关联一致性检测主要是依据元数据中记录的文件存储路径，通过检测电子档案内容数据是否存在来实现的，以保证电子档案元数据与内容数据的关联。

（五）移交信息包真实性检测

移交信息包是经过一定的技术手段（如封装）处置之后形成的，在封装的过程中电子档案的真实性可能无法得到保障，因此对封装之后的移交信息包进行整体检测是电子档案真实性检测的一个方面。具体内容包括：

（1）说明文件和目录文件规范性检测。依据相关检测规定，对移交信息包的说明文件和目录文件信息组织是否符合规范进行检测，以保证移交信息包信息组织结构和内容符合移交要求。

（2）信息包目录结构规范性检测。依据相关检测规定，通过审查电子档案文件夹名称和移交信息包目录结构，检测移交信息包内的文件夹结构是否符合规范。

（3）信息包一致性检测。采用数字摘要比对的方式对移交信息包的一致性进行检测。移交前计算移交信息包的数字摘要，接收时重新计算数字摘要并和移交前的数字摘要进行比对，以保证信息包在移交前后完全一致。

二、完整性检测

电子档案完整性检测包括电子档案数据总量检测、电子档案元数据完整性检测、电子档案内容完整性检测、移交信息包完整性检测四个方面。

（一）电子档案数据总量检测

电子档案数据总量检测通过对电子档案总件数相符性和总字节数相符性的检测来实现。

（1）总件数相符性检测。依据电子档案移交与接收相关规定，对电子档案总件数进行相符性检测。采用在线移交方式时，由计算机系统自动检测。采用离线移交方式时，计算机系统自动统计总件数，由人工将计算机系统统计的件数与《电子档案移交接收登记表》中登记的件数进行比对，以保证电子档案总件数与实际移交件数相符。

（2）总字节数相符性检测。依据电子档案移交与接收相关规定，对电子档案总字节数进行相符性检测。采用在线移交方式时，由计算机系统自动检测。采用离线移交方式时，计算机系统自动统计总字节数，由人工将计算机系统统计的字节数与《电子档案移交接收登记表》中登记的字节数进行比对，以保证电子档案总字节数与实际移交字节数相符。

（二）电子档案元数据完整性检测

（1）元数据项完整性检测。依据《文书类电子文件元数据方案》（DA/T 46—2009）规定的元数据项或自定义的元数据项进行检测，判断电子档案元数据项是否存在缺项情况，以保证电子档案元数据项的完整性。

（2）元数据必填著录项目检测。依据《文书类电子文件元数据方案》规定的元数据项或自定义的元数据项进行检测，判断元数据必填项是否为空，以保证电子档案元数据必填项的完整性。

（3）过程信息完整性检测。逐一检查电子档案元数据中包含的处理过程信息是否完整，以保证电子档案过程信息的完整性。

（4）连续性元数据项检测。依据《归档文件整理规则》（DA/T 22—2015）及用户自定义的具有连续编号性质的元数据项（档号、件内顺序号等）和起始号规则进行检测。检测具有连续编号性质的元数据项是否按顺序编号，是否从指定的起始号开始编号，以保证电子档案元数据的连续性。

（三）电子档案内容完整性检测

（1）内容数据完整性检测。通过打开电子档案内容数据进行人工检测，判断电子档案内容数据是否完整，实现电子档案内容数据完整性检测。

（2）附件数据完整性检测。通过打开电子档案附件数据进行人工检测，判断电子档案内容数据中的附件部分是否完整，实现电子档案附件数据完整性检测，以保证电子档案内容数据中附件内容不丢失、不遗漏。

（四）移交信息包完整性检测

依据移交信息包元数据中记录的文件数量检测移交信息包中实际包含的电子文件数量，比对二者是否相符，实现移交信息包内容数据完整性检测，以保证移交信息包中内容数据齐全、完整。

三、可用性检测

电子档案可用性是电子档案可以被检索、呈现或理解的性质。对电子档案可用性的检测通过电子档案元数据可用性检测、电子档案内容可用性检测、电子档案软硬件环境检测及移交信息包可用性检测来实现。

（一）电子档案元数据可用性检测

（1）信息包中元数据的可读性检测。检测移交信息包中存放元数据的 XML 文件是否可以正常解析、读取数据，实现信息包中元数据的可读性检测，以保证电子档案元数据可正常读取。

(2) 目标数据库中的元数据可访问性检测。检测是否可以正常连接数据库，是否可以正常访问元数据表中的记录，实现目标数据库中的元数据可访问性检测，以保证电子档案元数据可正常访问。

（二）电子档案内容可用性检测

(1) 内容数据格式检测。依据相关规范对电子档案内容数据格式进行检测，判断其是否符合移交要求，以保证电子档案内容数据格式符合移交要求。

(2) 内容数据的可读性检测。通过人工打开文件实现对电子档案内容数据的可读性检测，以保证特定格式的电子档案内容数据可读。

（三）电子档案软硬件环境检测

通过对电子属性信息中记录的软硬件环境信息进行检测，判断其是否符合移交要求，实现对电子档案软硬件环境的合规性检测，以保证电子档案软硬件环境信息符合移交要求。

（四）移交信息包可用性检测

通过对移交信息包是否包含非公开压缩算法、是否加密、是否包含不符合移交要求的文件格式等进行检测，实现对移交信息包中包含的内容数据格式的合规性检测，以保证移交信息包中的电子档案可读、可用。

四、安全性检测

电子档案安全性是指电子档案在产生、传输、使用等过程中载体和信息的安全，意味着电子档案的载体未被破坏，内容、结构、背景信息等未被非法访问、非法获得、非法操作等。对电子档案安全性的检测通过移交信息包病毒检测、移交载体安全性检测、移交过程安全性检测来实现。

（一）移交信息包病毒检测

(1) 系统环境中是否安装杀毒软件检测。通过检测操作系统是否安装国内通用杀毒软件，实现对系统环境的防病毒安全性检测。

(2) 病毒感染检测。通过调用国内通用杀毒软件接口，对移交信息包进行检测，检测电子档案是否感染病毒，以保证移交信息包中电子档案数据没感染病毒。

（二）移交载体安全性检测

(1) 载体中多余文件检测。通过对载体进行读取操作，判断载体内是否含有非移交文件。

(2) 载体读取速度检测。通过对载体进行读取操作，检测载体读取速度是否正常，和常规的读取速度进行比对，判断载体是否安全可靠。

（3）载体外观检测。通过人工观察载体外观是否有变形、变色、污渍等现象，判断载体外观是否正常，实现对载体外观的检测。

（三）移交过程安全性检测

按照国家安全保密要求，从技术和管理等方面采取措施，通过检测系统环境和整体管理环境，判断移交和接收过程是否安全、可控，实现对操作过程的安全性检测，确保移交信息包在移交和接收过程中安全、可控。

第三节 电子档案移交流程

一、电子档案移交准备

（一）电子档案移交工作准备

1. 在线移交工作准备

档案移交单位应通过符合安全管理要求的网络向档案馆移交电子档案，配备相应的应用系统和设施设备，应用系统应具有开放性和可扩展性，能够实现与电子档案管理系统相关功能的对接，能够实现单件或批量移交，并能够支持相应的检测、审核与统计工作要求。涉密电子档案的在线移交应严格遵守国家相关保密规定。

2. 离线移交工作准备

档案移交单位应配备符合安全管理要求的光盘、硬磁盘等存储载体，存储载体的选择和检测应符合《档案级可录类光盘CD-R、DVD-R、DVD+R技术要求和应用规范》、《电子档案存储用可录类蓝光光盘（BD-R）技术要求和应用规范》（DA/T 74—2019）、《档案数据硬磁盘离线存储管理规范》（DA/T 75—2019）的要求。涉密电子档案的离线移交应使用涉密离线载体单独移交，并严格遵守国家相关保密规定。

（二）电子档案移交数据准备

1. 电子档案目录数据准备

电子档案一般以件为单位进行管理，其目录数据项目应至少包括顺序号、档号、责任者、题名、日期、保管期限、密级、页数、备注等。

电子档案以多层级进行管理的，其目录数据项宜按照《档案著录规则》（DA/T 18—2022）、《会计档案案卷格式》（DA/T 39—2008）、《数码照片归档与管理规范》（DA/T 50—2014）、《录音录像档案管理规范》（DA/T 78—2019）、《政务服务事项电子文件归档规范》（DA/T 85—2019）等相关规范的要求进行设置，并保持各层级之间的关联。

2. 电子档案内容数据准备

电子档案内容数据的数据类型和格式应符合国家相关规范的要求。（具体内容参见本教材第十章相关内容）

3. 元数据准备

文书类电子档案的元数据应符合国家有关文书类、照片类、录音录像类及其他门类电子档案元数据方案的相关要求。（具体内容参见本教材第七章相关内容）

二、组织电子档案移交信息包

（一）确定待移交电子档案

档案移交单位应按照电子档案移交范围和时间要求确定待移交电子档案，并生成《电子档案移交清单》（表10-1），与电子档案共同移交。《电子档案移交清单》应采用版式文件格式或由档案移交单位与档案馆双方约定文件格式。

表10-1　电子档案移交清单

移交单位：　　　　　　　　　　　移交时间：

序号	档号	题名	文件数量	密级	保管期限	备注

（二）编制移交说明文件

档案移交单位应编制说明文件，存放与移交电子档案有关的信息，包括电子档案的移交单位、内容描述、起止档号、档案数量、读取电子档案所需要的软硬件环境和其他有助于说明移交电子档案的信息。采用离线移交方式时，说明文件中还应包括离线移交的载体参数（如载体类型、载体容量等）、载体编号、载体数量、载体制作单位、载体检查单位等信息。

（三）形成移交信息包

信息包是由内容信息和相关保存描述信息构成的信息整体。移交信息包是指由档移交单位向档案馆进行移交的信息包。档案移交单位应对《电子档案移交清单》与待移交电子档案的一致性进行检查，确认无误后，导出待移交电子档案的目录数据、内容数据和元数据，形成电子档案移交信息包。电子档案移交信息包的存储结构如图10-1所示，也可按照《基于XML的电子文件封装规范》（DA/T 48—2009）的要求进行组织。

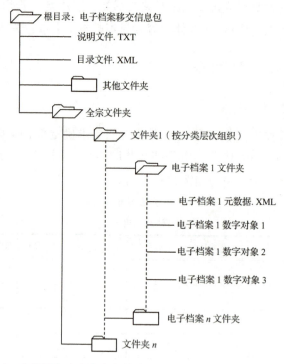

图10-1 电子档案移交信息包的存储结构示例（以"件"的方式整理）

三、检测电子档案移交信息包

档案移交单位应对电子档案移交信息包的真实性、完整性、可用性和安全性进行检测，检测合格后方可提交。电子档案移交信息包的检测方案按照《文书类电子档案检测一般要求》（DA/T 70—2018）中相关要求执行。

四、形成登记表

档案移交单位在提交电子档案移交信息包之前应按照表10-2给出的样式和内容将相关信息写入《电子档案移交接收登记表》。

表 10-2　电子档案移交接收登记表

移交接收事项			
内容描述			
移交电子档案数量		移交数据量	
载体起止顺序号（或起止档号）		移交载体类型、规格、数量	
检测内容	单位名称		
	移交单位：	接收单位：	
真实性检测			
完整性检测			
可用性检测			
安全性检测			
填表人（签名）	年　　月　　日	年　　月　　日	
审核人（签名）	年　　月　　日	年　　月　　日	
单位（印章）	年　　月　　日	年　　月　　日	

五、提交电子档案移交信息包

档案移交单位宜采用在线方式，使用相关应用系统向档案馆提交电子档案移交信息包。采用离线移交方式时，档案移交单位应按规定方式将电子档案移交信息包存储在准备好的离线存储载体上。存储电子档案移交信息包的载体或载体盒上应标注可反映其内容的标签。

电子档案载体标注内容

载体标注：全宗号-档案门类代码-起止年度-载体顺序号。

载体盒标注：全宗号、档案门类代码、起止年度、起止档号、载体顺序号、数据量、密级、保管期限、存入日期、运行环境、套别等。

（1）全宗号是档案馆指定给每个全宗的代码。

（2）档案门类代码是载体内存储档案信息的类别，用英文大写字母表示，如文书档案用 WS 表示、科技档案用 KJ 表示、专业档案用 ZY 表示、照片档案用 ZP 表示、录音档案用 LY 表示、录像档案用 LX 表示等。

（3）起止年度是载体内档案起止年度，如 2010 年至 2016 年即标定为 2010/2016。

（4）载体顺序号由载体代号和顺序号两部分组成，载体代号分为三类：硬磁盘用 DK 表示、DVD 光盘用 DVD 表示、蓝光光盘用 BD 表示，顺序号由阿拉伯数字组成。

（5）数据量是载体内档案存储容量。

（6）密级按存储在载体内电子档案的密级标注。

（7）保管期限按存储在载体内电子档案的保管期限标注。

（8）存入日期是将电子档案存储至载体的日期，格式为"年月日"，如 2020 年 2 月 8 日即写为 20200208。

（9）运行环境即识别或操作电子档案的软硬件平台。

（10）套别是档案馆存储电子档案载体的套号，用大写英文字母 A、B、C 表示。A 表示封存保管，B 表示查阅利用，C 表示异地备份。

【示例】　载体标注：B××××-WS-2010/2016-DK1
　　　　　　　　　　　B××××-WS-2010/2016-DK2

第四节　电子档案接收流程

一、电子档案接收工作准备

档案馆应按照电子档案移交与接收工作相关要求做好电子档案接收的各项准备工作。档案馆应配备符合安全管理要求的网络、应用系统和设施设备，应用系统的功能应满足《电子档案管理系统通用功能要求》（GB/T 39784—2021）中有关电子档案接收功能模块的相关要求。

二、签收电子档案移交信息包

档案馆收到电子档案移交信息包后，应向档案移交单位进行确认。在线移交时，可通过应用系统签收功能或系统日志记录等方式进行确认。离线移交时，可将签收人、签收时间等信息记录到《电子档案移交接收登记表》上。

三、检测电子档案移交信息包

档案馆应对签收的电子档案移交信息包的真实性、完整性、可用性和安全性进行检测，检测方案按照《文书类电子档案检测一般要求》中有关移交与接收环节的具体要求执行。检测不合格时应将电子档案移交信息包退回档案移交单位，并将检测结果信息一并退回，档案移交单位应重新组织提交。

四、办理交接手续

检测合格后，档案馆与档案移交单位应办理电子档案交接手续，填写完成《电子档案移交接收登记表》，由交接双方确认，各自留存。如具备符合国家有关要求的电子印章系统或其他形式可确保《电子档案移交接收登记表》上电子印章的有效性，《电子档案移交接收登记表》可采用电子形式办理和保存；否则应以纸质形式盖章留存。

五、入库电子档案

档案馆将接收的电子档案纳入档案数字资源库管理，妥善保存电子档案移交信息包、《电子档案移交清单》和《电子档案移交接收登记表》，完成电子档案移交与接收工作。

电子档案移交与接收流程如图 10-2 所示。

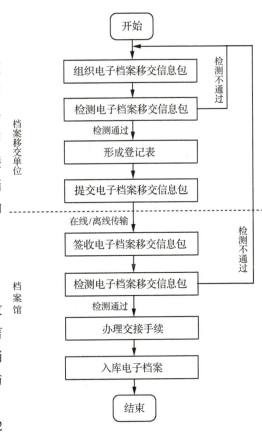

图 10-2　电子档案移交与接收流程示意图

课后思考题

1. 谈谈移交、接收的含义及其与归档的关系。
2. 电子档案移交与接收的要求有哪些？
3. 简述电子档案移交与接收的流程。
4. 简述电子档案移交工作的内容。
5. 谈谈对电子档案接收工作的理解。

第十一章

电子档案保管

学习目标

- 明确电子档案保管的含义与特点
- 了解电子档案保管面临的挑战
- 明确电子档案保管的基本要求
- 掌握电子档案信息保护的各种方法
- 了解电子档案信息保护的技术
- 掌握电子档案科学存储与备份的策略
- 掌握电子档案载体的选择
- 掌握电子档案载体保管环境的要求

第一节 电子档案保管概述

一、电子档案保管的含义与特点

（一）电子档案保管的含义

电子档案保管是对移交后的电子档案进行信息存储和日常维护，档案馆电子档案保管是具有专业性质的档案保管活动，是电子文件保管活动的典型，对于机构内部归档电子文件乃至日常产生的电子文件的保管工作具有较大的参考意义。电子档案保管是电子档案移交后进入静态保存的活动，包括电子档案的信息存储与日常维护、减少人为或自然破坏、延长电子档案寿命、确保电子档案的内容信息安全等内容。电子档案保管的核心任务在于确保电子档案的真实性、完整性、可用性和安全性。

（二）电子档案保管的特点

（1）电子档案保管贯穿电子文件整个生命周期。
（2）电子档案保管的技术要求高，难度大。
（3）电子档案结构的复杂性影响电子档案的真实性、完整性和系统性。
（4）电子档案的内容信息安全是电子档案保管的重要内容。
（5）电子档案保管的成本相较于传统形态档案有所增加。

二、电子档案保管面临的挑战

从总体上说，电子档案保管面临着由电子档案自身的脆弱性导致的内部挑战，以及由灾害灾难、人为因素、组织和经济因素等带来的外部威胁。具体表现为电子档案的完整性难以保障、真实性受到质疑和长久保存困难重重。

（一）电子档案的完整性难以保障

电子档案的完整性难以保障是由电子档案对其生成环境的依赖性、非人工识读性和结构复杂性造成的。

1. 生成电子档案的应用软件、系统软件和硬件等环境难以保持

一方面，软件系统和硬件设备会随着信息技术的发展不断升级换代，试图保存每一个过时的软件系统和硬件设备，以便打开当时环境中生成的电子档案既不经济，也不可行。另一方面，应用软件需要运行在特定的系统软件之上，一旦作为其平台的系统软件升级改版，应用软件在新的平台上能否正常运行无法保证。以操作系统为主的系统软件一直处于升级改版的发展过程中，如微软的 Windows 自问世以来不断更新换代，操作系统的向后兼容性是有限的，应用软件只有不断升级才能顺应变化而正常运行，升级改版后的应用软件的向后兼容性也很有限，一般来说，三代以后的版本很难完整无误地打开老版本的文件。为支持应用软件而将各种老版本的系统软件保存下来，同样很不现实。因为系统软件是与一定的硬件配置环境相关联的，硬件环境发展到一定程度后，系统软件也会失去其适用性。此外，对于硬件来说，还存在物理寿命问题，无论使用与否，在经过长时间的保存后设备老化将无法避免，电子设备的物理寿命通常远短于电子档案的保管期限。况且即便硬件设备保存良好，也还需要驱动程序的支持，驱动程序的兼容性又是一大难题。

2. 电子档案结构复杂导致难以完整保存其生成方式

有效识读电子档案除了依赖其生成的软硬件环境外，还与其生成方式息息相关，如压缩算法、编码格式、技术参数、存储方式等。在难以保存电子档案生成环境的情况下，详细记录并保存电子档案的生成方式变得十分重要。然而，与纸质档案不同，电子档案个体存在着从"内容信息"到"数码序列"再到"存储方法"的纵向结构，各个

层面之间的"映射"有着复杂的规则,其逻辑结构和物理结构并不一致,同时,其内容信息可以由分散于不同系统和来源的内容要素集合而成,这种"集合"常常带有从信息整体中动态"提取"的性质。这些特点都增加了完整记录电子档案生成方式的复杂性,使得针对所有电子档案的元数据标准的制定十分困难。

3. 电子档案信息极易被增删、更改带来保管障碍

对电子档案的管理必须实行全过程的监控记录。保存电子档案时,必须同时记录并保存电子档案生成和利用的过程信息及背景信息。记录哪些过程信息和背景信息,通过何种方式和手段记录这些信息,成为电子档案完整保管的难题。

(二)电子档案的真实性受到质疑

(1)电子档案在形成或传输过程中存在着被改动的可能,这种改动在物理形态上可以做到"不留痕迹","完好无损"的电子档案也许在内容上已经面目全非。

(2)电子档案形成以后,其信息始终处于"游离"状态,存储载体和存储方式不断变化,已经没有了传统意义上的"原件"概念,因而其载体对内容信息的原真不再具有"固化"和"验证"作用,非原件的电子档案在真实性认定上缺乏依据。

(3)在数字环境尤其是网络环境中,操作者身份的虚拟化和操作处理过程的超时空特点,使得信息系统及身处其中的电子档案面临着远大于传统环境的安全威胁。黑客攻击、病毒侵扰、操作失误、程序漏洞等成为电子档案真实性维护无法回避的安全忧患。

(4)尽管《中华人民共和国电子签名法》《中华人民共和国档案法》等对符合特定条件经电子签名后的电子档案的法律效力给予了肯定,但实际应用中许多电子档案的证据价值仍未得到普遍认可。

(三)电子档案的长久保存困难重重

当代社会活动中产生的信息远远超过了人类历史上任何一个时代。但具有讽刺意味的是,信息时代产生的绝大部分信息比任何时代都难以提供利用,重要的电子档案因保管不善而成为"数字垃圾"的事例不胜枚举。电子档案长久保存的巨大压力源自以下几个方面。

1. 电子档案的物理寿命较短

电子档案的存储介质大多为磁电介质或光电介质,这两类存储介质在提供高密度存储的同时具有一个十分明显的缺点——理化性能不稳定,极易受外部环境影响。相对于传统档案而言,电子档案的物理寿命较短。虽然目前尚无权威机构对各类电子档案的物理寿命进行测试,但通常来说,电子档案的存储密度越大,其物理寿命越短。考古事实证明,传统的手工制纸寿命接近千年,而老化试验表明,现代的磁带、磁盘和光盘的物理寿命均不会超过百年。

2. 电子档案的信息生命十分有限

即便物理状况良好的电子档案，由于信息技术的发展，其所采用的信息编码规则、记录方式、压缩算法、文件格式等都会被淘汰。用于识读这些"过时"电子档案的软硬件环境会逐步消失，如果不采取适当的技术与管理措施，这些"过时"的电子档案将无从识读，电子档案的信息生命将就此结束。事实上，随着信息技术的迅速发展，自然状态下的电子档案的信息生命要短于其物理寿命。从长久保存的角度来看，尽力延长电子档案的信息生命要比延长其物理寿命更重要，难度也更大。

3. 电子档案长期保存的管理难度较大

一方面，电子档案载体十分脆弱，对磁、光、尘、震、潮、热等因素非常敏感，在载体操作、使用过程中，任何细微损伤，哪怕是表面极其细小的划痕都可能导致数据无法读出，这类损坏因信息的非人工识读性而不易被察觉；另一方面，与传统档案相比，置身数字环境中的电子档案面临更大的安全威胁，其保存管理的难度大大增加，日常维护工作变得繁重、复杂，并具有很强的技术性。

三、电子档案保管的基本要求

电子档案保管的基本要求要服从于电子档案管理的基本目标，即保证电子档案的真实性、完整性、可用性和安全性。

（一）维护载体有效性

载体有效性是电子档案保管的最基本要求，要求保证电子档案载体的足够安全，因此需要对载体的物理特性、技术规格、使用方法、保护措施等有详细的了解与掌握，以便对其进行有效维护。然而，由于电子档案载体的寿命有限，且升级换代频率加快，因此需要采用适当的技术方法维护电子档案载体的有效性，如必要的更新和迁移操作等。

（二）保障信息可用性

信息可用性是指电子档案能够通过现有的软硬件技术，以人们可以接受的方式展示相关信息。信息可用性要求电子档案保存系统能够对所保存的二进制数码进行转换并准确地恢复原貌，以人们能够直观理解与习惯阅读的格式进行还原显示，如显示在屏幕上的文本与图像，或者通过计算机播放的音频或视频等。电子档案可用性并不强求用其原始的生成环境来再现，事实上经过一定时期保存的电子档案，其原始的软硬件环境大多已不存在。一般来说，能够通过第三方工具实现信息再现，即使其呈现形式与原始形式有所差异，只要该差异不影响对电子档案信息真实性的判断，就是可以接受的。

（三）保障信息可理解性

信息可理解性是指电子档案信息能够按照其本身的意图被正确理解。它是信息可用性的深化要求，是语义层面的要求。只有那些能被人理解且表达正确的电子档案，才能提供利用。在特定的用户群体环境和知识背景下，电子档案可用性基本等同于可理解性。然而，对于一份具体的电子档案而言，其内容常有不被人理解的地方，这就需要其关联文件、元数据描述、背景注释等信息的辅助。其他典型的情况还包括带特殊编码机制或带密码的电子档案。

（四）保障完整性

与传统档案保管一样，电子档案保管不能仅"独善其身"，保证自身的可读有效，还要满足一定的管理要求，尤其是要保证电子档案的完整性。首先，应维护电子档案之间的有机关联，要求特定电子档案应与相关电子档案进行关联保存。例如，构成网页的多个文件、请示与批复文件就应当关联保存。其次，应保存电子档案相应的元数据。最后，对电子档案的保存过程本身也应进行适当记录。

（五）重视环境动态性

对于电子档案保管，绝对不能持"刻舟求剑"的态度，而应根据周围环境的变化进行相应管理，这是应对电子档案对软硬件的依赖性的客观要求。目前，技术变化导致的软硬件过时等是电子档案保管必须面对的问题，受用户需求、技术发展、市场力量等因素的影响，电子档案保管所依赖的计算机技术环境处于高度变化之中，因而需要采取必要的措施来应对，包括软硬件的不断更新、文件格式的不断升级、管理规范的不断调整等。

电子档案保管是一项综合性的业务工作。传统纸质档案保管主要是研究纸质档案制成材料的损毁规律及保护纸质档案的技术方法，其任务是最大限度地延长纸质档案的寿命。对于电子档案保管来说，其技术要求更高、难度更大、内容更复杂，需要从电子档案信息保护、电子档案存储策略、电子档案载体保管等方面综合考虑。

第二节　电子档案信息保护

一、电子档案信息保护的方法

（一）更新

更新是指将旧载体上的电子档案信息拷贝到新载体上的方法。从广义上看，更新可以被理解为载体迁移方式，如将软盘上的电子档案信息拷贝到 CD 光盘上，或者将 CD 光盘上的电子档案信息拷贝到磁带上。事实上，在模拟环境中，人们已习惯用更新方法来维护信息的长期存取，如对 Beta 录像带、缩微胶片等进行更新。

更新在电子档案保存过程中十分重要，由于载体更新速度快，很容易老化过时，读取设备也时常变化，这些都会直接导致电子档案信息无法读取，因此需要采用周期性的更新方法，将数字信息从旧载体上拷贝到新载体上。目前，电子档案保存使用的载体类型主要包括磁盘、磁带和光盘，这些类型的载体性能都会随保存时间的持续而衰减，需要定期检测和更新。一般情况下，选择质量较高且性能稳定的载体，可以降低更新的频率。

更新是用新载体替换旧载体的方法，只是对数字信息进行存储介质的简单转换，不涉及数据读取软件的更换，是目前最普遍、最简单的保存方法之一。但也要充分认识到更新方法的局限性，虽然表面上更新方法可以完整地将信息保存下来，但由于更新后的信息可读性还取决于特定的读取环境，因此单纯替换载体并不能完全保证信息的可读性。

（二）复制

复制是指将电子档案信息拷贝到其他存储位置的过程，它也可以被视为一种常规的保存方法。复制与更新相同的是，它们都保持电子档案在字节形式上的数据不变。更新是以替换形式进行保存的方法，复制是以冗余形式进行保存的方法，因而复制后的电子档案存在于多个存储位置，这样就能够有效规避单个存储易于损毁或遗失的风险，在有效地保证安全的同时达到保存的目的。例如，当相应的软件或硬件无法正常运行，或者人员对原始文件进行了删改，甚至发生自然灾害时，复制都可以成为常规的应对措施。

目前，复制已经成为绝大多数电子文件的常规保存方法，虽然在操作上非常简单，但复制形成的副本可能会引起其他的管理问题。例如，当多次复制导致副本过多时，相应的监控措施就会变得复杂，从而增加电子文件版本控制、数据迁移和使用控制的难度，因此需要对复制形成的副本进行有效的管理。通常，电子文件管理系统会对原本和复制后的每个副本进行单独管理，因为它们可能拥有相对独立的保存历史和相关元数据。

（三）迁移

1. 迁移的概念

迁移是指在维护真实性、完整性和可用性的前提下，将电子档案从一个系统转移到另一个系统的过程。迁移不仅仅是内容信息的转移，而是包括内容、结构及其关联性在内的整体信息的转移，以最大限度地维护电子档案的完整性，并在不断变迁的技术环境中确保其可存取。迁移在很多时候还涉及整个系统配置的改变，其目的是跟随技术的不断进步，在新的环境中维护数字信息的完整性，保留用户对数字信息的检索能力、显示能力和使用能力。

迁移是应对技术过时的最佳策略，对于电子文件管理工作来说，电子文件迁移是一个伴随电子文件的形成、归档、接收、保管、备份、利用等全部环节的系统工程，是电子文件永久保存的必要途径之一。

迁移的优势在于可以使用户持续地获得保存的数字信息。其缺点在于虽然能够保存主要的内容信息及其关系，但每一次迁移操作都可能丢失一定的结构信息（如版式、链接、交互关系等），如使用新版本 Office 软件打开旧版本文件时，系统会告知由于版本变化可能会有部分信息丢失。有研究表明，每迁移一次就会导致至少5%的资料因不明原因流失，频繁的迁移则会积累较大的信息损失。因此，在采用迁移技术时，需要考虑这些潜在的风险。

2. 迁移的时机

出现以下但不限于以下情况时，应实施电子档案及其元数据的转换或迁移：

（1）电子档案当前格式将被淘汰或失去技术支持时，应实施电子档案或元数据的格式转换。

（2）因技术更新、介质检测不合格等需更换离线存储介质时，应实施电子档案或元数据离线存储介质的转换。

（3）支撑电子档案管理系统运行的操作系统、数据库管理系统、台式计算机、服务器、磁盘阵列等主要系统硬件、基础软件等设备升级、更新时，应实施电子档案管理系统、电子档案及其元数据的迁移。

（4）电子档案管理系统更新时，应实施电子档案及其元数据的迁移。

3. 迁移的要求

（1）按照确认转换或迁移需求、评估转换或迁移风险、制订转换或迁移方案、审批转换或迁移方案、转换或迁移测试、实施转换或迁移、评估转换或迁移结果、报告转换或迁移结果等步骤实施电子档案及/或元数据的转换或迁移。

（2）在确信转换或迁移活动成功实施之后，根据本单位实际对转换或迁移前的电子档案及其元数据进行销毁或继续留存的处置。

（3）电子档案及其元数据库的转换、迁移活动应记录于电子档案管理过程元数据中，并填写《电子档案格式转换与迁移登记表》（表 11-1）。

（4）重新对经过格式转换后的电子档案及其元数据进行备份。

表 11-1　电子档案格式转换与迁移登记表

单位名称	
管理授权	
责任部门	
管理类型	□格式转换　　□迁移
源格式或系统描述	
目标格式或系统描述	

续表

完成情况 （操作前后电子档案及其元数据内容、数量一致性情况等）		
操作起止时间		
操作者		
填表人（签名） 年　月　日	审核人（签名） 年　月　日	单位（签章） 年　月　日

4. 迁移的类型

按照迁移的时机不同，电子档案的迁移可分为入库迁移、技术变革迁移、按需迁移。

（1）入库迁移。入库迁移又叫标准化迁移，是指从电子文件管理系统转移到长期保存系统时将目标格式转换成标准格式。入库迁移通常是将数字对象从原始的软件转移到源码开放的软件，并且使用标准化的格式。因此，在长期保存期内访问文件时，可以不必通过创建文件所用的软件系统。

（2）技术变革迁移。技术变革迁移是在相关技术遭到淘汰之前所进行的迁移，只有在相关技术即将遭到淘汰时才可以进行，即技术变革迁移是在电子档案无法正常存取时所采取的补救措施。

（3）按需迁移。根据具体需求所进行的迁移是一种临时性的方法，不需要对迁移范围进行预先计划。在数量庞大的电子档案中，单纯实施按需迁移会使用户当下需要的电子档案被优先迁移，而很多具有法律或行政意义的重要电子档案往往会被忽视，进而导致这些电子档案丢失或损毁。

此外，按照迁移的内容不同，电子档案的迁移可分为硬件迁移、操作系统迁移、应用系统迁移、文件格式迁移、载体迁移等。

迁移作为档案馆未来的一项基础工作和系统工作，既是一项技术手段，也是一项管理活动，需要有完整科学的流程和方法的支持。确定科学规范的迁移流程，记录迁移路径，设置迁移管理中心，集中应对电子档案信息的迁移工作，为数据库系统、多媒体信息、地理信息系统等复杂电子档案信息的迁移提供服务。

（四）仿真

1. 仿真的概念

仿真就是在新的系统环境中重建一个兼容原始数据、设备及其管理系统的运行环境，使得原来的数据、设备和系统能在现行的软硬件环境中运行。仿真实际上是通过保护数字信息的利用环境来保障数字信息的可利用性。仿真技术一般包括仿真硬件平台、仿真操作系统和仿真应用程序三个层次。仿真并不是直接对电子档案的数据进行转换，而是模拟生成电子档案的软硬件环境，使技术过时的数据可以在模拟环境中顺利运行并得到正确解释。由于仿真不但能使电子档案以原始展现形式展示，包括原始布局、格式、版面等，还能维护其基本功能，因此对于软硬件依赖性较大的电子档案而言，仿真是其长期保存的有效方法。

2. 仿真的形式与技术

仿真的形式可分为硬件仿真，即模仿原硬件平台；软件仿真，即模仿原应用软件；虚拟器中介仿真，即制作仿真用的中间件。目前，仿真技术主要包括以下几种：

（1）建立一种普遍适用的技术，即用于描述在将来未知平台上再现当前电子档案所需的各种属性的仿真器。

（2）设计以人们可读的方式保存、查找、访问和重现电子档案所需的元数据，使仿真技术可以用于电子档案的存储与管理。

（3）将电子档案、元数据、软件和仿真说明封装，并维护它们之间的关联，防止丢失。

3. 仿真的应用

从本质上看，仿真是一种延迟技术淘汰的保存方法。当新的系统也面临淘汰时，仿真器也需要进行相应的升级调整，这是采用仿真方法必须注意的。如图 11-1 所示，当主机平台发展到第 2 代时，就需要对原先的仿真器进行升级，以维持数字信息的原始展现形式。

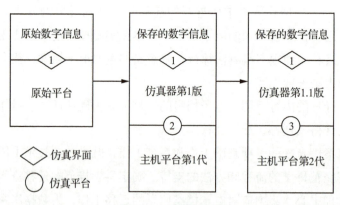

图 11-1 仿真示意图

虽然仿真技术理论上比较先进，也有部分成功的案例，但其发展仍受到许多因素的制约，如技术、法律、成本、标准、知识产权等。因为需要仿真的硬件及其周边设备、操作系统、应用软件种类繁多，加之技术的复杂度较高，所以仿真的效果取决于对所仿真产品的透彻了解。而在操作系统、应用软件、硬件产品核心代码处于封闭的情况下，仿真器的开发需要摆脱知识产权方面的困扰，特别是考虑到仿真器本身也需要长期维护，就必须保证能够及时、合法地获得相关代码，而不是仅靠兼容功能实现仿真。

（五）封装

1. 封装的概念

封装是指为实现各式各样的数据传送，将被传送的数据结构映射进另一种数据结构的处理方式。封装一词最早应用于计算机领域，可理解为把对象的属性和操作方法同时封装在定义的对象中，它是一种信息隐藏技术。

电子档案封装是指为保存电子档案的内容和背景信息，支持它们在未来某些时候的重现，将电子档案及其元数据按指定结构打包的过程。通过封装保持元数据与电子档案之间不可分开的联系，即元数据与电子档案一起被存储、一起被传递。经封装的电子档案，具有"自包含""自描述""自证明"的能力。

封装是在相关元数据规范的基础上进行的，除了要描述电子档案的内容信息外，还要描述电子档案原始软硬件环境参数、机构保存该文件的背景信息、使用目的等其他相关信息，有的还包括数字签名等信息，便于日后解读与验证。封装信息包含未来可被解读的信息，它既能描述电子档案的格式，以及封装本身使用的格式，也能描述电子档案保存历史及其与其他电子档案的关联，还能通过比对元数据描述与电子档案是否相符来验证电子档案在封装时是否被修改。

2. 封装的原则

电子文件封装是实现电子文件长期保存、发挥电子文件凭证作用的有效手段，在电子文件形成过程中具有重要地位。电子文件封装应遵循以下基本原则：

（1）简便实用。

简便实用是指电子文件封装简单，操作方便。简便体现在封装后的数据易检测、易提交、易更新，实用体现在在不同的系统平台，系统管理员都能够实现对电子文件的封装。简便实用原则的出发点是实践部门的封装需求，它能节约实践部门的成本。

（2）安全可靠。

安全可靠是指电子文件封装能够有效保障电子文件的真实性、完整性和有效性。安全的封装要求电子文件封装实施过程保障数据不更改、不丢失，可靠的封装要求电子文件封装实施过程不出现意外。安全可靠原则与电子文件封装作用密切相关，它有利于发挥电子文件的封装作用，满足电子文件管理需求。

（3）统一标准。

电子文件封装要建立在国际标准、行业标准等具有普遍适用性的管理标准之上，包括统一的封装环境、封装语言、元数据方案等。统一标准有利于提高电子文件封装的效率，增强电子文件封装的兼容性。

3. 封装策略

国内外研究者在考虑电子文件封装策略环境模型的情况下，研究和制定了三种典型的电子文件封装策略：VEO、METS 和 DA/T 48。它们是目前已知的有完整体系和标准支撑的电子文件和相关数字资源封装策略。

（1）VEO。

VEO（VERS Encapsulated Object）起源于澳大利亚维多利亚州电子文件战略项目（Victorian Electronic Record Strategy，VERS），由澳大利亚维多利亚州公共文件办公室于 2000 年 4 月首发，是世界上第一个电子文件封装规范。VEO 的主要结构包括 VEO 元数据、文件内容及其元数据、数字签名块、锁定签名块等，其中文件内容及其元数据是 VEO 的核心内容，其结构如图 11-2 所示。

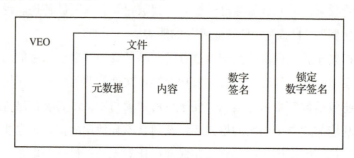

图 11-2　VEO 结构示意图

（2）METS。

METS（Metadata Encoding and Transmission Standard）由美国数字图书馆联盟开发，由美国国会图书馆的网络开发和 MARC 标准办公室负责维护。METS 可以在很多系统中方便地使用，是国际领域使用最广泛的封装标准之一。一份 METS 文件应包括文件头、描述元数据、管理元数据、文件组、结构图、结构链接、行为机制等。

（3）DA/T 48。

我国档案行业标准《基于 XML 的电子文件封装规范》（DA/T 48—2009）是继 VEO 和 METS 之后世界上第三个严格意义上的数字资源封装标准（图 11-3），吸收了前两个标准的优点，适用于各级各类档案馆、机关、团体、企业事业单位和其他社会组织对文本文件和静态图像文件的文件级封装。

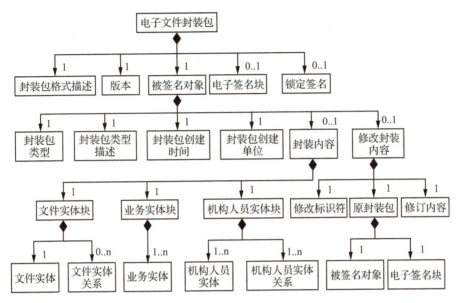

图 11-3 电子文件封装 UML 结构模型

(资料来源:《基于 XML 的电子文件封装规范》)

《基于 XML 的电子文件封装规范》指出,电子文件封装实际上是通过可扩展置标语言 XML,对电子文件及其元数据进行置标。将电子文件以"件"(自然件/组合件)为单位"装订"在一起,形成扩展名为 EEP 的封装包。其中,封装包包含文件、收文处理单/文件拟稿标签、文件元数据、电子签名、封装描述信息等。一个电子文件封装包中可以装有多个文档(如正文与附件),一个文档可以包含多个版本(如正本、定稿、草稿),文档的同一版本可以包含不同格式的计算机文件。电子文件封装后形成的封装包要进行规范命名,封装包的命名与封装内容相关,以便检索利用,一般用电子文件档号标识。在电子文件流转及保存过程中,还需要根据实际情况适时修改封装,需要在原封装包的基础上增加封装一个修订层,修订层包含全部电子文件元数据、被修改的数据、电子签名、锁定签名和修订封装描述信息,每修改一次增加一个修订层。通过格式规范的 XML 文件将有关电子文件封装在一起是电子文件长期保存的一个重要选择。

(六)技术保存

技术保存是指直接将形成电子档案的相关计算机系统按照最原始的状态保存起来的方法,也称为软硬件博物馆。它试图保留所有被淘汰的软硬件,以供读取技术过时的文件使用。在短期内使用技术保存方法具有一定的可行性,但就长期而言,技术保存方法的劣势非常明显,其主要问题在于过时的软硬件维护困难。过时的软硬件不可能永远处于可用状态,设备的自然损耗、财务成本等问题都会增加其维护难度。

(七)硬拷贝输出

硬拷贝输出是指将电子档案打印成纸质档案或制成缩微胶片的方法。国际上普遍认可，如果将原件按照特定程序制成缩微胶片，则该缩微胶片可被视为原件。因此，对于重要的电子档案而言，硬拷贝输出方法是各国档案机构普遍重视的保存方法之一。

硬拷贝输出方法的主要问题在于输出的纸张数量可能非常庞大，会导致库房空间紧张，制成的缩微胶片存在利用不方便的问题。况且许多电子档案类型，如音频、视频、3D动画等无法进行硬拷贝输出，因此其适用范围有一定的局限性。

一般来说，对于不同价值的电子档案，可以依据其价值大小及现实利用情况，选择适当的保存方法。例如，对于需要暂时利用的，可以使用仿真软件延长其使用寿命；对于确需保存的，可以将其转移到对应的通用平台；对于需要长期保存的，可以选择合适的物理存储介质，将其转换成硬拷贝保存。

二、电子档案信息保护的技术

电子档案信息保护的基本思路是保障系统安全，控制文件流转，全程管理与结果验证相结合。除了前文介绍的电子档案信息保护的方法外，对电子档案的真实性、可靠性的保护还需要依赖一些技术。

（一）网络隔离技术

网络隔离技术是使两个网络既能实现物理上的隔离，又能在安全的网络环境中进行数据交换的技术，如政务内网、政务专网与政务外网的物理隔离。

（二）防火墙技术

防火墙技术是在内部网与外部网之间、专用网与公共网之间设置保护屏障，最大限度地阻止网络中的黑客访问内部网络，对外部屏蔽系统内部的信息、结构和运行状况，以保护内部网络安全的技术，如政务外网与互联网的逻辑隔离等。

（三）身份验证技术

身份验证技术是在计算机网络中确认操作者身份的技术。常见的身份验证可分为验证所知信息、验证所持实物、验证所具特征三种类型。主要通过静态密码、动态口令、智能卡、USB KEY、生物识别（指纹识别、虹膜识别、面部识别等）、数字签名等技术对主体身份进行必要验证。

（四）权限控制技术

权限控制技术是一种限制用户访问而且只允许用户访问被授权资源的技术。

（五）审计追踪技术

审计追踪技术是自动记录、分析有关操作系统、系统应用或用户活动所产生的一系列安全事件的技术。一般通过建立电子文件操作日志、完善电子文件流转跟踪登记管理来实现对电子文件、电子档案的审计追踪。日志中的部分信息可以自动"融合"在被操作的电子文件中,伴随电子文件处理和归档,起到数字水印的作用等。

(六)信息固化与验证技术

1. 载体防写

通过将可擦写载体(U 盘)设置成只读状态或使用一次写光盘(CD-R、DVD-R、DVD+R)等方式实现对电子档案载体的防写,从而达到电子档案信息的固化效果。

2. 数字水印

将一些标识信息(数字水印)直接嵌入数据(包括多媒体、软件等)中,通过这些隐藏或显现的信息,达到确认数据创建者和判断信息是否被篡改等目的。数字水印的主要作用包括:① 阻止非法复制(显性水印);② 验证真实性和完整性(隐性水印);③ 明确所有权(显性、隐性水印);④ 验证发件人(显性、隐性水印)。

3. 数字签名

数字签名是指数据电文中以电子形式所含、所附用于识别签名人身份并表明签名人认可其中内容的数据。这些数据使得接收者能够确认被签名数据电文的来源和完整性,并防止数据电文被篡改或被伪造。数字签名的主要作用包括:① 收文者能够验证其收到的文件是否真实;② 发文者无法抵赖自己发出了所发的文件;③ 发文者以外的他人无法伪造文件。

4. 可信时间戳

可信时间戳是由联合信任时间戳服务中心签发的能证明数据电文(各种电子文件和电子数据)在一个时间点是已经存在的、完整的、可验证的并具备法律效力的电子凭证,可信时间戳主要用于电子文件防篡改和防事后抵赖,确定电子文件产生的准确时间。根据国际时间戳标准 RFC 3161,可信时间戳技术的本质是将用户电子数据的 Hash 值和权威时间源绑定,在此基础上通过联合信任时间戳服务中心数字签名,产生不可伪造的时间戳文件。该技术能够维护数字签名的有效性,防止电子文件的篡改、伪造和事后抵赖,确定电子文件产生的准确时间。

除了上述电子档案信息保护的方法与技术外,还可以通过延长电子档案载体寿命的方法延长电子档案的可用性、有效性。要综合考虑载体、环境及技术情况,通过准确选择存储介质、严格控制保存环境、合理使用载体、严格检测载体状况等措施,实现电子档案长期保存的有效性。

第三节　电子档案存储策略

一、电子档案科学存储

（一）选择文件格式

有些国家档案馆尽量减少接收电子档案的格式类型，以免给档案馆的管理造成负担，从而提高电子档案的规范性。例如，英国国家档案馆可以接收的电子档案格式主要有 PostScript、TIFF、SGML、PDF 和界定文件格式。有些国家档案馆则在格式方面显得宽容，存在着不同的存档格式。例如，加拿大图书档案馆对电子文件移交格式有细致的要求，它将信息类型分为十二类，每类都给出推荐格式及可被接收的移交格式，如表 11-2 所示。

表 11-2　加拿大图书档案馆的电子文件格式要求

信息类型	推荐格式	可被接收的移交格式
文本	·电子图书（EPUB） ·可扩展的超文本标记语言（XHTML） ·可扩展标记语言（XML） ·超文本标记语言（HTML） ·多用途 Internet 邮件扩展（MIME） ·开放文档格式（ODF） ·长期保存的 PDF 格式（PDF/A） ·富文本格式（RTF） ·标准通用标记语言（SGML） ·文本（纯文本）	·办公套件： 微软 Office 包括：Word 文档格式、Excel 电子表格格式、简报格式 WordPerfect 的套件包括：WordPerfect 文档格式、Quattro Pro 电子表格格式、Corel 简报格式 Lotus Smartsuite 包括：WordPro 文档格式、1-2-3 电子表格格式、自由图形格式 ·便携文件格式（PDF）
音频	·广播波形格式（BWF）（适用于最新的数字信息）（如创建） ·波形音频格式（WAV）（迁移原本的数字音频信息）	·音频交换文件格式（AIFF） ·MPEG-1 的第三层，MPEG-2 的第三层（MP3） ·AAC ·乐器数字接口（MIDI） ·视窗媒体音频（WMA）
数字视频	·动态 JPEG2000	·音频视频交错格式（AVI） ·运动图像专家组 MPEG-2 ·运动图像专家组 MPEG-4 ·QuickTime（MOV） ·Windows 媒体视频（WMA）

第十一章 电子档案保管

续表

信息类型	推荐格式	可被接收的移交格式
静态图像	・联合图像专家组（JPEG） ・联合图像专家组 JPEG2000（JP2） ・标记图像文件格式（TIFF） ・TIFF—GeoTIFF	・医学数字成像和通信（DICOM v.3.0） ・EPS ・图形交换格式（GIF） ・便携式网络图形（PNG）
网页存档	・Internet 归档格式（ARC） ・Web 归档格式（WARC）	
结构化数据库	・关系型数据库 SIARD ・使用 DDL 分隔的平面文件	・dBASE 格式（DBF）
结构化数据统计和定量分析	・DDI 3.0 ・DexT ・SDMX ・分隔平面文件的数量说明	・SAS ・SPSS
结构化系统数据	・XML 容器	
地理空间	・ISO 19115《地理信息 元数据》（NAP-Metadata）（北美规格）	・加拿大测绘理事会交换格式 CCOGIF ・数字高程模型（DEM） ・数字线性制图—level3（DIG-3） ・ESRI 输出格式—（E00） ・ESRI 形成文件格式（SHP） ・IHO S-57 3.1 版
计算机辅助设计—制图	・绘图交换文件格式/数据交换格式（DXF）	・计算机绘图图元文件（CGM）
计算机辅助设计—案例	・XML 元数据交换（XML）	
源代码和脚本	・XML	・纯文本

〔资料来源：周耀林，王艳明．电子文件管理概论［M］．武汉：武汉大学出版社，2016：165-167．有改动〕

在我国，进馆电子文件包括文本、图像、图形、数据、音频、视频等多种类型，覆盖的文件格式范围远大于《电子文件归档与电子档案管理规范》（GB/T 18894—2016）规定的通用格式，无形中增加了档案馆的工作负担，同时也不利于电子档案长期保存。在电子文件归档和电子档案移交时，需要将电子文件、电子档案转换成标准格式。电子档案长期保存格式需要从技术发展的角度，从便利电子档案形成、流转和保存出发做出相应的选择，并通过标准进行规范。

（二）选择存储介质

电子档案的存储介质种类繁多，性能各不相同，在选择用于长期保存电子档案的存储介质时应遵循以下原则：一是尽量选择符合国际和国家标准的载体；二是选择有发展前途的载体，其使用的软硬件应有多个供应渠道；三是载体性能稳定，耐久性得到公认；四是能较方便地进行保护；五是载体及其记录所必备的软硬件价格便宜并能为用户所接受；六是能较容易地检测出载体的质变，以便在载体变化之前将电子档案迁移到新的载体上。

根据国家相关标准，电子档案载体性能不同，保管要求存在差异，用途各有侧重，可以按照表11-3的顺序推荐使用。电子档案载体的差异性决定了各部门需要根据实际情况选择载体。

表11-3 电子档案保管载体性能排列

序号	载体	用途
1	只读光盘（CD-ROM）	脱机保存、备份、查询
2	可记录光盘（CD-R、DVD-R）	脱机保存、备份、查询
3	磁带	数据备份
4	可擦写光盘	临时存储、数据交换
5	硬磁盘	临时存储、数据交换
6	闪存盘、存储卡	临时存储、数据交换

1. 暂存载体

办公自动化（OA）、计算机辅助设计（CAD）、计算机辅助制造（CAM）过程中产生，以及网络上传输的电子文件在存储和下载时均需要保存在一定的载体上。在归档前的一段时间，电子文件可存储在硬磁盘、磁带、闪存盘、存储卡上，或者存储在大容量的可擦写光盘上，这样做既经济又方便电子文件的利用和暂时保存。

2. 移交载体

在实践中，不少单位用光盘、U盘或移动硬盘作为电子文件转移的载体。根据国家相关规定，移交电子文件时需要用光盘作为载体。从这个角度来看，光盘是脱机移交电子文件的最佳载体。在各类光盘中，优选CD-R。而在CD-R中，含酞菁染料的CD-R的质量最为稳定，更适合用作存档载体。总体来看，归档电子文件载体的选择需要根据载体本身的属性、档案部门的成本预算和归档选择的存储方式而定。

3. 归档载体

电子文件一旦作为电子档案长期保存，就应选择性能稳定、检索方便、显示还原容易的载体，同时要考虑保存期限。对于大量的CAD、CAM的产品，可存储在可记录光盘上。对于OA产生的电子档案，可选择存储在只读光盘、可记录光盘或磁带上。对于永久保存的特别珍贵的电子档案，如建筑图纸、重要文献资料、有法律效力的凭证文件等，则应转到纸张或缩微品上。此外，云存储也可以长久地保存电子档案。

在各种电子文件载体中，磁光混合存储备份模式成本较低、简单、安全。其中，磁盘阵列用于存储访问频率较高的"热数据"，光盘上保存至少一套完备的归档数据；对于大量光盘数据的管理，可以根据应用的需求和投资预算情况来确定近线管理和离线管理的配比。当然,从目前档案部门积累和新产生的电子文件来看,云存储应用于电子文件保存是发展趋势。

(三)设计存储结构

电子档案存储宜根据电子档案的价值及利用情况,采用不同的存储方式分级分层存储,科学设计分级存储结构,以保障电子档案科学存储、有效利用,同时节约成本。

分级存储结构是指数据存放在不同级别的存储设备(磁盘、磁盘阵列、磁带库、光盘库、磁带、光盘)中,通过分级存储管理软件实现数据在存储设备之间的自动迁移。在分级存储结构中,磁带库等成本较低的存储资源用来存放访问频率较低的信息,而磁盘或磁盘阵列等成本高、速度快的存储资源用来存放经常访问的重要信息。最常见的分级存储结构为在线、近线和离线三级存储结构,如图11-4所示。

图11-4 电子档案分级存储结构示意图

1. 在线存储

存储设备和所存储的数据时刻保持"在线"状态,可供用户随意读取,满足计算机平台对数据访问的速度要求。在线存储是开放的、利用率高的电子档案存储的一种重要方式。存储设备一般价格相对昂贵,但性能较好。

2. 近线存储

近线存储是将那些不经常使用或访问量不大的电子档案存放在另外一套主机的文件系统直接管理的磁带库或光盘库中。近线存储对存储设备的性能要求相对不高,但要求有较好的访问性能,一般要寻址迅速、传输率高,同时由于不常用数据比重大,因此要求存储容量大。

3. 离线存储

离线存储主要使用磁带或光盘存储,通常将不经常访问的电子档案存放在离线存储设备中。离线存储主要用于备份和恢复。

(四)选择存储技术

1. 直接存储技术

直接存储技术是利用计算机等存储设备,将电子档案信息存储在性能稳定的载体上,如光盘、磁带、硬磁盘等。它是目前电子档案存储所采用的主要技术。

2. 网络存储技术

网络存储技术主要有直接附加存储（DAS）、网络附加存储（NAS）和存储区域网络（SAN），正处在高速发展阶段。

3. 云存储技术

云存储技术是计算机技术发展到一定阶段的产物。云存储是指通过集群应用、网络技术或分布式文件系统等功能，将网络中大量各种不同类型的存储设备通过应用软件集合起来协同工作，共同对外提供数据存储和业务访问功能的一个系统。云存储包括公共云存储、私有云存储和混合云存储三种类型。云存储的核心是应用软件与存储设备相结合，通过应用软件实现存储设备向存储服务的转变。云存储具有高扩展性、低成本、无接入限制、易管理等特点。

二、电子档案备份管理

备份是电子档案信息安全保障的重要措施。备份可以恢复受损或丢失的电子档案，并为崩溃的信息系统提供有效的恢复手段。对电子档案进行备份不仅成为电子档案管理的日常工作，而且要求越来越高，不再是简单的存储介质拷贝，而是需要综合考量备份体系、备份设备、备份技术、备份管理，形成科学的电子档案备份制度及其管理机制，构建合理的电子档案备份策略。

（一）电子档案备份的原则

电子档案备份是为了保证电子档案的安全，消除档案形成者、使用者的后顾之忧。为此，在进行电子档案备份时应遵循以下原则。

1. 稳定性

电子档案备份主要是提供一个电子档案信息保护的方法，必须保证备份载体和备份系统的稳定性。

2. 全面性

面对计算机网络环境和各种操作平台，电子档案备份软件要支持各种操作系统、数据库和典型应用。

3. 自动化

由于形成和保管电子档案的部门性质及其管理存在差异，它们对备份质量的要求也不尽相同。例如，在备份时间的选择上，如果选择不当，会给备份的安全埋下隐患。因此，电子档案备份方案应能定时自动备份，并通过日志记录，在出现备份异常时自动报警。

4. 全程性

电子档案备份要贯穿电子文件管理的全程，从电子文件的形成到积累归档、整理鉴定、开发利用、迁移转换、技术维护的每一个工作环节，都必须对电子文件进行备份。

5. 安全性

计算机网络是计算机病毒传播的高速通道，给电子档案的安全带来极大威胁。因此，要在备份前和备份过程中进行查毒、防毒和杀毒，确保无毒备份，从而保障电子档案的长期可读性。

（二）电子档案备份的方式

依据工作需要及技术特点，可选择不同的备份方式对电子档案进行备份。

1. 按备份内容划分

（1）增量备份：仅对增加的电子文件进行备份。

（2）全量备份：对所有电子文件进行备份。

（3）系统或集成备份：对系统所有电子文件和程序进行备份。

这三种方式既适用于运行在业务系统中的电子文件的备份，也适用于电子文件管理系统对逻辑归档的电子文件的备份。在实际工作中，可以依据电子文件的运行状态和系统特点科学地选择备份方式，从而确保电子文件信息安全。

2. 按备份与系统的关系划分

（1）联机备份（在线备份）：在网络或单机系统上进行电子文件或程序备份，系统可根据需要随时对备份进行调用和处理。

（2）脱机备份：备份与系统物理断开。

考虑到电子文件管理与利用的需要，电子文件既要联机备份，也要脱机备份。在实际工作中要制订周密的联机备份和脱机备份方案，既要保证电子文件管理系统正常运行，满足利用等日常工作需要，又要保障电子文件的安全。

3. 按备份存在地域划分

（1）本地备份：将电子文件的备份保存在系统所在地，以方便对备份的利用或对受损信息及系统的恢复。

（2）异地备份：将电子文件传输到外地（通常在几百千米以外）进行备份。这种备份方式主要立足灾备，当系统所在地发生水灾、火灾、地震等自然灾害或战争时，能确保电子文件的安全。

4. 按备份性质划分

（1）同质备份：采用与拷贝母体相同的记录方式或介质类型所实现的拷贝。同质备份方便快捷，但安全性相对较差。

（2）异质备份：采用与拷贝母体不同的记录方式或介质类型所实现的拷贝。异质备份通常使用模拟或机械记录设备及其他不同介质的驱动设备。异质备份相对烦琐，但安全性相对较高。

5. 按备份存在状态划分

（1）临时备份：因某种操作（如格式转换）的安全需要而对电子文件进行备份，或者对未定稿的、中间性或过程性的电子文件进行备份。临时备份不需要长期管理，操作结束或电子文件定稿后就可以删除。

（2）长期备份：档案部门出于维护电子文件的真实性、完整性、可读性及安全性的需要，对长期或永久保存的电子文件进行备份。长期备份是档案部门对电子文件的主要备份方式，一般是脱机备份。档案部门要对其制订科学的管理方案，保证与维护长期备份的安全。

6. 按备份时间划分

（1）定时备份（定期备份）：主要适用于对静态电子文件的备份，可由系统或人工进行定时点备份、日备份、周备份、月备份。

（2）实时备份：主要适用于对实时系统的临时性、过程性或中间性电子文件的备份，也可以对静态电子文件进行实时备份。

备份时间的选择要依据电子文件管理的具体要求及电子文件的特点而定。

（三）电子档案备份的要求

电子档案备份应结合机构电子档案管理和信息化建设实际，在确保电子档案的真实性、完整性、可用性和安全性的基础上，统筹制订电子档案备份方案和策略，实施电子档案及其元数据、电子档案管理系统及其配置数据、日志数据等备份管理。

1. 电子档案近线备份与灾难备份的基本要求

（1）宜采用磁带备份系统进行近线备份，应定期对电子档案及其元数据、电子档案管理系统的配置数据和日志数据等进行全量、增量或差异备份。

（2）电子档案数量达到一定量且条件许可时，可实施电子档案管理系统和数据库系统的热备份。

（3）机构建设灾难备份中心时，应将电子档案及其元数据、电子档案管理系统的灾难备份纳入规划之中，进行同步分析、设计和建设，可参照《信息安全技术　信息系统灾难恢复规范》（GB/T 20988—2007）等标准要求执行。

2. 电子档案离线备份的基本要求

（1）应采用一次写光盘、磁带、硬磁盘等离线存储介质，参照相关标准实施电子档案及其元数据、电子档案管理系统的配置数据和日志数据等的离线备份。

（2）电子档案离线存储介质至少应制作一套。可根据异地备份、电子档案珍贵程度和日常应用需要等实际情况，制作第二套、第三套离线存储介质，并在装具上标识套别。

（3）应对离线存储介质进行规范管理，按规则编制离线存储介质编号，按规范结构存储备份对象和相应的说明文件，标识离线存储介质。禁止在光盘表面粘贴标签。

（4）离线存储介质的保管除了参照纸质档案保管要求外，还应符合以下条件：

① 应做防写处理，避免擦、划、触摸记录涂层。
② 应装盒，竖立存放或平放，避免挤压。
③ 应远离强磁场、强热源，并与有害气体隔离。
④ 保管环境温度选定范围：光盘 17 ℃ ~ 20 ℃，磁性载体 15 ℃ ~ 27 ℃；相对湿度选定范围：光盘 20% ~ 50%，磁性载体 40% ~ 60%。

（5）电子档案或电子档案离线存储介质自形成起 1 年内可送同级国家综合档案馆电子档案中心进行备份。

（6）应定期对磁性载体进行抽样检测，抽样率不低于 10%；抽样检测过程中如果发现永久性误差，应扩大抽检范围或进行 100% 的检测，并立即对发生永久性误差的磁性存储介质进行复制或更新。

（7）对光盘进行定期检测，检测结果超过三级预警线时应立即实施更新。

（8）离线存储介质所采用的技术即将淘汰时，应立即将其中存储的电子档案及其元数据等转换至新型且性能可靠的离线存储介质之中。

（9）确认离线存储介质的复制、更新和转换等管理活动成功时，再按照相关规定对原离线存储介质实施破坏性销毁。应对离线存储介质管理活动进行登记，登记内容如表 11-4 所示。

表 11-4　电子档案离线存储介质管理登记表

单位名称	
管理授权	
责任部门	
管理类型	□复制　　□更新　　□转换
源介质描述 （类型、品牌、参数、数量等）	
目标介质描述 （类型、品牌、参数、数量等）	
完成情况 （操作前后电子档案及其元数据内容、数量一致性情况等）	
管理起止时间	
操作者	
填表人（签名） 年　月　日	审核人（签名） 年　月　日　　单位（签章） 年　月　日

第四节 电子档案载体保管

无论哪种电子档案信息，总是依附一定载体而存在。虽然目前数字载体制造技术处于不断发展变化之中，但无论是磁存储载体还是光存储载体都还不能作为电子档案保管的稳定载体。因此，充分了解数字载体的基本特性及相关知识，有效开展电子档案载体保管工作，仍然是电子档案保管的基础工作。

随着计算机技术的发展，数字信息记录技术也在不断发展。目前，数字信息可以被记录在磁存储介质、光存储介质和电存储介质上。其中，磁存储介质主要包括磁带、磁带库、硬盘、软磁盘、磁盘阵列等，利用磁化电流在磁性介质上记录和读出信息。光存储介质是利用激光在非磁性介质上记录和读出信息，如 CD、DVD 等。电存储介质利用半导体材料而非磁性或光学技术，多以闪存和 USB 等形式存在。由于在实际工作中经常会遇到一些传统的存储介质类型，因此对于电子档案载体保管工作者而言，虽然要了解最新的载体知识，但也不应忽视过去的存储技术。

一、电子档案载体的选择

无论载体的物理寿命有多长，其相关技术都无可避免地会过时，因而定期更新电子档案载体是必不可少的操作。保证用于存储尤其是长期保存电子档案的载体性能，降低未来管理的难度和风险，对于最大限度地延长更新周期，简化更新过程，同时尽可能地确保数据安全来说意义重大。在选择载体时，应重点考虑以下要素。

（一）载体寿命

载体寿命是指对所保存数据的有效保存时间长度。一般载体寿命是取其物理寿命与技术寿命中时间较短的数值。其中，技术寿命是载体技术被淘汰的时间，物理寿命是通过人工老化试验估算的时间（表 11-5）。物理寿命在长期保存领域不一定是优点，因为载体的读取设备过时周期是比载体本身衰退更重要的因素。

表 11-5 各类载体的物理寿命比较

载体	格式/技术	预计寿命（普通质量）/年	预计寿命（高质量）/年
磁带	3480/3490 盒带	5	20
	数字线形磁带	5	20
	DD-2/DD-3	5	15
	QIC	2	10
	D8（8 mm 磁带）	2	10

续表

载体	格式/技术	预计寿命（普通质量）/年	预计寿命（高质量）/年
光盘	CD-ROM	5	50
	WORM	5	100
	CD-R	2	30
	MO	2	30
纸张	低木素纸张	50	300
缩微胶片	中期型	10	20
	档案型	100	200

说明：环境条件：20 ℃；湿度比例：40%；比较时间：1996 年。

[资料来源：刘家真，秦书凰，颜晓栋，等. 拯救数字信息：数据安全存储与读取策略研究[M]. 北京：科学出版社，2004：12. 有改动]

（二）性能与成本

载体性能应根据存储密度、存储容量、存取速度等指标进行综合评价。一般而言，存储密度越大，存储容量就越大，越有利于减少存储空间和降低存储成本。机构在选择载体时应结合自身实际，根据需要存储的数据容量选择，并使载体的实际数量可控。

（三）标准化程度

机构应尽量选择有明确标准的载体。载体的规格（包括载体的几何尺寸、存储密度、奇偶校验等）、信息记录在载体上的文档识别方式、记录方法等应遵循国际和国家标准，载体及支持它的硬件和软件最好基于成熟（但不一定领先）的技术。

（四）保护性能

用于保存电子档案的载体，其性能的稳定、耐久程度应得到公认。应能较方便地确定载体对各种影响因素的反应，如温湿度、污染物等。载体的质变应能较容易地进行检测，便于发现载体存在的问题，并在变化之初将所存储的信息转移到新载体上。载体应有物理损坏低敏感性和广泛的环境适应性，从而保证数据不会丢失。磁存储介质应有高矫顽力值，以尽量降低通过磁场接触的机会而意外删除数据的风险。

（五）载体检测技术

所选择的载体在读取和写入数据时应支持较为健全的错误检测方法，如提供介质写入后完整性的检测。当发生数据丢失时，可使用有关的数据恢复技术。用于归档或长期保存的载体尽量一次写入，或者用一种可靠的写入保护机制，以防止意外删除，确保数据的完整性。

二、电子档案载体保管环境的要求

电子档案保管过程中存在诸多风险，应适时评估电子档案的安全保管状况，采取必要的措施来保障电子档案信息与载体双重安全。影响电子档案载体保管的环境因素主要包括自然环境、技术环境和人为环境三个方面。与此同时，无论是哪种保管环境，都需要防范灾害的突发。电子档案无论是形成还是保管，都离不开自然环境因素。下面就具体介绍电子档案载体保管对自然环境的要求。

（一）温湿度管理

根据《磁性载体档案管理与保护规范》（DA/T 15—1995）的规定，推荐最佳保管温度为18 ℃、相对湿度为40%。尽管该标准是针对磁性载体的，并不能囊括电子档案载体的全部，但给电子档案载体保管的温湿度管理提供了依据。一般地，电子档案载体保管的环境温度要求是17 ℃～20 ℃、相对湿度要求是35%～45%。

1. 防高温

高温环境有利于有害生物的繁殖，还可加速各种有害化学杂质对电子档案载体的破坏。一般温度在10 ℃以上，每升高10 ℃，各种化学反应会加快1～2倍，所以预防高温是电子档案载体保管过程中需要特别注意的。

2. 防高湿

潮湿环境有利于有害生物的生长和繁殖，还会促进空气中的有害气体、灰尘等不利因素对电子档案载体的破坏。环境温湿度一旦选定，在24小时内，温度变化不得超过3 ℃，相对湿度变化不得超过5%。另外，要特别注意存储电子档案的磁性载体温度、湿度与库房温度、湿度的相差范围应分别在±3 ℃、±5%，否则在使用前，应将磁性载体在使用环境中平衡3天以上。

（二）防光

光向外辐射时会产生热量，这种光辐射热会影响电子档案载体的耐久性。在各种光线中，紫外线对电子档案载体有很大的破坏力，是防范重点。光线能与电子档案载体制成材料发生氧化反应，使磁盘、磁带、光盘的盘基、带基老化，脆性增大，强度下降；同时，紫外线的能量足以破坏磁性载体剩磁的稳定性，导致信号衰减，影响磁性记录信息的读写效果。因此，在保管过程中，电子档案各种载体都需要尽量避光保存。

（三）防空气污染

空气中常见的有害气体有二氧化硫（SO_2）、硫化氢（H_2S）、二氧化氮（NO_2）、氯气（Cl_2）、臭氧（O_3）等。它们在一定条件下，可沉积和吸附在载体表面，分解出酸性化合物等有害物质，腐蚀、破坏载体，致使盘基、带基老化变质，磁粉脱落，还可能产生各种色斑，造成电子档案信息丢失，盘体、带体损坏。

空气中的灰尘多是固体，多带有棱角，在电子档案整理、保存、利用过程中，会对其载体造成机械损伤、化学损伤。灰尘能吸收空气中的有害气体而带有酸、碱性，有些灰尘本身就带有酸、碱性，因此，灰尘落在电子档案载体上，就会对载体起腐蚀、破坏作用。灰尘也是传播霉菌孢子的媒介，霉菌的孢子吸附在灰尘上，落在电子档案载体上，就有可能造成载体霉变，导致数据丢失，损害电子档案安全。

（四）防磁

外来磁场作用于磁性载体，可能导致磁性涂层的剩磁发生消磁或磁化，造成信号失落或信噪比降低，破坏记录信息，影响读取效果。在电子档案载体保管过程中，应当使载体远离强磁场，确保其不受磁场的破坏。磁性载体与磁场源（永久磁铁、马达、变压器等）之间的距离不得少于76 mm，尽量避开电动机、发电机、变压器、电视机、扬声器、耳机、话筒、放大器、消磁器、无线电装置等。可使用软磁物质（软铁、镍铁合金等）构成容器、箱柜，对磁场进行屏蔽。在存有重要电子档案的库区设置测磁设备，以检测隐蔽的磁场。当电子档案载体数量较多时，可设专门库房保管；当电子档案载体数量较少时，可使用箱柜保管。

（五）防机械外力

机械外力造成的震动也能对电子档案载体产生破坏。以磁性载体为例，磁盘、磁带在驱动器内高速运行，长期使用会受到摩擦损伤，使记录信息丢失。强烈的震动还会影响磁性载体中的磁物质内部磁分子的排列次序，造成剩磁衰减，破坏已记录信号。在保存和传递过程中，磁性载体、光盘和半导体载体也会因摩擦、划伤、弯折等现象而遭到损坏。

在电子档案载体保管过程中，需要做好减震防冲工作。例如，硬盘驱动器应平放固定，防止发生震动，硬盘驱动器执行读写操作时，不要移动或碰撞工作台，以免磁头划伤盘片，造成盘片上的读写错误。光盘、半导体载体要轻拿轻放，以竖立放置为佳，避免堆放或平放，尽量采用特定的包装材料进行保管。

课后思考题

1. 结合实际阅读的相关文献，谈谈对电子档案保管面临挑战的认识。
2. 电子档案信息保护的方法有哪些？
3. 电子档案信息保护的技术有哪些？
4. 如何设计电子档案存储策略？
5. 如何选择电子档案载体？
6. 电子档案载体保管有哪些环境要求？

第十二章

电子档案开发与检索利用

学习目标

- 了解电子档案开发的含义与原则
- 熟悉电子档案开发的形式、方法与技术
- 明确电子档案检索的含义与特点
- 明确电子档案利用的含义
- 理解电子档案利用系统的构成要素
- 了解电子档案利用的方式
- 熟悉电子档案利用管理的内容

第一节 电子档案开发

档案资源开发是指为了满足不同的档案需求，对各种载体和形式的档案或档案集合进行加工处理，以形成各种档案产品或服务的过程。开发档案资源，适应社会发展进程，服务社会现实需要，是档案机构的重要目标和根本任务。电子档案是档案资源的构成部分，是未来档案资源的主要形态。电子档案开发有利于推动档案资源的高效利用，是档案赋能社会的重要形式。电子档案开发通过采集、加工、存储和传递实现档案价值增值，将电子档案静态信息转化为动态信息、信息片段转化为信息集合、实体资源转化为智慧资源，最终实现全面挖掘潜在信息、有效满足利用需要的发展目标。其根本目的在于深入挖掘电子档案中蕴藏的有利用价值的档案信息，寻找和获取更为集中、系统或有特定价值的知识和智慧，有效提供给社会利用，从而实现电子档案资源与用户需求的对接，实现资源关联和服务匹配。

一、电子档案开发的原则

电子档案开发要遵循档案资源开发的基本原则，同时也要保障电子档案的真实性、完整性、可用性和安全性。要不断提升档案资源开发的能力和水平，就必须根据统筹协调、需求导向、创新开放、确保安全的总体要求，遵循科学的开发原则。一方面，要激发档案机构和档案工作者的主观能动性，引导其主动创新档案资源开发的手段和途径；另一方面，要根据社会需求导向，利用各种先进的技术和手段，积极探索特色发展的电子档案开发路径。

（一）主动开发

一方面，要激发档案机构和档案工作者的主观能动性。深刻领悟档案资源的文化属性和档案工作的文化真谛，明确档案文化建设在社会文化大繁荣大发展中的重要地位，积极投身于档案文化建设，主动开发档案资源，在实现档案资源价值的同时实现档案机构和档案工作者的自我价值。另一方面，要主动创新电子档案资源开发的手段和途径。发挥档案资源重要的社会价值，主动把握档案资源的现实状态，主动了解社会利用者的新需求，主动开发档案产品和服务的新形式，主动开辟档案传播的新渠道，将档案产品和服务推向社会，将档案资源有效地融入社会发展之中。

（二）技术驱动

传统档案资源开发更多集中于档案的基本编研产品和直接到馆咨询服务等。电子档案资源开发具有深刻的技术背景，基于网络的新型档案产品和服务不断出现，技术驱动的档案资源开发有更强大的技术支撑和更广阔的服务空间。

数字时代，各种技术的演化和发展成为档案管理重要而关键的发展动因。现代信息技术具有强大的信息传输能力和先进的信息处理能力，拥有个人移动性和不受限制的通信方式，形成了基于智能化技术的新型信息服务形式。随着科学技术尤其是网络技术的发展，精彩纷呈的网络展览和快捷方便的数字化档案服务成为档案服务的重要形式，异地档案信息服务更依赖信息技术的发展尤其是高速的信息网络和有效的信息沟通。现代信息技术使档案产品和服务空间得以拓展，档案网站成为重要的档案管理平台，博客、微博、微信等社交媒体的应用使档案传播渠道更加丰富。现代信息技术改变了档案资源开发的基础，必须高度重视现代信息技术的发展并将其有效地应用于电子档案开发实践之中。

（三）需求导向

档案资源开发必须始终坚持以人为本，以社会利用者为中心。要充分研究社会利用者的精神和文化需求，有效了解影响社会利用者精神和文化需求的因素，掌握社会利用者精神和文化需求的规律和特征，结合档案机构自身的资源优势，做好整体规划，有针对性地开发档案产品和服务，做到精准开发、精准"营销"，提高档案资源开发的效果和效率，避免重复开发，降低同质化程度。

在某种意义上，社会利用者也是档案资源开发的参与力量。社会利用者的需求受到个人因素、心理状态、行为特征等影响。个人因素主要是指个人职业、个人经历、工作性质、文化水平、兴趣爱好等个人所特有的因素；心理状态包括求快心理、求准心理、求新心理、求近心理、求知心理等；行为特征主要是指在档案资源利用过程中的行为表现。要将社会利用者的档案利用水平及其对档案产品和服务的满意度作为衡量档案资源开发水平的重要指标，引导社会利用者直接参与档案资源开发，增强档案资源开发中的用户互动性。

（四）特色发展

特色是指事物所表现出的独特色彩和风格。特色档案产品和服务是对档案管理中服务特性的描述，是在长期的档案资源开发实践中，结合档案机构本身的资源优势和社会需求的基础上，有目的地形成和提供的与众不同的产品和服务。具体来说，特色档案产品和服务主要包括特色内容、特色方式、特色对象等。其中，特色内容就是从资源特色的角度开发档案文化资源，包括地方特色、专业特色、档案载体特色等。特色方式就是在传统的社会利用者到馆利用资源的服务基础上，开展多层次、多类型、全方位的服务。特色对象就是细分社会利用者，根据其群体或个体的特点，提供相应的档案产品和服务。

二、电子档案开发的形式与方法

（一）电子档案开发的形式

电子档案开发不是孤立的，应与其他档案资源、社会资料一同考虑，选择特色专题、形式，实现资源集成、融合开发。就开发形式来说，主要有以下几种。

1. 档案编研

档案编研工作是根据社会的需要，依据一定的原则、方法和步骤，对档案内容进行选编和研究，为社会提供档案信息资源服务的一项专业性工作。随着现代信息技术的发展，出现了许多新的形式并在不断固化中。

2. 档案展览

随着网络时代的到来，网络展览以其形式独特、受众面广、影响广泛、参观方便、浏览生动等特点深受社会大众的欢迎。

3. 档案文献专题片

文献专题片的主要依据就是档案。档案文献专题片传播途径更加多元，网络比广播、电视等具有更高的传播效率。

4. 档案文创

档案文创包括档案精品读物、档案衍生用品等。

5. 档案文化专栏

与新闻媒体合作,通过电子档案专栏,展示电子档案信息及其开发产品。

6. 档案新媒体

利用新媒体开发电子档案主题内容。

7. 数字人文应用

以电子档案信息描绘社会生活的真实全景,如各种途径的个人档案、家庭档案数字化管理与展示。

(二) 电子档案开发的方法

1. 创建电子档案资源库

基于数据库技术等专门技术,以文本库、图像库、多媒体库等多种方式,对电子档案资源进行存储,形成电子档案基础数据库。

2. 系统组织电子档案资源

在传统的档案目录基础上,利用多种信息组织技术,从不同的开发视角,基于电子档案基础数据库,对电子档案资源进行重新组织,为满足电子档案开发利用的多元化需求,实现电子档案资源深层次挖掘,提供多角度、多层次、多维度的档案数据关联基础。

3. 深度开发电子档案资源

运用现代信息技术对电子档案资源进行深层次挖掘,可视化展示数字化资源,构建专题档案知识库,开发档案编研、档案展览等多种档案产品和服务。

三、电子档案开发的技术

电子档案开发以数据的结构化、规范化为前提,同时需要以充分、深度、细致的资源描述与标引,以及电子档案信息资源的语义分析和标识为基础。

(一) 主题图技术

主题图(Topic Maps)是一种用于描述信息资源的知识结构的元数据格式。它可以定位某一知识概念所在的资源位置,也可以表示知识概念间的联系。一个主题图就是一个由主题、关联和资源出处组成的集合体。主题图的应用领域主要包括知识库建构、信息分类与检索、知识构建、知识导航、学科管理、信息集成、互联网、语义网等。

主题图技术直接用于信息导航系统的知识化浏览,建立资源集合的主题索引或交叉参照,链接复杂主题范围的分布式资源来建立虚拟知识体系,通过主题概念与资源的不同链接在同一资源体系上建立面向不同主题体系或不同用户的资源界面。主题图通过

XTM（XML Topic Maps）进行描述和标记，XTM 的基本组成单元是主题（Topic）、资源实体（Occurrence）和关联（Association）。XML 和 URI 是支持 XTM 的两大关键技术。XTM 定义了用于描述主题图的 DTD 文件，是用语法实现主题图的基本方式。

主题图的概念模型

主题图的概念模型分为两层：信息资源集合（下层）和知识地图（上层）。主题及其关联关系构成的领域知识结构属于知识层，而具体的信息资源为信息层。对于同一个信息资源而言，在其上抽象归纳于概况而创建的主题图可以不同，因此可以理解为知识层构成的主题图覆盖在信息层之上。主题图通过资源指引揭示知识层与信息层之间的关系，从而形成一个完整的主题概念层次模型，如图 12-1 所示。

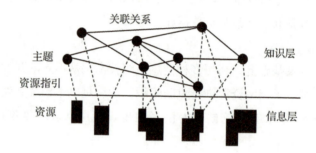

图 12-1 主题图的概念模型

随着主题图技术的不断发展，目前已经出现一系列专门建立和管理主题图的工具，包括 TM4J（Topic Maps 4 Java）、Ontopia 等开源主题图引擎，以及 Omnigator、Protégé2000 等主题图可视化浏览与编辑工具，在主题图约束语言（Topic Maps Constraint Language，TMCL）与主题图查询语言（Topic Maps Query Language，TMQL）开发及主题合并等方面也取得了很大进展。目前，主题图的开源软件主要有 Sematext、TM4J、NeXus、GooseWorks Toolkit、Ontopia 等，其中使用最多的是 TM4J 和 Ontopia 的 OKS（Ontopia Knowledge Suite）开源软件。

（二）社会化标签技术

社会化标签（Social Tag）是一种准确、灵活、开放、自由的信息组织方式，又被称为软分类、合作标签、社会标引等，是一种将特定的术语、名称等（标签）与在线"社会"环境中的数字资源相关联的方法。社会化标签根据用户添加标签的频度、标签的使用频度及标签与内容的相关程度来对标签和内容信息进行自动组织。标签应用于各种 Web 网站，在促进用户参与方面起着重要的作用。随着以博客等为代表的社会化网络和社交媒体的兴起，社会化标签作为一种新的信息组织方式日益受到重视。目前，对社会化标签的研究不断推进，标签的应用原理、标签的呈现界面、标签的组织对象（网页资源、视频资源、音频资源等）、标签的应用效率（标引方式、检索结果处理、相关度排序、搜索引擎和语义处理）等方面的研究取得明显进展。社会化标签技术广泛应用于 Web 开发应用，尤其是学科导航和网络导航，极大地促进了专门知识领域和学科领域的信息导航系统与信息服务系统建设。

（三）信息可视化技术

信息可视化（Information Visualization）是利用计算机支撑的、交互的、对抽象数据的可视表示来增强人们对抽象信息的认知。信息可视化是将信息转换成二维或三维图形、图像、动画形式的技术方法和有效工具。用户通过这些可视形式进行观察、交互。信息可视化技术作为解释大量数据最有效的手段之一率先被科学与工程计算领域采用，它涉及计算机图形学、图像处理、计算机视觉、计算机辅助设计等多个领域，成为研究数据表示、数据处理、决策分析等一系列问题的综合技术。目前，常用的信息可视化工具有概念图、思维导图、认知地图、语义网络、思维地图等。欧美国家的信息可视化研究已取得一批领先成果，它们在理论研究方面比较注重可视化模型方法，在应用领域有大量的应用系统已投入使用。东京理科大学的 WIDAS（WWW Information Discovery Assistant System）就是用于网络知识发现的信息可视化和检索集成工具。

四、电子档案信息的展示

将信息可视化技术应用到面向开发利用的档案信息系统中，不仅可以更有效、更直观的方式向用户展示电子档案资源，使用户以更快捷、更形象的方式获得需要的档案信息，而且还可以有效地实现电子档案资源的个性化推荐与信息交互，从而提升用户体验。

（一）基于数据可视化的电子档案信息展示

数据可视化（Data Visualization）是指运用计算机图形学和图像处理技术，将数据转换为图形或图像在屏幕上显示出来，并进行交互处理的理论、方法和技术。数据可视化概念源自科学计算可视化（Visualization in Scientific Computing），科学家们不仅需要通过图形或图像来分析由计算机算出的数据，而且需要了解在计算过程中数据的变化。随着计算机技术的发展，数据可视化涵盖的范围已大大扩展，不仅包括科学计算数据的可视化，而且包括工程数据和测量数据的可视化。学界常把这种空间数据的可视化称为体视化（Volum Visualization）。数据可视化使得电子档案资源展示具有交互性、多维性、可视性等特点。用户可以方便地以交互的方式管理和开发数据，数据可以用图像、曲线、二维图形、三维体和动画来显示，并可对其模式和相互关系进行可视化分析。通过数据可视化发现大量资源和数据中隐含的规律，从而为决策提供依据。

（二）基于主题图的电子档案信息展示

主题图的实际应用研究主要集中在知识管理、Web 应用、语义挖掘等领域。国内学者关于主题图的研究基本上始于 21 世纪初，理论研究主要是在引进国外研究成果的基础上，开展主题图生成、主题图合并算法、主题图技术与其他相关技术方法的研究等。应用研究主要集中在对信息和知识的导航、专业领域和学科领域的知识管理、基于主题图的信息和知识组织与检索的研究等。

在国内外，成功的主题图应用案例比较多，国外典型应用案例有意大利歌剧主题图等。意大利歌剧主题图由挪威 Ontopia 公司开发，运用了 Ontopia 的知识组件和导航框架，支持使用 Omnigator 浏览器浏览。意大利歌剧主题图包含 28 个国家的 150 部著名的古典歌剧。从结构上看，该主题图分为七个主题：歌剧、作曲家、歌词作者、作者、剧院、城市和地区、国家。在国家主题中，可以看到中国和北京。

用元数据来组织和共享电子档案资源时，元数据按照相关元数据标准来组织。这对于电子档案的规范和共享有一定帮助，但对于电子档案的内容及电子档案之间相互关系的揭示不够，特别是元数据体系基本上不具备概念推理能力，不能提供电子档案检索和共享所需的知识支持。主题图技术可以弥补元数据组织中存在的这种缺陷。

（三）基于图片分块加载的电子档案信息展示

由于档案数字化图像通常较大，基于 Web 浏览档案数字化图像时，需要通过可视化技术，解决图像在网页上加载速度慢的问题。在电子档案检索系统的开发中，可以采用仿 Google 地图技术，先对需要加载的图片按一定的尺寸进行分块处理，并保存到缓存区，然后再分块加载每张图片。同时，采用图片延时加载技术，只加载当前屏幕需要显示的图片块。当在图片浏览器中移动图片到新的位置时，再加载显示新的图片块。

由于档案图像的特殊性，加上网络环境的差异性，尤其是校园网的带宽制约，档案可视化展示中普遍存在网页加载速度较慢、呈现速度不一、用户体验较差等问题。在档案可视化展示中，可以采用图片分块加载技术来提升用户对档案图像的浏览体验。要通过特定的算法将档案图像分割成一系列图片进行存储和管理，以解决图像信息与计算机有限资源之间的矛盾，并且加快大幅图像的细化速度。同时，为了能快速连续浏览大范围图像信息，非常有必要设计出一种合理的图片内存组织结构，采用合理的加载技术来实现档案图像的动态显示，并保证其显示的连续性。因此，在档案图像显示阶段，可以采用专门的静态加载技术和动态加载技术，在不影响连续显示的前提下，较为流畅地实现档案图像的平移、缩放等功能，很好地支持用户对档案图像的浏览功能。

第二节 电子档案检索

一、电子档案检索的概念

电子档案检索是指在计算机网络中以计算机为检索手段，对存储在各类载体上的电子档案信息进行查询，以满足用户的利用需求。就档案检索技术的发展来看，档案检索大致经历了手工检索、计算机辅助检索和电子档案检索三个阶段。

在电子环境中，档案记录方式及其特征、存储和检索信息的方法、提供利用的手段、用户的需求等发生了一系列变化，所有这些变化都对检索的内容和方式产生了巨大影响，并由此影响到整个电子档案管理及开发利用工作。

二、电子档案检索的特点

（一）多途径检索

以往手工检索方式是顺序的"线性方式"，一种检索工具只提供一种检索途径。用户必须使用不同的检索工具，按照档案整理后形成的体系一级一级地检索。首先确定要检索的档案所在全宗，然后判断档案形成机构和形成时间。这种检索方式的局限性在于检索点之间的链路基本上只有一条，因而无法实现同一主题的广泛搜索。而随着计算机辅助档案管理的发展，电子档案检索系统可对档案信息实现多途径检索，还可根据用户的要求进行多角度检索。检索结果也不再只是二次文献，而是可以迅速调阅到电子档案原文。

（二）网络化检索

电子档案检索系统的网络化是档案资源共享中效率最高的一种现代化措施。传统档案信息的交流受载体限制，而电子档案的形成和利用皆可在网络上进行，其检索系统可以在网络上应用。通过网络检索和传输电子档案及各类数据，可以实现不受时空限制的远距离信息存取。

欧美一些国家已经开发了各类计算机档案检索系统并在因特网上开通主页。英国公共档案馆（现英国国家档案馆）自1995年以来一直在研究探索利用因特网为用户提供远程在线利用服务的方法，力争将所有馆藏档案目录等数据全部输入计算机并与因特网相连，实现档案的远程在线检索。美国国家档案与文件署的电子档案中心建立了网上的计算机档案检索系统（NAIL）。用户可以在网上检索美国国家档案与文件署下属的任何一个机构的档案,包括电子档案中心的电子档案。用户只需一个检索终端、一定的通信网络环境和条件就可以建立自己的终端检索系统,成为档案网络上的检索用户。一份电子档案一旦被纳入数据库,在联网的任何一个终端上都可立即检索到。

(三)检索结果直观,输出方式灵活、实用

电子档案检索系统可以将电子档案加工处理成图像、动画及各种音频、视频信息,并且可以利用计算机的组织、管理和检索能力,将电子档案原文内容作为检索结果直接输出,便于用户检索利用。检索结果既可以在检索终端上显示阅读,也可以打印、编辑、脱机存储。

(四)检索内容新、实时性强,检索速度快

这是电子档案检索系统最突出的优点。电子档案检索系统能检索到所有刚刚收入系统的、允许查阅的电子档案及相关数据和手工检索系统查不到的最新开放的档案。此外,计算机具有高速运算能力和强大的逻辑判断能力,因此电子档案检索系统可以实现高速检查。在电子档案检索系统中,一个检索要求一般只要几秒最多几分钟便能完成。

(五)技术性强,检索质量较难控制

计算机不具备人脑的思维能力,完全按照输入的提问词或其他标识进行机械"匹配"来命中检索结果。因此,电子档案检索系统的查全和查准质量取决于所用提问词及其组配关系,这是一个比较复杂且难以解决的问题。有时为了获得正确的提问词和检索策略,还需要事先进行手工预检。为此,开发出高质量的电子档案检索系统至为关键。

三、电子档案检索系统

电子档案检索系统有广义和狭义之分。广义的电子档案检索系统是由共同承担检索任务的人员、硬件、软件、信息资源(电子档案信息数据库)、规章制度等各种要素组成的系统。狭义的电子档案检索系统是专门执行检索任务的计算机系统,如图 12-2 所示。

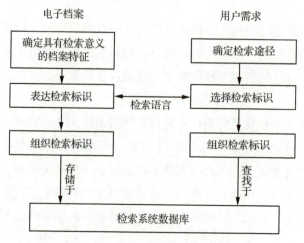

图 12-2 电子档案检索系统简图

第十二章 电子档案开发与检索利用

电子档案检索系统是电子档案管理系统的一个模块（或子系统），其系统分析、系统设计、系统实施和系统运行与维护都必须在电子档案管理系统的设计和维护框架下进行，其系统功能也必须符合电子档案管理系统的功能需求。但作为一个直接面对档案用户的系统，在体现出一致性的同时，电子档案检索系统还要有以下几个方面的特色。

（一）建立友好的用户界面

由于检索系统是整个电子档案管理及开发利用工作中唯一直接连接用户与电子档案信息资源的环节，因此必须坚持以用户为中心的服务导向。文件、档案管理部门必须紧紧围绕用户的需求开展工作，在检索系统设计过程中必须以用户的需求为基本依据，掌握用户的心理需求特点，充分利用多媒体技术、触摸屏技术、虚拟现实技术等，开发出界面友好、方便实用的系统，激发用户的兴趣，为用户的检索提供便利，从而发挥电子档案信息资源的优势。

（二）借助于检索语言和自然语言，高效地组织和存储电子档案信息

检索语言是根据检索需要而编制的、表达档案主题概念和检索主题概念的人工语言，即根据《中国档案分类法》和《中国档案主题词表》对电子档案进行著录与标引，建立检索工具体系。在电子环境中，检索语言已有的成果可以直接移植到电子档案检索系统中；同时，由于计算机具有重复处理大容量信息的强大功能，电子档案检索语言可以突破原有的档案语言约束，合理采用馆藏法语言（档号）标引、关键词标引等自然语言，利用检索语言的"控制"功能，将检索语言与自然语言有机结合起来，从而大大提高用户的检索效率。

（三）开发电子档案检索的专家系统

用户往往对检索系统中所存档案的范围、检索策略的构造、检索系统的功能等缺乏充分的了解，因此在提出检索需求时常会出现一些问题。为此，可以开发电子档案检索的专家系统来帮助用户跨越检索知识的障碍，自由地在检索系统中浏览电子档案信息。

专家系统是一种基于知识库的智能系统，它结合用户的专业知识与档案工作者的检索知识，借助于计算机技术，为联机用户提供实时帮助，好像人类专家一样。专家系统一般由知识库、推理机制、解释工具、知识获取工具和人机接口组成，其结构如图12-3所示。其中，知识库存储了专家系统所用的相关信息、数据、规则、案例和关系；推理机制是从知识库中搜寻信息和关系，并以人类专家的方式提供答案、预测和建议；解释工具是让用户理解专家系统的逻辑推理过程；知识获取工具是为获取及存储知识库中所有组成元素提供的途径，即它为用户提供了易于使用的菜单，在填入适当的属性后，知识获取工具就将信息和关系存入知识库中。

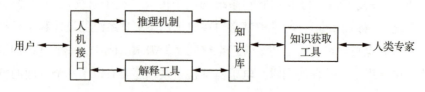

电子档案检索的专家系统具备帮助用户表达自己真正的信息需求、选择主题词、改进检索策略等方面的功能，是实现人机对话检索的有效途径和辅助手段。

第三节　电子档案利用

一、电子档案利用概述

电子档案利用是指用户通过电子档案检索系统查找到所需的电子档案，并使电子档案的潜在价值转化为现实价值的过程。从电子档案利用来看，用户通过电子档案检索系统查找到所需的电子档案，是电子档案内容价值得以实现的前提，因为用户只有查找到所需的电子档案才能利用电子档案，而电子档案内容价值的实现是其目的。因此，除了必须建立高效的电子档案检索系统外，还应该采取各种手段进一步对电子档案信息资源进行有效的开发，以便用户更有效地利用电子档案信息资源。

二、电子档案利用系统

电子档案利用系统是指将与电子档案利用有关的各种要素结合在一起所形成的有机整体。电子档案利用系统的构成要素包括法律法规、电子档案信息资源、电子档案检索系统、电子档案用户及安全防范措施。

每个要素在电子档案利用系统中都有自己明确的职能，它们之间的关系如下：电子档案信息资源是电子档案利用系统的核心要素，是电子档案价值的源泉，没有可利用的电子档案信息资源，电子档案利用系统就没有存在的必要；电子档案用户是电子档案利用系统的智力要素，因为他承担着将电子档案的潜在价值有效地转化为现实价值的智力职能；电子档案利用的法律法规、安全防范措施是电子档案利用系统的保障要素，因为它们从不同的侧面承担着对电子档案信息资源进行合法（合理）、安全、可靠地利用的保障职能；电子档案检索系统则是电子档案利用系统的技术要素，它承担着从利用手段上保证电子档案信息资源能被最有效地利用的技术职能。电子档案利用系统的结构如

图 12-4 所示。

从图 12-4 可以看出，电子档案利用始于电子档案用户的利用需求，即系统的输入，在法律法规和安全防范措施的全程保障之下，通过电子档案检索系统检索出所需利用的电子档案，然后通过电子档案用户的利用行为将所需利用的电子档案的潜在价值转化为现实价值，即系统的输出，由此形成了电子档案利用系统这一整体。电子档案利用系统具有使电子档案信息资源得到合法（合理）、安全、可靠地利用，并使电子档案的潜在价值有效地转化为现实价值的基本功能。

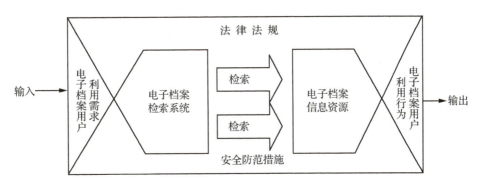

图 12-4　电子档案利用系统结构图

三、电子档案利用方式

电子档案的利用与传统纸质档案的利用有极大的不同，这种不同主要在于电子档案的利用必须以计算机为基本工具。因此，根据对计算机网络的使用情况，可将电子档案的利用分为两种基本方式：在线利用和非在线利用。

（一）在线利用

1. 在线利用的含义

所谓在线利用，就是在网上进行电子档案的利用活动。这种方式适用于对数字档案馆电子档案的利用，以及建有局域网的单位对本单位档案室和其他科室的电子档案的利用。在线利用通过网络通信传输的形式提供电子档案。这种利用电子档案的方式快捷可靠，利用者无须获得和保管电子档案的存储载体，保管者也无须包装和向利用者寄送电子档案存储载体的拷贝件。它将是未来电子档案利用的主要方式。

2. 在线利用的具体方式

（1）网上阅览。

网上阅览就是让公开的可利用电子档案上网，这样用户只要上网就可检索到所需的电子档案，并进行阅览。网上阅览简便、快捷，没有时间、地域的限制，且用户面广，所以是电子档案利用的最基本方式。

（2）网上复制。

网上复制就是档案馆通过网络将电子档案传递给用户，然后由用户将档案馆传来的电子档案从网上下载下来，复制到计算机存储载体中。这种方式没有时间和地域的限制，但安全性较差。

（3）网上咨询。

网上咨询是档案利用方式在现代化条件下的一种新发展。它是档案工作人员以根据档案解答问题的方式，通过网络向用户提供档案信息的一项服务工作。电子档案网上咨询包括两个部分：一部分是通过网络解答咨询问题；另一部分是通过网络协助用户检索、指导用户使用检索工具，为用户查找电子档案信息提供新的线索。网上咨询有三种方式：邮件咨询、实时对话和网站留言。

在线利用的关键问题在于利用程序的设计和利用者权限的审查（由系统自动进行），因此保密档案的在线利用将成为未来档案馆档案资源在线利用的难点。

（二）非在线利用

1. 非在线利用的含义

所谓非在线利用，就是用户不通过网络在计算机上直接利用电子档案。这种方式在未联网（包括局域网和因特网）的机构档案室使用得比较普遍。非在线利用为用户检索和摘录电子档案内容带来很大便利，但用户必须到档案馆（室）去查阅，因此失去了时空上的便利。

2. 非在线利用的具体方式

（1）单机阅览。

单机阅览就是将电子档案放在单机上以供阅览的一种方式。这种方式通常是在对部分不宜公开的电子档案或有密级的电子档案的利用中采用。这类电子档案不宜上网、不可随意复制，但其内容必须依赖计算机，用户才能利用。单机阅览通常在档案馆（室）进行，采用这种方式保密性好，但电子档案利用的某些便利特点不明显。

（2）提供电子档案拷贝。

提供电子档案拷贝就是档案部门向用户提供记录在特定载体上的电子档案，它是目前电子档案利用的一种主要方式。提供何种电子档案拷贝可根据不同的利用对象和利用对象的不同需要与用途而定。对于使用大型计算机设备的用户，以提供磁带或硬磁盘为宜。对于使用微型计算机的用户，如果电子档案数据量较小且用于一般用途，可用软磁盘进行拷贝；如果是大批量的电子档案，则可考虑用只读光盘或一次写光盘进行拷贝。

拷贝电子档案时应该注意：将电子档案转换成通用的、标准的存储格式，以便用户恢复和显示电子档案的内容；根据用户的需要进行拷贝，原则上应是用户需要什么就拷贝什么，载体上原有的其他电子档案信息不应与用户所需要的电子档案信息同时拷贝，避免把载体上存储的电子档案信息全部拷贝；尽量为用户提供只读光盘等无法进行复制的电子档案拷贝件，以免电子档案信息无原则地传播。

（3）缩微阅读。

缩微阅读是利用 COM（Computer Output Microfilm，计算机输出缩微胶片）技术将转化为直读信息的电子档案内容记录在感光胶片上，形成拷贝件后再利用缩微阅读机进行阅览。COM 技术实际上就是用缩微摄影代替打印机输出，将电子档案、数字代码转换成直读信息后，对直读信息的拷贝。利用这种技术，可使计算机信息的输出速度加快，并可使输出的信息占据更小的空间，可比纸张打印输出节省 90% 以上的空间。这种方式较适合电子档案阅览数量较大的用户。

非在线利用目前在电子档案利用中普遍存在，但从发展的角度来看，这种方式在未来将是次要的方式。随着网络技术、计算机技术和通信技术的进一步发展，在线利用将逐步成为主流。

四、电子档案利用管理

与纸质档案的利用相比，电子档案的利用中最为突出的问题是信息安全，因此制定和实施专门的电子档案利用制度，有效地防止电子档案利用过程中的资源泄露或流失，并保证电子档案利用活动顺利、便捷地开展十分必要。

（一）建立新的利用规则

电子档案的各种特性要求建立相应的利用规则。这种规则一要方便利用者的利用活动；二要有利于保证电子档案的安全。一方面，电子信息的易变性使利用活动中潜藏着对信息原始性的威胁；另一方面，随着网络的普及，电子档案的利用"窗口"从档案馆（室）的阅览处分散到四面八方的计算机屏幕，以往许多行之有效的控制手段都将变得无能为力。有效防止利用过程中的资源流失，并保证利用活动顺利、便捷地开展，制定和实施专门的电子档案利用制度是十分必要的。

1. 严格执行电子档案备份制度

电子档案必须制作三套备份，一套封存，一套提供利用，一套异地保存。封存的那套一般只用于与拷贝件的对照校验，不能对外提供利用。电子档案的封存载体不得外借。未经批准，任何单位或人员都不允许擅自复制电子档案，利用电子档案时应使用拷贝件。这里封存实际上是保存电子档案的"原始性"，使其具备"档案"的资格。对外提供的一般应为只读件，档案馆（室）阅览处应为用户配备阅览终端，尽可能避免直接向用户提供软盘或其他拷贝件。

2. 采用适当的控制技术

电子档案的提供利用要严格遵守国家相关保密规定。对具有保密要求的电子档案采用联网方式提供利用时，应遵守国家有关保密的规定，有稳妥的安全保密措施。用户对电子档案的使用应在权限范围之内。这些都要求在电子档案的利用过程中必须采取适当的措施，确保电子档案信息的安全。

档案工作人员无法直接面对身在各处的用户，用户的利用权限只能靠系统来鉴别和控制。对需要控制使用的电子档案采用密码技术、身份验证技术等技术方法进行加密管理，使无关人员无法进入被控制的电子档案。当然，从档案馆方面来说，实行加密措施的档案范围应该适当，对于可以开放的档案应及时解除加密措施，使之可以公开利用。如果电子档案管理系统的信息安全技术具有较高的可靠性，档案部门就可减少对利用的限制，用户就可更加方便地利用电子档案。

3. 限制利用方式，确保电子档案安全

档案部门应根据当前的信息安全技术水平设计和选择适当的利用方式，在不能确保信息安全时可以对利用方式加以限制，如仅限在档案室内阅览、转换成纸质文件提供利用等，以防出现泄密、信息失真和损失、病毒入侵等方面的问题。在阅览操作、软磁盘外借、复制等方面也应有具体的规定。在电子档案进入网络前，应对网络安全状况进行深入细致的研究，因为进入网络的档案不仅扩大了使用范围，而且改变了人们的利用方式。设计和选择的电子档案利用方式不但要有利于信息安全，也要方便利用。

4. 最大限度地发挥电子档案的优越性

电子档案利用制度应该方便电子档案的利用和最大限度地发挥电子档案的优越性。例如，档案馆的电子档案阅览室应该允许用户像阅读纸质档案那样边阅览、边摘抄，既然是无纸阅览，当然也应该是无纸摘抄；应该允许用户使用室内的计算机对没有密级的不同电子档案中的数据进行分析、比较、综合，甚至形成一份新的资料。档案部门应该能够提供符合用户已有硬件及软件的电子档案拷贝，或者通过网络提供远程档案服务，使用户摆脱时间和空间的限制，随时随地获取所需档案信息；应该建立一个电子档案利用的咨询服务系统，随时为用户解难释疑，使用户能随时得到帮助和引导。

（二）电子档案利用管理措施

电子档案提供利用是一项较为复杂的工作。提供利用方式的多样化与其所依赖技术的多重化，导致了提供利用工作的复杂化。因此，加强电子档案利用管理，就显得十分重要。加强电子档案利用管理，不但可以更加准确、快捷、安全、完整地向用户提供各种方式的服务，满足用户需求，还可以及时发现利用系统的弱点与不足，调整和改进工作方法或技术措施，达到既使电子档案信息资源被最大限度地利用，又使电子档案信息资源得到可靠、安全、有效的保护的目的。电子档案利用管理，应从制定与各个工作环节相对应的措施、方法、规程、规范入手，并在工作中严格执行、有效监督。电子档案利用管理的内涵很丰富，从信息安全的角度出发，主要包括对电子档案管理者和用户的管理、对提供利用的载体管理及利用中所采取的安全保密措施等。

1. 使用权限的审核

电子档案的利用不仅仅指利用电子档案的内容，因为对电子档案的利用必须通过其所依赖的技术与利用系统才能完成，所以在利用过程中还包含对相关利用系统各种功能的使用。其中，涉及的人员有电子档案载体保管人员、信息系统管理人员、使用及维护系统的操作人员和利用者等。由于他们各自的工作性质与责任不同，因此对其进行使用权限的审核是十分必要的。

只有通过审核才能确定利用者和提供利用者的使用权限和操作权限，审核应由利用工作的决策者执行。首先，在整个利用系统功能的使用上，要根据各种人员的级别、层次进行使用权限的认定，并依此向系统注册登记。在利用过程中，当使用者进入系统时，由系统自动判定当前使用者身份的合法性及其所使用功能的范围，并由系统自动对其使用各种功能的操作路径进行跟踪与记录；当涉及使用未经授权的功能时，系统应能拒绝响应并给予警告提示，以确保系统的安全和进行有效的控制与监督。其次，在电子档案载体的使用上，要根据电子档案内容的密级和开放程度，确定其使用控制程序。依据利用者背景情况和利用目的来决定对他的授权。这里应特别注意的是，在对整个系统产生影响的功能或对电子档案载体进行无条件复制等方面，利用者被授权的范围应越小越好。最后，要制定有效、可行的规章制度，确保使用权限的审核方法在利用工作中得到实施。

2. 提供利用拷贝的回收

提供电子档案拷贝是一种主要的利用方式。对于整个利用系统来说，提供电子档案拷贝必然带来利用时间与利用地点的分散，这无疑会给利用管理工作造成一定的麻烦。如果管理不好，将会造成电子档案信息无原则地传播，并对电子档案利用工作产生很大的影响。因此，必须采取有效的措施和方法，对此进行严格的管理。除了经过编辑公开发行的电子出版物外，对那些提供利用的拷贝件必须进行回收。提供拷贝的内容应依据利用者的需求和使用权限而定。原则上，尽量避免把载体上存储的电子档案信息全部拷贝出来，并通过技术手段防止所提供拷贝的再复制。完善提供拷贝的手续，即提供利用者和利用者双方都应对提供拷贝的内容进行确认，并对使用载体的类型、数量、时间、最后回收期限及双方责任人等情况进行登记。系统可根据这些登录信息进行自动管理，以便使电子档案管理人员能够及时了解提供拷贝的情况，并对已到回收期限的拷贝提出催还清单。对于收回的拷贝件，应做信息内容的消除处理，并在对应的利用信息文档中注明拷贝件已收回，完成利用使命。

3. 利用中的安全措施

电子档案利用中的保密与安全是十分重要的，而且与纸质档案的利用相比，更加难以控制。因此，在电子档案的利用中，应特别注意以下几点：

（1）采用的利用方式应视利用情况而定，不能无原则地向所有利用者提供全部利用方式。

（2）依据电子档案内容的密级进行有效的管理。一般情况下，对于内容不是完全开放的电子档案，不宜用拷贝的方式提供利用。对于提供利用的拷贝件制作，必须在有效监控下进行。

（3）采用通信传输或直接利用等利用方式时，必须对信息内容进行加密处理，并对所使用的密钥进行定期或不定期的更换。

（4）无论采用哪种利用方式，利用系统都应对利用的全过程进行有效的跟踪监控，并自动进行相关的记录，作为对利用工作查证的依据。

（5）利用系统应有较强的容错能力，避免误操作带来不可挽回的损失。

（三）电子档案的利用统计

利用统计是利用系统不可缺少的部分，是对电子档案信息的传输、利用、管理等进行量化分析。通过分析，客观、准确、科学地揭示电子档案利用管理工作中的一些特点和规律，并以此调整电子档案管理人员的工作方式，拓宽电子档案利用途径，提高电子档案利用水平。由于电子档案的利用是借助于相关的计算机软硬件平台，通过利用系统实现的，因此，对于利用统计工作来说，将会更加方便。电子档案利用系统中的利用统计应包含利用信息的采集、不同时段的综合统计、统计结果分析等几个方面的功能。

1. 利用统计的信息采集

利用信息的采集是利用统计分析的基础。可通过利用接待者采集，也可在利用过程中由利用系统自动采集。采集信息的内容应包括利用者情况、电子档案检索利用情况、利用结果情况等。为了充分满足利用统计分析的需要，采集的信息应全面、准确。具体可参照国家档案局的档案利用统计体系，结合电子档案的实际情况，建立电子档案利用信息的采集体系。

2. 利用统计的综合指标体系建立

根据各种统计分析目标及要求，可将所采集的数据项，按反映的具有不同内涵和外延的概念进行各种组合，建立不同的分析指标体系。具体可参照国家档案局的档案利用统计体系，结合电子档案的实体情况，建立电子档案利用统计的综合指标体系。

3. 利用统计结果的分析

利用统计分析可根据利用统计的综合指标体系中的各分析指标体系进行。先将各分析指标体系中所要求的数据从相关的利用信息文档中调出，进行汇总统计，然后再将相应的统计结果输入统计结果库中。这种统计应每月进行一次，每年将十二个月的统计结果进行一次汇总，其结果再输入统计结果库中。这样，统计结果库中就存储了按分析指标体系确定的月度统计及年度统计。利用统计结果的输出有以下两种形式：

（1）固定式统计分析图表的定期输出。按固定的图表格式输出月、季、年的综合统计分析报表。报表中除了前面所述的绝对指标数据外，还应加入百分比等相对指标的分析数据。

第十二章 电子档案开发与检索利用

（2）查询式统计分析数据的输出。统计分析系统应提供在任意时间范围内的利用统计分析数据，输出可采用屏幕显示和图表打印两种方式。查询可按不同分析目标分类进行，如可按利用目的、利用方式、利用效果、利用类型及用户概况等进行综合分析。查询时间可分为：指定某一年的年度统计分析数据；指定某年某一月的统计分析数据；指定某两年的年度统计分析数据及两年间所查各项统计数据的对比分析表与绝对增长量和相对增长量；指定某几年或某年十二个月所选定统计指标的统计数列表。

（四）电子档案利用中的障碍

档案利用是一种与政治、文化、经济、技术具有密切关系的社会现象，必须承认和接受来自许多方面的限制条件。电子档案新技术也带来了许多新问题，需要引起人们的注意。如果这些问题不解决，它们将会成为电子档案开发利用的重要障碍。

1. 电子档案利用中的心理问题

有史以来使用的可视记录方式已经成为人们的习惯，以这种习惯为基础的档案利用观念在相当长的一段时间内可能成为利用电子档案的无形障碍。电子档案依赖高科技而生存，每一种功能的开发都必须以一定的技术设施为条件，特别是作为证据材料——档案的保存更是刚刚开始，许多业务、技术问题还在研究探索之中。在这种情况下，观念上的一些"保留"是合理而又必要的。但是，一些文件、档案工作者对电子档案的利用持深深的怀疑态度，只管守住纸质档案的利用阵地，缺乏探索电子档案利用模式的热情和勇气，这种态度有可能贻误电子档案信息资源的开发时机，最终影响档案事业的发展。

2. 电子档案信息利用资源不足问题

一方面，时间和空间都还没有使电子档案构成足够的量的积累；另一方面，现有的电子档案大多还处于现行阶段，有相当的封闭性。资源匮乏的信息系统可能抑制利用者的利用欲望，因为它不能给人足够的选择余地。有人曾把互联网比作路，把连入网络的个人计算机或工作站比作车，而信息资源是车上要装载的货物。要充分发挥信息网络的作用，没有路不通，有路无车不行，有车无货更不行。电子档案从形成、积累到开放需要一定的时间，而且许多档案有特定的利用范围，因此可利用资源的丰富不可能在短期内实现。在资源积累方面，档案部门可以做这样一些准备：积累新形成的电子档案，将无保密性的现行档案纳入利用系统；将具有广泛利用价值的历史档案进行数字化处理，向利用者提供利用；利用已有的网络与其他档案部门的系统加以链接，构建数字档案馆的雏形。

3. 检索和利用电子档案的技术问题

检索和利用各种电子档案及对电子档案中的信息进行加工处理需要一定的技术，这也成为一些"机盲"利用电子档案的障碍。计算机专家们已经使计算机操作变得越来越简单，如果档案工作人员能够在电子档案管理系统的结构和使用方法方面给予利用者必要的指导和帮助,也有利于拉近利用者与电子档案管理系统的距离。

4. 电子档案开发利用中的资金问题

开发利用电子档案是要花钱的,资金问题可能成为开发者或利用者的一种负担。对于向利用者提供电子档案拷贝,对电子档案信息按专题进行加工、编辑、分析、处理或摘要等活动所需要的费用,应该由档案部门承担还是部分转移给利用者,现在已有不同的看法。电子档案的开发成本比纸质档案的开发成本高,电子档案的开发不仅对档案专业人员有特殊的业务、技术要求,而且会产生设备、材料的消耗及通信方面的费用等。妥善处理好电子档案开发利用中的资金问题是保证电子档案开发利用持续发展的重要条件。

5. 电子档案利用过程中涉及的法律问题

(1) 法律地位问题。

影响电子档案利用的法律问题首先是电子档案的法律地位问题,即电子档案能否作为法庭证据被接受。法庭可接受的证据主要包括传闻证据和最佳证据,首选当然是原件,只有当法庭相信原件的确不可得到时,复制件才可接受。为了让电子化证据被法庭接受,当事人必须提供基础证据来证明电子化证据是在正规的业务活动中产生的。在美国,上述基础证据大多包括计算机系统运行的总体情况、录入程序的数据、系统的安全措施、打印输出的方式等。但在加拿大,证据法案对电子化证据的规定非常模糊,只把"产生于通常或一般的业务活动"作为承认它们的唯一条件。这种模糊规定在实践中可能很难执行,因为可以有多种不同的理解,所以法官大多依据判例法,根据以前的案例决定是否接受电子化证据。

加拿大档案学者凯瑟琳·贝利(Catherine Bailey)将经常遇到这类问题的大公司作为例子。越来越多的大公司依赖计算机产生和处理文件,这就使电子档案有可能越来越多地作为诉讼证据。它们被法庭作为证据加以接受,需要提供以下基础证据:一个计算机文件保管系统从设计到非现行阶段的所有记录,包括用户手册、设计说明书、时间表、安全性程序概要及与纸质文件的分类联系等。当档案人员向法院提出电子档案时,他们就必须提供记录有在运行处理和利用阶段所有执行程序的基础证据。贝利预测,越来越多的国家将接受电子档案作为法庭证据,为此档案人员必须关注这一领域的新发展。

(2) 隐私权问题。

隐私权问题是电子档案利用中的突出问题,从 1970 年开始,先后有 20 多个国家做出控制使用署名信息的规定,要求对达到目的的行政文件中的署名数据进行销毁或隐去姓名,但是这与保存社会记忆的要求背道而驰。于是,一些国家允许移交档案馆的电子档案中的署名数据免于销毁或隐去姓名,在档案法规定的年限内不向公民开放。保护个人隐私和保证电子档案的完整性成为电子档案管理、利用政策方面的新课题。

(3) 版权问题。

版权问题不但影响电子档案本身,还影响运行电子档案的软件。因为软件同样受版权法的保护。因此，假如电子档案的解释依赖一个受版权法保护的软件包，档案馆又怎样运行一系列电子档案以提供利用呢？没有软件，电子档案就无法解读；档案馆却没有权力为利用者制作软件程序的副本，因为这可能带来非法翻印软件的罪名。贝利指出，档案人员如何才能合理地处理一个大型共享数据库中不断变化的信息的版权问题，版权是否归该数据库拥有者所有，每个把信息输入数据库的人是否都能要求个人版权，档案人员能否对这种流动性相当大、在任何时候都可能生成无数新形式的电子档案实施版权法等问题的解决对于档案人员极为重要。如果电子档案的传播受到版权法的阻碍，这将对决定保存哪些电子档案及提供哪些电子档案利用产生深刻的影响。

（4）国际数据流动问题。

网络技术的发展使电子档案的"超国界流通"成为可能，这不仅要求各国重新确定本国电子档案所有权的范围和维护措施，而且还要求各国考虑与其他国家在利用法规上的协调问题。国际数据流动是计算机系统处理、存储的数据的跨国界流动。信息的超国界流通使信息能够从一个国家转移到另一个国家，在信息保密、著作权、行政信息查阅等不同方面，产生了国与国之间法律一致性的问题。它对一个国家的经济、主权、个人隐私和文件特性都存在显著影响。由于数据存储国法律不能在别国得到执行，一些国家禁止出口机读数据。但是，为了适应由信息的超国界流通所形成的需求，欧洲理事会、经济合作与发展组织等国际组织正在努力采取协调措施。

当国际数据流动与国家主权相联系时，档案人员主要关注的是信息自由和隐私保护。国际数据流动要求通过制定明确的国家法规和国际公约来保护电子信息的安全。档案人员也应关注国际数据流动对文化特性的影响。因为有关人口统计、生活水平、购买方式等内容的电子信息通常会影响和塑造一个国家的文化。国际数据流动必须引起档案人员关注的原因在于，它不仅影响档案人员获得适当电子档案的能力，而且决定电子档案能否迅速、安全和充分地为研究者所利用。

课后思考题

1. 电子档案开发的原则有哪些？
2. 简述电子档案开发的形式与方法。
3. 电子档案开发的技术有哪些？
4. 电子档案检索的含义与特点是什么？
5. 阐述电子档案检索系统。
6. 简述电子档案利用系统的构成要素。
7. 电子档案利用的方式有哪些？
8. 电子档案利用中的障碍有哪些？

参 考 文 献

1. 金波，丁华东. 电子文件管理学［M］. 上海：上海大学出版社，2015.
2. 冯惠玲，刘越男，等. 电子文件管理教程［M］. 2版. 北京：中国人民大学出版社，2017.
3. 宋星. 数据赋能：数字化营销与运营新实战［M］. 北京：电子工业出版社，2021.
4. 布尔金. 信息论：本质·多样性·统一［M］. 王恒君，嵇立安，王宏勇，译. 北京：知识产权出版社，2015.
5. 周耀林，王艳明. 电子文件管理概论［M］. 武汉：武汉大学出版社，2016.
6. 丁海斌，卞昭玲. 电子文档管理教程［M］. 沈阳：辽宁大学出版社，2014.
7. 冯惠玲. 政府电子文件管理［M］. 北京：中国人民大学出版社，2004.
8. 张保胜. 网络产业：技术创新与竞争［M］. 北京：经济管理出版社，2007.
9. 张照余. 档案信息化理论与实践［M］. 北京：中国档案出版社，2007.
10. 刘家真. 电子文件管理理论与实践［M］. 北京：科学出版社，2003.
11. 杨玉麟. 信息描述［M］. 北京：高等教育出版社，2004.
12. 丁海斌，卞昭玲. 电子文件管理基础教程［M］. 沈阳：辽宁大学出版社，2011.
13. 党跃武，曾雪梅，陈征，等. 基于信息组织技术的档案资源开发［M］. 成都：四川大学出版社，2016.
14. 王萍. 理解电子档案［J］. 档案学研究，2000（2）：47-49.
15. 唐小燕. 电子文件管理不可或缺的元素背景信息［J］. 档案学研究，2001（5）：51-53.
16. 谢丽. 文件的概念及其在数字环境中的演变：InterPARES观点［J］. 档案学通讯，2012（3）：46-50.
17. 章建方，彭珊梅，邱月明，等. 电子文件及相关概念研究［J］. 信息技术与标准化，2015（9）：43-47，51.

18. 刘越男，李静雅. 电子数据、电子文件相关概念的比较与对接［J］. 档案学研究，2017（S1）：92-99.

19. 潘未梅，方昀. 文件档案概念辨析：以 InterPARES 项目为例［J］. 档案学通讯，2013（4）：25-29.

20. 严瑾. 试论电子文件的特点［J］. 兰台世界，2006（7）：33-34.

21. 赵毅衡. 重新定义符号与符号学［J］. 国际新闻界，2013，35（6）：6-14.

22. 吉林省白城市档案局. 档案局超前指导 档案馆提前接收：电子文件管理的实践［J］. 中国档案，1999（4）：30-32.

23. 王玮. 上海推进区域性电子文件管理工作［J］. 中国档案，2007（6）：9-10.

24. 于英香. "区域—国家"电子文件管理整合：内涵、原则与路径［J］. 档案学通讯，2013（2）：57-61.

25. 张宁. 电子文件保管模式之争［J］. 浙江档案，2000（8）：42-43.

26. 李海涛，徐亚婷. 近20年我国电子文件管理政策现状及对策研究：基于《"十四五"全国档案事业发展规划》及相关政策［J］. 山西档案，2021（4）：95-111.

27. 刘程. 金融终端磁卡读卡器的研究与设计［D］. 武汉：华中师范大学，2014.

28. 李泽锋，于红焱，顾周东. 全生命周期管理中电子文件捕获工作实现研究［J］. 北京档案，2017（5）：10-13.

29. 何嘉荪. 如何改革归档文件的整理方法［J］. 浙江档案，2000（1）：17-18.

30. 丁春平. 推动电子文件归档工作的思考［J］. 北京档案，1998（12）：27-28.

31. 林明东. 各级国家综合档案馆电子文件接收策略研究［D］. 福州：福建师范大学，2013.

32. 刘越男，王宁，袁焱艳，等. 面向制度构建的我国档案移交接收现状调查与分析［J］. 档案学通讯，2022（4）：34-40.

33. 于丽娟. 电子文件管理系统的功能：基本功能及其功能拓展［J］. 北京档案，2002（10）：18-20.

后 记

在长期从事档案职业培训和高校档案专业课堂教学的过程中，笔者有感于我国档案界在电子文件管理领域的探索，惊叹于我国"档案人"群体突破桎梏、勇于创新，长期不懈耕耘取得的累累硕果，众多具有创新意义的研究著作面世，大量愈加完善的法规与标准被制定，诸多面向数字化转型的新技术、新工具被创造……不管是理论研究方面还是实践应用方面都有众多令人瞩目的创新、创造。笔者也困惑于如何将具有中国特色的电子文件管理实践与国际、国内公认的理论相融合，并将其深入浅出地传授给那些刚刚踏进档案学之门的莘莘学子，让他们能够在课堂上的有限时间和空间内尽量全面、深入地感知、学习和领悟这一领域的理论和实践的真实，纵能揽古今于一胸，横能容内外于一体，成为符合当代社会档案管理实践需要及适应未来社会档案学科发展的人才。正是基于这样的想法，在与苏州大学档案信息化教学团队其他成员的长期探索、交流和共同努力之下，编写了这本既能用于档案学专业高等教育，又能指导档案学实践工作的融理论共识与本国实践于一体的教材。

"电子文件管理学"是现代档案专业的核心课程之一，是档案学专业必修课程。主要研究计算机和网络环境中文件的产生、存储、归档、长期保存及电子文件资源传承问题。以电子文件、电子档案管理为核心，内容辐射信息科学、管理科学、计算机科学等人文科学、社会科学及自然科学领域，是一门承接传统与现代，面向新技术环境及学科、职业未来发展的综合性管理学课程。在培育兼具"数据思维"、"管理思维"和"档案思维"的新时代档案创新人才过程中，具有学科导向和引领作用。

电子文件管理学传统的教学模式多以教师讲授为主，在某些教学环节加入必要的实验操作课程。随着各项信息技术不断更迭，国家信息化建设全面推进，数字中国战略稳步实施，数字档案资源建设速度不断加快，以往注重学生理论知识学习和模拟转换操作能力培养的"理论＋简单模拟转换实验"教学形式，在学生情怀、综合素养及分析、评价和创新能力的培养上有所不足，在激发学生的自主学习性及创新性方面难以适应新环境、新技术、新国情的需要。

人民教育家陶行知说过"活的人才教育，不是灌输知识，而是将开发文化宝库的钥匙，尽我们知道的交给学生"。基于此种信念，本着马克思主义理论与实践的辩证关系原理，着眼于新时代我国档案事业发展和档案人才培养实践，坚持"以学习者为中心"的教学理念，以"一种情怀+三种思维+六项能力"为目标，注重引导、激发、培养学生的主体能动性、协作性和创造性。具体来说，包括以下方面：

培育"一种情怀"，养成高尚情操。一种情怀即家国情怀，是学生对国家共同体的认同，并促使其发展的思想和理念。家国情怀在增强民族凝聚力、建设幸福家庭、提高公民意识等方面具有重要的时代价值。本教材将国政方针、法律法规及国计民生的内容渗透到具体章节之中，让学生在无意识中形成爱国、爱家的家国情怀，培育修身、齐家、心怀天下等高尚情操。

锻炼"三种思维"，提高核心素养。"三种思维"包括数据思维、管理思维和档案思维。新时代的档案人才是兼具"三种思维"的综合性创新人才，是既能动手实操，又能进行理论研究，还能实践创新的职业群体。本教材基于学生前期对"技术知识"、"管理知识"和"专业人文知识"的学习，旨在将三方面知识素养有机融合，在培育"三种思维"的过程中，逐渐提高学生档案管理的核心素养。

提升"六项能力"，增强综合实力。"六项能力"包括知识力、理解力、应用力、分析力、评价力和创新力。知识力是指学生能够描述电子文件管理相关概念，列举电子文件及其管理流程所涉及内容；理解力是指学生能够解释电子文件管理流程，推理出电子文件管理的理论实质、实践模型；应用力是指学生能够运用电子文件管理的理论方法、政策法规，解决机构电子文件管理的实际问题；分析力是指学生能够比较各种电子文件管理实践与理论的差异，分析其内在规律、机理；评价力是指学生能够判断电子文件管理理论与实践情况，评估电子文件管理中管理系统、管理机构、管理指标及方案的优劣；创新力是指学生能够提出创造性的理论观点，制订电子文件管理相关方案等。通过全面提升"六项能力"，增强学生的综合实力。

希望通过对本教材的学习，学生能够了解电子文件和电子文件管理的一般理论知识，掌握电子文件管理的操作流程及相关技能，同时激发学习热情，树立良好的学习态度，以完整的"电子文件观"来理解、思考和把握电子文件及其管理问题，从而达到系统地掌握电子文件管理基本理论和实践方法的目的，具备电子文件管理的实际操作能力、问题分析能力和创新管理能力。

本教材受到苏州城市学院档案学一流本科专业经费资助，教材总体编写方向是在张照余、吴品才老师的指导下确定的，教材内容设计得到了余亚荣、毕建新老师的大力支持。本教材结构设计、主要编写及统稿工作由邵华完成，许兰参与教材部分内容的编写工作，陈祺瑶、刘益欣、沈雪琴参与教材第七章至第十二章的资料收集与整理，在此一并表示感谢。

由于编者学识水平有限，教材中难免存在疏漏之处，恳请读者批评指正，以便今后进一步完善。